21 世纪高等院校法学专业核心课程教材

赵肖筠　主审

侵权责任法理论与实训

主　编　张翼杰

副主编　刘慧兰　郭英杰

经济科学出版社

图书在版编目（CIP）数据

侵权责任法理论与实训/张翼杰主编.—北京：
经济科学出版社，2011.1
 21世纪高等院校法学专业核心课程教材
 ISBN 978-7-5141-0142-3

Ⅰ.①侵… Ⅱ.①张… Ⅲ.①侵权行为-民法-
中国-高等学校-教材 Ⅳ.①D923

中国版本图书馆CIP数据核字（2010）第227796号

责任编辑：吕 萍 陈建伟
责任校对：王苗苗
版式设计：代小卫
技术编辑：邱 天

侵权责任法理论与实训

主　编　张翼杰
副主编　刘慧兰　郭英杰
经济科学出版社出版、发行　新华书店经销
社址：北京市海淀区阜成路甲28号　邮编：100142
总编部电话：88191217　发行部电话：88191540
网址：www.esp.com.cn
电子邮件：esp@esp.com.cn
汉德鼎印刷厂印刷
德利装订厂装订
787×1092　16开　17.25印张　260000字
2011年1月第1版　2011年1月第1次印刷
印数：0001—4000册
ISBN 978-7-5141-0142-3　定价：30.00元
（图书出现印装问题，本社负责调换）
（版权所有　翻印必究）

编写说明

我国的《侵权责任法》于2009年12月26日第十一届全国人民代表大会常务委员会第十二次会议审议通过，并于2010年7月1日开始施行。侵权责任法作为民事法律体系的基础法之一，在解决民事纠纷中占据非常重要的位置。我们编写这本书，正是让《侵权责任法》的立法成果融于法学教学和社会生活中，让百姓的维权不再举步维艰。

作为"21世纪高等院校法学专业核心课程教材"之一的《侵权责任法理论与实训》，在传授学生基本理论知识的前提下，着重以培养学生的实际应用能力为目的，因此采用了全新的编写体例：

1. 每章前的"本章导读"可以让学生掌握本章的核心内容及重点、难点知识，易于记忆；"导引案例"则把理论与实践相结合，增加了学生的学习兴趣。

2. 每章后设"实训测试"，题型多样，包含了单选、多选、判断和案例分析，其最大特点是将该章涉及的历年司法考试真题贯穿其中，以使学生了解司法考试的基本要求和相关考点。在"实训测试"之后，我们特意编写了"实训测试参考答案及解析"，意在告诉学生正确答案的同时，详细地对每个答案进行解析，以利于培养学生分析和解决实际问题的能力。

3. 每章内容力求用简明扼要的语言集中阐述侵权责任法的基本概念、基本理论和基本制度，能使学生对相关知识一目了然，易于掌握。

4. 该书最后设有"综合测试题"，它是按照考试要求而提供的一份完整测试题，包括时间、分值、采分点和参考答案，题型多样、题量适中，能综合测试学生对该门课的掌握程度，让学生了解该课的考试方式、题型、题量及如何解答，从而更好地提高学生的应试能力。

该书可供各本科、大专院校作为教材使用，也可供立志通过司法考试和从事相关工作的人员作为参考书使用。

本书共十章，各章分工如下（以撰写章节先后为序）：

刘慧兰：第一章、第三章、第四章；

郭英杰：第二章；

罗丽娅：第五章；

张翼杰：第六章、第七章、第十章；

史利娟：第八章；

刘香玲：第九章。

全书最后由山西大学商务学院法律系张翼杰老师和刘慧兰老师审核、定稿。

在编写该书时，得到了山西大学商务学院和法律系领导的大力支持，同时，我们参考了中国人民大学王利明教授、杨立新教授、张新宝教授和中国政法大学刘智慧教授等的多部文献，在此表示衷心感谢！参加编写的每位老师尽管作了最大努力，付出了艰辛的劳动，但由于时间仓促、学术水平有限、资料不足等原因，疏漏之处在所难免，恳请广大读者批评指正。

编著者

2010年11月

序　言

　　孟德斯鸠曾言："在民法的慈母般的眼里，每一个个人就是整个国家。"作为未来民法典重要组成部分的《侵权责任法》于2009年12月26日的十一届全国人大常委会第十二次会议表决通过，并于2010年7月1日正式实施。该法对保护公民民事权益作出了全方面、多层次、立体化的规定，内容涉及百姓生活的诸多方面，与公众利益息息相关。它既是我国民事领域立法的重大成就，也是人权法律保护的重大成果，更是保障国家、社会与公民关系良性互动的法律基础。该法的颁布实施，不仅向制定完备的民法典迈出了关键一步，而且突出了对人的生命健康的法律关怀；不仅明确了调整当前一些社会矛盾的法律原则，而且为建立更加公正、公平、稳定、和谐的社会关系迈出了坚实的步伐。

　　《侵权责任法》的颁布实施具有多重意义：首先，制定《侵权责任法》，体现了我国政府"以人为本"的执政观念。正基于此，一些学者称《侵权责任法》是建设和谐社会进程中体现以人为本理念的一个民事权利宣言书。通观侵权法的条款，我们可以看出在社会转型过程中出现的许多新问题都得到了回应。例如，同命不同价的问题、网络侵权的问题、建筑物倒塌的责任问题、租民用机动车的问题、学校责任的问题、产品的警示召回、保险责任的分担问题，这都是长期以来民众广泛关注而且有经典案例，这部法律都做了很好的规定，适应了人民群众对权利保护的需求，更是一次民主科学立法的生动实践。其次，《侵权责任法》是建设和谐社会的一个重要助力。现代社会是一个风险社会，侵权现象大量出现，危及社会的安定与和谐。而一个和谐的社会应是各方主体的合法权益被尊重和保障的社会。因此，构建社会主义和谐社会离不开侵权责任法的规范与调整。再次，《侵权责任法》的颁布也是我国侵权法理论的一次全新总结。它的制定和实施，是我国既有的民商事立法对平等主体之间财产关系和人身关系调整的落脚点，同时也使我国民法典的总体框架清晰可见、呼之欲出，是我国在民事立法法典化的进程中迈出的关键一步。《侵权责任法》是民法典的组成部分，它的完成标志着民法典的主体部分已经形成。最后，《侵权责任法》的颁布，标志着我国民事法律体系的进一步完善，也成为我国社会主义法律体系中最为重要的民事法律规范框架基本构建的形式标志。可以认为，在相当程度上，侵权责任法的发展走向体现了一个国家立法政策的价值取向和法律文明的发展程度，决定着民法乃至整个法律文明的未来。

　　《侵权责任法》的出台，为民法教学的完善提供了法律依据。所以，我们组织一线教师编写《侵权责任法理论与实训》，一方面是为本、专科应用型法律人才培养的教学需要而编写。因此，在教材内容的选择及编排上，既保持知识性、实用性和创新性，更重视学生素质教育、创新能力和实践能力的综合训练，从而为培养精通法律规范、熟练法律运作的应用型、复合型人才奠定基础，并为学生在基础理论、专业知识和业务能力各方面的协调发展创造条件。另一方面就是想让更多的公民了解侵权责任法的立法目的和具体内容，帮助百姓正确理解侵权责任法，并学会运用法律来保护自己的权益，为构建和谐平等的社会关系提供民权基础。

　　本书的各位作者以严谨的学风和务实的精神，详解法义，阐释法理，注重实用性，突出应用能力的培养。本教材的编写，呈现出诸多特色：一是基础性。本书立足中国高校法学教育的现实需求，在内容编写上，注重阐释法学基本概念、基本原理、基本制度，简明扼要、中心突出、概念准确、条理清晰。二是实用性。本书注重理论在实践中的运用，帮助学生有针对性地学习，侧重提高学生运用法学知识解决现实法律问题的能力。三是创新性。本书内容和体例开拓创新，文内设计了形式新颖的各种栏目，拓展学生学习视野，引导学生深入思考。如：每章前的"本章导读"可以让学生掌握本章的核心内容及重

序　言

点、难点知识，易于记忆；"导引案例"则把理论与实践相结合，增加了学生的学习兴趣；每章后设"实训测试"，将该章涉及的历年司法考试真题贯穿其中，以使学生了解司法考试的基本要求和相关考点；该书最后设有"综合测试题"，让学生了解该课的考试方式、题型、题量及如何解答，以便更好地提高学生的应试能力。

我们真诚地期望该书能为我们改革民法教学，提升学生实践能力奠定一个良好的基础，同时也期望该书能让更多的百姓了解侵权责任法，走进侵权责任法，让侵权责任法真正成为百姓维权的"行动指南"，更为发展、完善、丰富民法理论增添新的内容，故为序。

赵肖筠

2010年11月

目 录

第一章 侵权行为与侵权责任法 1

 本章导读 1
 导引案例 1
 第一节 侵权行为 2
 第二节 侵权责任法 6
 实训测试 14
 实训测试参考答案及解析 16

第二章 侵权责任的归责原则 18

 本章导读 18
 导引案例 18
 第一节 侵权责任的归责原则概述 19
 第二节 过错责任原则 20
 第三节 无过错责任原则 22
 第四节 公平责任原则 26
 实训测试 29
 实训测试参考答案及解析 32

第三章 侵权责任的构成要素 37

 本章导读 37
 导引案例 37
 第一节 加害行为 38
 第二节 损害事实 40
 第三节 因果关系 43

第四节	行为人主观过错	47
实训测试		48
实训测试参考答案及解析		52

第四章 共同侵权责任 ……………………………………………… 56

本章导读		56
导引案例		56
第一节	共同侵权责任概述	58
第二节	共同侵权行为	59
第三节	共同危险行为	64
实训测试		66
实训测试参考答案及解析		70

第五章 侵权责任的抗辩事由 ……………………………………… 74

本章导读		74
导引案例		74
第一节	正当理由的抗辩	75
第二节	外来原因	79
实训测试		81
实训测试参考答案及解析		84

第六章 侵害人身权的民事责任 …………………………………… 88

本章导读		88
导引案例		88
第一节	人身权的概述	89
第二节	侵害生命权、身体权和健康权的民事责任	95
第三节	侵害姓名权、肖像权的民事责任	100
第四节	侵害隐私权、名誉权和荣誉权的民事责任	104
实训测试		109
实训测试参考答案及解析		115

第七章 对他人行为致人损害的侵权责任 ………………………… 123

本章导读		123

导引案例 ………………………………………………… 123
  第一节 国家机关责任 …………………………………… 124
  第二节 法人和其他社会组织的侵权责任 ……………… 127
  第三节 雇主责任 ………………………………………… 129
  第四节 监护人责任 ……………………………………… 133
  实训测试 …………………………………………………… 137
  实训测试参考答案及解析 ………………………………… 142

第八章 物件致人损害的侵权责任 …………………………… 150

  本章导读 …………………………………………………… 150
  导引案例 …………………………………………………… 150
  第一节 饲养动物致人损害责任 ………………………… 151
  第二节 建筑物致人损害的责任 ………………………… 156
  第三节 地面施工致人损害的责任 ……………………… 158
  第四节 产品责任 ………………………………………… 160
  实训测试 …………………………………………………… 164
  实训测试参考答案及解析 ………………………………… 170

第九章 其他侵权责任 ………………………………………… 179

  本章导读 …………………………………………………… 179
  导引案例 …………………………………………………… 179
  第一节 高度危险责任 …………………………………… 180
  第二节 环境污染责任 …………………………………… 182
  第三节 机动车交通事故责任 …………………………… 185
  第四节 医疗损害责任 …………………………………… 188
  实训测试 …………………………………………………… 191
  实训测试参考答案及解析 ………………………………… 195

第十章 侵权民事责任的承担 ………………………………… 201

  本章导读 …………………………………………………… 201
  导引案例 …………………………………………………… 201
  第一节 侵权民事责任概述 ……………………………… 202
  第二节 侵权损害赔偿 …………………………………… 205

第三节　民事责任竞合及其相关问题……………………………… 212
实训测试……………………………………………………………… 219
实训测试参考答案及解析…………………………………………… 224

附录1　综合测试题………………………………………………… 232

综合测试题参考答案………………………………………………… 241

附录2　中华人民共和国侵权责任法………………………………… 252

参考文献……………………………………………………………… 262

第一章　侵权行为与侵权责任法

【本章导读】

　　侵权行为是承担侵权责任的前提。侵权行为，是指民事主体违反民事义务，侵害他人合法权益，依法应当承担民事责任的行为。侵权行为的内涵有：第一，侵权行为的客体是法律确认和保护的权益。第二，认定侵权行为应当将侵权行为与侵权责任的具体承担区分开来。第三，对侵权行为的认定施加过多的主观因素是不必要的，因为侵权行为属于事实行为。事实行为并不强调行为人的主观因素。侵权行为具有如下特征：侵权行为是违法行为；侵权行为的侵害对象是绝对权；侵权行为是行为人有意识的行为。侵权行为依不同的标准可作不同的分类：一般侵权行为与特殊侵权行为、单独侵权行为与共同侵权行为、积极的侵权行为与消极的侵权行为。

　　《侵权责任法》的通过对保护公民、法人的合法权益，明确侵权责任，预防并制裁侵权行为，化解社会矛盾，减少民事纠纷，促进社会公平正义具有重要意义。它的出台呈现十大亮点，是我国民事立法的又一重大里程碑。

【导引案例】

　　案情介绍：

　　1998年7月8日上午10时许，原告钱缘携侄子进入被告上海屈臣氏日用品有限公司四川北路店，当原告从店堂正门出门时，店门口警报器鸣响，该店一女保安员上前阻拦钱缘离店，并引导钱缘穿越三处防盗门，但警报器仍鸣响，钱缘遂被保安人员带入该店办公室内，女保安用手提电子探测器对钱缘全身进行检查。在女保安及另一女店员在场的情况下，钱缘解脱裤扣接受女保安的检查。店方未检查出钱缘身上有带磁信号的商品，允许钱缘离店。但钱缘向店方提出异议，要求店方赔偿经济损失。

　　钱缘在12时离店后即向上海市虹口区消费者协会投诉，要求店方向其赔礼道歉，并给予人民币1500~2000元的经济赔偿。消费者协会经调解未成。

　　钱缘还投诉到《新民晚报》反映情况。上海屈臣氏日用品有限公司在1998年7月14日致《新民晚报》一份书面情况说明中称："钱缘到办公室后，女保安用电子探测仪测试了一下仍发现在身体左侧下方发出声响，当时该顾客情绪也比较激动，即刻解下裤子上的二粒纽扣（并未脱去裤子），让女保安检查，看是否有磁性物品。"此案由上海市虹口区人民法院一审，被告不服，向上海市第二中级人民法院提出上诉。①

问题： 四川北路店对钱缘的侵权行为是否成立？

分析提示：

四川北路店的行为已经侵犯了钱缘的人身权，且不能免责。四川北路店作为一家超市，因顾客穿越店门时引起警报器鸣响而怀疑其有从超市中带出未付款物品的行为，在这种情况下，超市有权向顾客提醒，并与之交涉，但无权单方面将顾客本人或财产扣留，或对顾客的人身和财产进行检查。因为将顾客扣留进行检查是对他人人身权的一种限制性侵犯，只有国家法定机关在法定条件下并经法定程序才能实施这样的行为，而店方在民事关系中与钱缘处于平等的地位，其并不享有这一权利。只有店方当场有证据可以完全确信顾客有携物未付款的行为（如有店员当场发现或摄像机当场拍摄到某顾客的盗窃行为），才能当即将其本人扣留并送有关部门处理，这才符合侵权法理论中自助行为免责的条件，而本案并不具有这种情形。所以，四川北路店的女保安单方面将钱缘带入办公室并对她人身进行检查的行为已经侵犯了钱缘的人身权，是对其人格尊严的严重侵害，同时使钱缘的名誉受到毁损，精神遭受痛苦。因四川北路店为上海屈臣氏日用品有限公司依法设立的非独立核算的分支机构，法院判决由上海屈臣氏日用品有限公司给予钱缘精神赔偿和赔礼道歉，是完全正确的。

第一节 侵权行为

一、侵权行为的概念

侵权行为，是指民事主体违反民事义务，侵害他人合法权益，依法应当承担民事责任的行为。理解侵权行为，应把握以下内涵：

1. 侵权行为的客体是法律确认和保护的权益。关于是否属于法律确认和保护的权益，可分为三种情况来认定：一是，侵害的客体是属于法律绝对保护的权益。这种权益具有对世性，亦即世界上任何人都负有不得侵害的义务，其义务人

---

① 案例来源：《钱缘诉上海屈臣氏日用品有限公司等侵害名誉权案》，http://law.linklaw.com.cn/chinacase/al_content.asp? id=906, 2010-08-06。

具有不特定性。无论是什么人，凡是侵害了这种权益的，都属于侵权行为。如在一般情况下，民事主体的人身权和财产权，均属于法律绝对保护的权益。二是，侵害的客体属于法律"相对保护"的客体。亦即法律在一定范围或者一定的条件下，允许行为人对客体进行伤害，对这种伤害，法律不禁止，也不谴责，甚至鼓励。如医生治病救人，不仅要切除病人身上的病患，而且为了病人的利益，在切除病患时，还必须连带地切除病人的一些好的器官或者机体。这是为了保住病人的生命，不得已而为之，这种行为当然不算侵权。如果超出这种情况或不符合这些条件，切除了病人身上不应该切除的其他器官或者机体，这就属于侵害了法律所保护的合法权益，应当认定为侵权。如被媒体炒得沸沸扬扬的某医院为治疗盲肠炎，竟将病人的子宫也切除掉了。再如，竞技体育中，运动员在遵守竞技运动规则的前提下，因合理冲撞而伤害了对方的身体，这是法律允许的，不属于法律确认和保护的权益，不能认定为侵权行为。如果运动员违反竞技规则，故意伤害对方，则应当认定为侵权。因为这种情况下的受害运动员的人身属于法律确认和保护的权益。三是，侵害的客体属于"法律不予确认和保护的客体"。如为了制止正在行凶杀人的犯罪嫌疑人，将其击毙或者击伤，属于正当防卫，这自然不算侵权。

2. 对侵权主体的认定。认定侵权行为应当将侵权行为与侵权责任的具体承担区分开来。传统民法理论认为，无行为能力人因其不具有行为能力，其行为不存在侵权问题。然而，侵权行为与侵权责任的具体承担是两个不同性质的问题。我国《民法通则》第133条规定："无民事行为能力人、限制民事行为能力人造成他人损害的，由监护人承担民事责任。"第22条规定："监护人可以将监护职责部分或者全部委托给他人，因被监护人的侵权行为需要承担民事责任的，应当由监护人承担。"这里最高人民法院将被监护人"造成他人损害的行为"明定为侵权行为。其中的被监护人自然包括无行为能力人。据此，完全有理由认为无民事行为能力人可以成为侵权主体，其行为可以构成侵权行为，而与其是否具体承担民事责任并无必然关联。

3. 对侵权"行为"的认定。传统民法理论将侵权行为与行为人有无认识判断自己行为后果的能力联系起来。认为无行为能力人因其不能辨认、判断自己行为的后果，不具有侵权行为能力。然而，对侵权行为的认定施加过多的主观因素是不必要的。生活实践证明存在两种侵权：一种主观无过失侵权，包括无行为能力人侵权和"好心办坏事"的侵权；另一种是过错侵权，即有故意或过失的侵权。这两种侵权对受害人所造成的侵害后果，从性质上并没有什么两样。侵权行为属于事实行为。可见，事实行为并不强调行为人的主观因素，不管侵权人主观是否可受责难，无辜的受害者都应当获得赔偿。

二、侵权行为的特征

1. 侵权行为是违法行为。行为的违法性是侵权行为的前提，给他人造成人身与财产损害的行为应当是违反强制性或禁止性规定的行为。如果虽有损害后果，但行为是合法实施的则不构成侵权行为。如工商机关的工作人员依法销毁假冒伪劣产品是其履行职责的合法行为，不构成侵权。

2. 侵权行为的侵害对象是绝对权。侵权行为侵害的是他人的物权、人身权、知识产权。与债权不同，侵权行为侵害的权利均是绝对权，其义务主体是不特定的，该权利的实现无须借助权利人以外的其他人协助。债权作为一种请求权，是相对权，其实现需要他人实施一定的行为。虽然在理论上已出现了将第三人侵害债权的行为纳入侵权行为的观点，但按照通说及现行立法，债权不能成为侵权行为的对象。

3. 侵权行为是行为人有意识的行为。侵权人实施侵权行为是其自由意识的体现，除了特殊侵权责任外，一般侵权责任都以行为人主观上有过错为要件，无论行为人出于故意还是过失，其实施的行为均是其意识的自愿表达，是受其意愿控制的结果。

侵权行为与犯罪行为具有一定的联系又存在显著的区别。其联系表现在：侵权行为与犯罪行为往往会发生竞合，如杀人、放火等行为即构成侵权又构成犯罪，因而在追究其刑事责任后，并不排斥继续追究其民事侵权责任。其区别表现在：侵权行为是对民事主体人身或财产权利的侵害，其后果是对受害人的补救，犯罪行为是对社会秩序与公共利益的侵害，其结果是对行为人实施惩罚。

侵权行为与违约行为虽然都是民事违法行为，但也存在显著区别：其一，侵权行为违反的是法定义务，违约行为违反的是合同中的约定义务；其二，侵权行为侵犯的是绝对权，违约行为侵犯的是相对权即债权；其三，侵权行为的法律责任包括财产责任和非财产责任，违约行为的法律责任仅限于财产责任。

三、侵权行为的分类

（一）一般侵权行为与特殊侵权行为

这是根据侵权行为的构成要件、归责原则等综合因素对侵权行为所作的基本分类。

一般侵权行为，是指行为人基于主观过错实施的，应适用侵权责任一般构成要件和一般责任条款的致人损害的行为。例如，故意侵占、毁损他人财物、诽谤他人名誉等行为。特殊侵权行为，是指由法律直接规定，在侵权责任的主体、主观构成要件、举证责任的分配等方面不同于一般侵权行为，应适用民法上特别责任条款的致人损害的行为。如《民法通则》第 121 条～127 条，《侵权责任法》第 5 章～11 章规定的侵权类型即是特殊侵权行为。

（二）单独侵权行为与共同侵权行为

这是根据侵权行为人的人数对侵权行为所作的分类。

单独侵权行为，是指损害行为是由一人实施的侵权行为。共同侵权行为，是指损害行为是由二人或数人实施的侵权行为。共同侵权行为的构成表现在：其一，主体的复数性，加害人为二人或二人以上。其二，行为的共同性，多个加害人的行为彼此关联共同导致损害后果的发生。其三，结果的单一性，数个加害行为共同产生一个损害后果。《民法通则》第 130 条，《侵权责任法》第 8 条规定："二人以上共同侵权造成他人损害的，应当承担连带责任。"

（三）积极侵权行为与消极侵权行为

这是根据侵权行为的形态对侵权行为所作的分类。

积极的侵权行为，是指行为人违反对他人的不作为义务，以一定的行为致人损害的行为。例如，不法占有他人财物，冒用他人商标，侵害他人身体等。消极的侵权行为，是指行为人违反对他人负有的作为义务，以一定的不作为致人损害的行为。例如，建筑施工中未安放警示标志，致使他人损害的，保管人未尽保管义务，致使被保管物遗失，等等。

（四）人身侵权行为与财产侵权行为

这是根据侵害对象的不同对侵权行为所作的分类。

人身侵权行为，是指侵害他人人身权的行为，侵害人身权的责任承担方式较为复杂，包括停止侵害、消除影响、恢复名誉、赔礼道歉，还可要求精神损害赔偿。应予注意的是，恢复名誉、赔礼道歉的责任承担方式只适用于侵害名誉权。财产侵权行为，是指对他人财产权构成侵犯的侵权行为，侵害财产权的责任承担方式一般为赔偿损失，只有在特殊情况下，例如侵害具有人格象征意义的特定纪念物品的财产权，才可请求精神损害赔偿。

第二节 侵权责任法

2009年12月26日,十一届全国人大常委会第十二次会议通过了《中华人民共和国侵权责任法》,这部与物权法一样在于保障私权、在社会主义法律体系中起支架作用的法律,跨两届人大、历经四次审议后终于面世。《侵权责任法》共十二章、92条,对公民民事权益进行了全方面、多层次、立体化保护,堪称保护公民人身、财产权益的集大成者,其内容涉及百姓生活的方方面面,与公众利益息息相关。

一、侵权责任法的概念

侵权责任法,是指规定侵权行为及其法律责任的法律规范的总称。《侵权责任法》第2条第1款明确规定:"侵害民事权益,应当依照本法承担侵权责任。该规定不仅确立了侵权责任法的调整对象,而且也明确了侵权责任法的概念。从内容和体系上说,一方面,侵权责任法要规定各种侵害民事权益的行为,即侵权行为,在绝大多数情况下,行为人可能具有过错。但是,在有些情况下,行为人可能没有过错,但法律规定其应当承担侵权责任的,应当承担责任。另一方面,侵权责任法要规定侵权人在实施侵权行为之后的责任。为此,侵权责任法不仅仅要规定侵权的归责原则、构成要件,还要规定免责事由、责任形式与赔偿范围等。所以侵权责任法是有关侵权行为的定义、种类以及对侵权行为如何制裁、对侵权损害后果如何补救的民事法律规范的总称。"[①]

二、侵权责任法的特征

1. 侵权责任法是保护民事权益的法。换言之,侵权责任法是保护私权的法。虽然不是所有的私权都受侵权责任法保护,例如,合同债权主要受合同法保护,但是,绝大多数私权都要受侵权法保护。由于现代法治的精神就是保障私权、规范公权,所以,侵权法作为保障私权的基本法为现代法治的构建提供了基础和前提。侵权法对私权的保护是通过对遭受侵害的权利进行救济的方式来完成的。由于

---

① 王利明、周友军、高圣平:《中国侵权责任法教程》,人民法院出版社2010年版,第44~45页。

侵权责任法是保护权利的法，因此，其主要功能不在于确认权利，而在于对受到侵害的权利予以救济。民法分则的各个部分的主要功能都在于确认权利，如人格权法确认人格权，物权法确认物权，知识产权法确认知识产权。当这些权利受到侵害的时候，就需要通过侵权责任法予以救济，所以侵权责任法主要是保护权利的法。

2. 侵权责任法是确立侵权责任的法。从调整的对象上看，侵权责任法是调整有关因侵害他人财产、人身的行为而产生的相关侵权责任关系的法律规范的总和。从基本内容上看，侵权责任法主要规定民事责任，围绕侵权行为及其责任而展开。在内容上，主要规定侵权行为的含义和种类、侵权民事责任的构成要件、归责原则、免责条件、责任形式、赔偿的原则和范围等。这些规定的最终目的就是要确立责任。侵权责任法通过确立制裁不法行为人、补偿受害人的损失，从而达到保护民事主体的合法权利、教育不法行为人、预防侵权行为的发生、及时补偿受害人的损失等目的。而这些目的的实现也正是侵权责任法的作用所在。

3. 侵权责任法主要是救济法。从功能上看，侵权责任法的基本功能是对受害人的损害提供救济。侵权责任法作为私法的组成部分，它主要是决定在受害人遭受侵害以后，是否有权获得赔偿以及如何赔偿的问题。正因如此，人们才说，侵权责任法是以损害赔偿为中心而对受害人进行救济的法律。我们说侵权责任法主要是救济法，是从它与制裁法对应的角度而提出来的。其着眼点在于对受害人提供救济，至于制裁应由行政法乃至刑法来完成。因此，在侵权责任法中，其责任构成、过错和因果关系的认定方式、责任减免事由等，都应按救济理念来完成。救济是侵权责任法的基本理念，也是侵权责任法体现对人的关怀和保护的基本理念。除救济功能之外，侵权责任法还具有预防的功能，随着侵权法的发展其预防功能不断增强。损害一旦造成，通过事后的赔偿很难恢复原状，所以预防显得越来越重要。尽管侵权法的预防功能非常重要，但与补偿功能相比仍然处于次要位置，只是一个辅助性功能。①

4. 侵权责任法主要是强行法。侵权责任法的规范对象是侵权行为及其责任，因此，侵权责任法首先要规定何种行为是侵权行为，何种行为不是侵权行为，并列举一般侵权行为和特殊的侵权行为，分清侵权行为与其他行为的界限，从而明确侵权责任法规范和调整的范围。侵权责任法的强行性是其区别于其他民事法律的一个重要特征。侵权责任法与保险等社会保障制度的区别就在于，侵权责任法应当同时满足威慑功能和社会救济功能。② 由于侵权责任法的主要功能并不在于

---

① 张新宝：《侵权责任法：功能定位、利益平衡与制度构建》，载《中国人民大学学报》2009 年第 3 期。
② [德] 吉哈德·瓦格纳：《当代侵权法比较研究》，高圣平、熊丙万译，载《法学家》2010 年第 2 期。

对权利的确认，而是对权利的保护或对侵权行为的制裁，且这种制裁乃是与侵权行为人的意愿和目的相反的，因此侵权责任法主要是强行性规范而非任意性规范。例如，关于责任的构成、特殊侵权行为中的举证责任等都不允许由侵权行为人排斥其使用，也不允许行为人将责任随意转让给他人担。但应该看到，由于侵权行为也是损害赔偿之债的发生原因之一，在加害人和受害人之间也产生侵权之债的关系，意思自治在侵权法中也有一定的适用范围。因此，侵权责任法在一般情况下，并不禁止行为人和受害人之间通过协商减轻和免除行为人的赔偿责任。

5. 侵权责任法主要是实体法。按照法律规定内容的不同，可将法律分为实体法与程序法。实体法一般是指规定主要权利和义务（或职权和职责）的法律；程序法一般是指规定保证权利和义务得以实施的程序的法律。一般认为，侵权责任法是实体法，在侵权责任法中一般不应当规定程序性规范。

6. 侵权责任法主要是裁判法。民法作为实体法，它既是行为规范又是裁判规则。侵权责任法虽然也涉及一些行为规范，甚至设置了一些宣示性和倡导性规范，但该法主要是裁判性规范，即为司法裁判活动提供法律依据，为司法裁判提供一套基本的体系、框架、规范和术语，为司法过程提供一套明确的、完整的规范，力求通过法律的制定使整个司法过程都处于法律的严格控制之下，对法官行使自由裁量权做出了必要的限制。① 在我国侵权责任法颁布之前，近40部法律从不同侧面和领域规定了侵权责任条款，还有许多行政法规也规定了许多领域的侵权责任赔偿制度，由于法律法规规定十分分散，给法官的司法适用带来很大的困难。侵权责任法的颁行，为法官的法律适用活动确立了统一和明确的规则。所以，在侵权责任法通过之后，有关侵权案件的裁判必须要依照侵权责任法来进行裁判。

还需要指出的是，侵权责任法是民事基本法，其规范的是民事基本法律制度。我们说其是民事基本法，是因为：一方面，从其保护的民事权利的性质来看，其保护的是基本民事权利，是人权的重要组成部分；另一方面，从其适用范围来看，其几乎涉及所有的民事主体，具有非常普遍的适用性。还要看到，侵权责任法所涉及的社会关系很广泛。侵权行为不仅发生在财产关系和人身关系领域，而且也广泛发生在竞争关系、劳动关系、环境保护关系、自然资源管理关系、信息传播关系与教育管理关系等领域。侵权责任法的触角延伸到社会经济生活的每一个领域，小到一个普通产品的生产、邻里之间鸡毛蒜皮的琐事，大到国

---

① ［德］布吕格迈耶尔、朱岩：《中国侵权责任法学者建议及其立法理由》，北京大学出版社2009年版，第15页。

家、社会稳定和经济秩序的维护，都离不开侵权责任法的调整。

三、侵权责任法的亮点

（一）首次以法律形式明确规定精神损害赔偿

在现代社会，由侵权行为人对人身受损害的受害人或者其近亲属给予精神损害方面的赔偿，已经成为国际立法惯例。但我国自新中国成立以来，由于受立法传统的影响，借鉴原苏联民法理论和立法经验，否认精神损害赔偿制度的合理性，将精神损害赔偿视为资产阶级的民法制度而予以排斥，认为自然人的人格尊严是不能用金钱来衡量的，也是不可以用金钱来赔偿的，故在很长一段时期内，无论是法学界还是立法界都否定和排斥精神损害，尤其不接受精神损害赔偿这一说法。直至1986年颁布的《民法通则》，才在一定程度上确认了精神损害及其救济制度，但是没有明确提出精神损害赔偿的概念。2001年最高人民法院出台的《精神损害赔偿解释》尽管对审判实务中有关精神损害责任承担的种类、承担形式等作出了明确规定，但由于司法解释不属于我国《立法法》所认可的立法形式，故在《侵权责任法》出台以前，我国没有明确的法律规定精神损害赔偿这一民事侵权责任种类。正因为如此，我国的司法审判实践针对此问题的判决并不统一。

典型的案例则是2001年陕西的"麻旦旦处女嫖娼案"。19岁的无辜少女在遭受不白之冤、名誉受到极大毁损后，却在精神上无法得到慰藉。2001年最高人民法院《精神损害赔偿解释》虽然在司法实践中打开了一扇窗户，但总体上法律依然对人的精神权益处于漠视状态。而与之形成鲜明对比的则是2007年11月26日的"北京公交售票员掐死清华教授女儿案"。该案民事赔偿部分进行了终审宣判，北京市第一中级人民法院撤销了赔偿10万元精神损害金的一审判决，改判赔偿30万元，这是目前我国法院判决精神损害赔偿的最高数额。

《侵权责任法》第22条规定："侵害他人人身权益，造成他人严重精神损害的，被侵权人可以请求精神损害赔偿。"该条从立法的高度首次确认精神损害赔偿制度，并为审判实务提供了明确的法律根据，是立法史上的一次伟大进步，必将对我国民事侵权制度的完善产生深刻的影响。它体现了以人为本和保护人权的立法理念。对于现实中重塑人格内涵与尊严，以及未来我国民法典的精神构筑，都将具有深远的意义。

（二）多人死亡事故中"同命同价"赔偿原则的确立

2005年12月，重庆市三个花季女孩在一次车祸中同时丧生，两个有城市户口的孩子都获得20多万元赔偿，而一位农村孩子的家庭只获赔9万元。差额主要是由死亡赔偿金一项引起。这是我国司法实践关于"同命不同价"的第一案。此后，在很长一段时间内它引起人们的高度争议和重视。在重大交通事故或者矿难事故中，往往出现多人死亡的情形，但是受现有法律规定的局限，往往因为死者城乡身份、收入高低、地区差异或者其他因素的不同，导致死亡赔偿金相差数倍，并招致死者家属的不满，极易引发社会矛盾。为更为客观公正地处理上述问题，体现对权利的平等保护和对生命的尊重，促进和谐社会关系建设，《侵权责任法》第17条规定："因同一侵权行为造成多人死亡的，可以以相同数额确定死亡赔偿金。"根据这一条法律规定，在处理重大交通事故、矿难事故等时，可以不考虑个体的差异而采取统一的标准或者数额来确定死亡赔偿金的数额。这一规定可以让死者家属在失去亲人的时候，就赔偿方面能够尽可能地享受到法律上的平等，也是"法律面前人人平等"的宪法原则在侵权责任法上的生动体现。

（三）为解决医患纠纷提供法律依据

医患纠纷近年来已经成为一个社会焦点问题，其中因医疗行为引起的侵权损害赔偿纠纷尤为突出，并且由于患者的死亡或者残疾，极易引起患者或其家属情绪激动，并做出一些不理智的行为，如围攻医疗机构，对医务人员进行人身威胁、伤害，甚至聚众打砸抢等，诸如此类的问题已经对构建和谐社会关系造成了严重影响，并容易导致社会秩序的无序化。但由于医疗侵权损害赔偿纠纷涉及医学专业知识，加之我国现有法律对于医患纠纷的处理也存在适用法律方面的不统一性，如《民法通则》及《人身损害赔偿解释》对侵权损害赔偿的范围、种类、适用原则等，与国务院的《医疗事故处理条例》所规定的赔偿范围、种类、适用原则等内容存在一定的差异。立法上的混乱导致法律适用上的不一致及司法机关裁审标准的不统一。这样的现状非常不利于解决医患纠纷。《侵权责任法》将医疗损害赔偿纠纷纳入其调整范围，如其第54条规定"患者在诊疗活动中受到损害，医疗机构及其医务人员有过错的，由医疗机构承担赔偿责任。"第57条规定"医务人员在诊疗活动中未尽到与当时的医疗水平相应的诊疗义务，造成患者损害的，医疗机构应当承担赔偿责任。"通过上述规定首先确立了医疗侵权行为的过错责任原则。该法还对推定医疗机构有过错的情形，医疗机构不承担赔偿责任的情形等均作出了规定。另外，《侵权责任法》第50条规定："因药品、消毒药剂、医疗器械的缺陷,或者输入不合格的血液造成患者损害的,患者可以向生产者或者血液提供机构请求赔偿,也可以向医疗机构请求赔偿。"这样的规定,无疑对于解决日益增多的医疗侵权损害赔偿纠纷增加了一条救济途径,也有利于医患纠纷的解决。

(四) 加强个人隐私信息的保护

近年来网络日益流行的人肉搜索,虽然在一定程度上对于社会上某些不文明、不道德现象起到了一定的谴责或者否定性评价作用,但由于缺乏必要的法律规范约束,加之人肉搜索的发起或者搜索行为本身是否合法、正确缺乏相应的评判标准,所以极易被滥用,而且极有可能会涉嫌侵犯到他人的隐私权,规范网络上的人肉搜索行为,已成为法治建设的迫切要求。同时,由于网络信息的发布具有随意性,故在现实生活中也出现了网络用户利用网络服务对其他公民、法人或者其他组织进行名誉侵害等侵权行为。2009年11月,一则河南郑州警方大规模突击扫黄的帖子在互联网上流传,其中有多张警方现场查处涉黄场所的照片和一段长达两分多钟的视频,甚至还有卖淫女的裸体照片。在当今网络盛行的时代,公众合法权利如何保护? 网络作为传播媒介该如何监管?

遗憾的是,《民法通则》等并没有对网络侵权行为如何处理作出明确规定。为加强对个人隐私保护,规范网络服务行为,而《侵权责任法》第36条对于规范网络侵权行为则作出了明确规定。根据这一法律条文规定,如果网络用户利用网络服务对他人实施侵权行为的,被侵权人有权通知网络提供者采取删除、屏蔽等排除妨害措施。网络服务提供者在接到通知后未及时采取必要措施的,对损害扩大部分要承担连带责任。

另外,在现实生活中,患者或者孕妇信息包括个人信息、病历资料等被泄露的事件时有发生,对患者或者孕妇的正常生活带来了严重影响。为保护患者个人隐私权,《侵权责任法》第62条规定:"医疗机构及其医务人员应当对患者的隐私保密。泄露患者隐私或者未经患者同意公开其病历资料,造成患者损害的,应当承担赔偿责任。"

(五) 确立了缺陷产品召回制度

对于已经进入流通领域的产品,如果产品存在缺陷并致人损害的,消费者可以依据《消费者权益保护法》、《产品质量法》等向产品的销售者、生产者主张相应的赔偿权利,但是对于缺陷产品能否防患于未然,即产品的生产者或者销售者能否在发现缺陷存在后就积极采用相应的补救措施,比如,进行警示、召回等措施，法律却没有明确规定。但是，综观世界各国的立法，缺陷产品的召回制度在世界上其他国家也已经形成法律规范性文件。现实生活中，也出现了部分商家在发现产品存在缺陷后为减少损失而自行召回的行为。为明确缺陷产品的召回制度，《侵权责任法》在第46条确立了缺陷产品的召回制度，该条规定："产品投入流通后发现存在缺陷的，生产者、销售者应当及时采取警示、召回等补救措施。未及时采取补救措施或者补救措施不力造成损害的，应当承担侵权责任。"

（六）生产销售缺陷产品进行惩罚性赔偿，加重企业社会责任

始于2008年6月的河北三鹿毒奶粉事件相信对于很多中国人来讲，仍然记忆犹新，也给人们带来了立法上的思考。对于产品质量侵权如何赔偿，《产品质量法》、《食品安全法》已经有了明确的规定，但是对于明知产品存在缺陷仍然生产、销售，并且造成死亡或者健康严重损害的，如果仅从产品质量法等法律来寻求救济途径，要求生产者、销售者进行了补偿性地赔偿，显然不能起到惩罚作用。《侵权责任法》第47条规定："明知产品存在缺陷仍然生产、销售，造成他人死亡或者健康严重损害的，被侵权人有权请求相应的惩罚性赔偿。"该条规定规定了"惩罚性赔偿"，对于加重诸如毒奶粉事件中生产者、销售者的法律责任，使被侵权人获得更多赔偿将起到积极作用。

（七）加大对未成年人特殊群体的保护

加强对未成年人权益的保护，是社会的共同责任，《侵权责任法》也体现了这一精神。但是在现实生活中经常出现幼儿在幼儿园或者其他教育机构学习生活期间受到人身损害的侵权赔偿纠纷，由于《民法通则》司法解释的过于原则性规定导致此类纠纷难以得到妥善解决，同时对于十周岁以下的无民事行为能力人在幼儿园、学校或者其他教育机构学习生活期间，受到幼儿园、学校或者其他教育机构以外的人员人身损害的，幼儿园、学校或者其他教育机构在未尽到管理职责的情况下是否应当承担赔偿责任或者补充赔偿责任，因缺乏明确的法律规定，导致未成人的合法权益不能得到有效保护。《侵权责任法》第38~40条对涉及到未成人的侵权责任承担等作出了明确规定，比如对上述讲到的问题明确规定："由侵权人承担侵权责任，幼儿园、学校或者其他教育机构未尽到管理职责的，承担相应的补充责任。"

（八）建筑物倒塌，由建设单位与施工单位承担连带责任

提起发生在上海的"倒楼"事件，人们还记忆犹新：2009年6月27日，上

海闵行区"莲花河畔景苑"一幢在建的13层楼整体倒塌，一名作业工人当场死亡。最终死者家属与其所在的装潢公司签署了赔偿协议。楼是如此，桥也不例外。2009年12月4日，南京市市政监督人员发现汉中门大桥的三十多根栏杆裂开了口子，最大处可以伸进手指，然而施工单位竟擅自用结构胶连夜糊填裂缝处。

这一系列事件的发生充分暴露了建筑工程质量问题，与此同时也凸显了侵权责任承担的法律规定不明确等问题。在现实生活中，由于建筑物、构筑物或者其他设施倒塌造成他人损害的民事责任承担主体缺乏明确的法律规定，于是建筑单位、施工单位、开发单位等均可相互推脱责任，给公民的民事索赔带来了法律障碍。为解决这一问题，《侵权责任法》第86条规定："建筑物、构筑物或者其他设施倒塌造成他人损害的，由建设单位与施工单位承担连带责任。建设单位、施工单位赔偿后，有其他责任人的，有权向其他责任人领导追偿。"今后，对于"脆脆楼"、"垮垮房"的责任承担，有了明确的法律规定，有利于解决建筑物、构筑物或者其他设施倒塌的民事侵权纠纷。

（九）见义勇为者可以要求受益人予以补偿

在现实生活中，许多英雄流血又流泪，见义勇为者在致害人无力承担赔偿责任或者因为致害人逃逸而无法要求其承担赔偿责任的情况下，见义勇为者只能依据《民通意见》第142条的规定，即："为了维护国家、集体或者他人合法权益而使自己受到损害，在侵害人无力赔偿或者没有侵害人的情况下，如果受害人提出请求的，人民法院可以根据受益人受益的多少及其经济状况，责令受益人给予适当补偿。"此条规定有很多局限性，如只能适用于法院审判阶段，而不能适用于双方私下协商，受损害者如果直接向受益人主张补偿，法律根据不足。民法通则的司法解释对于防止、制止他人民事权益被侵害而使自己受到损害的权利救济没有作出规定。为避免法律空白，《侵权责任法》第23条对现实生活中见义勇为者受到损害的权利救济进行了规定，即："因防止、制止他人民事权益被侵害而使自己受到损害的，由侵权人承担责任。侵权人逃逸或者无力承担责任，被侵权人请求补偿的，受益人应当给予适当补偿。"

（十）车辆借人出了车祸由使用人承担责任

《侵权责任法》第49条规定："因租赁、借用等情形机动车所有人与使用人不是同一人时，发生交通事故后属于该机动车一方责任的，由保险公司在机动车强制保险责任限额范围内予以赔偿。不足部分，由机动车使用人承担赔偿责任；

机动车所有人对损害的发生有过错的,承担相应的赔偿责任。"第 50 条规定:"当事人之间已经以买卖等方式转让并交付机动车但未办理所有权转移登记,发生交通事故后属于该机动车一方责任的,由保险公司在机动车强制保险责任限额范围内予以赔偿。不足部分,由受让人承担赔偿责任。"这意味着车辆转让却未过户,原则上受让人承担责任交通事故责任。即机动车辆转让并交付受让人后,即使没有过户,登记簿上仍是原所有人的名字,发生交通事故也只由受让人承担责任,与原所有人不再有关系。这比过去的司法解释规定更为明确,先前最高法院曾经针对个案出台相关批复,但有些地方法院根据案件具体情况并未适用。比如,四川省绵阳市就出现因分手男友强行开走女友机动车肇事,女友被判承担垫付责任的生效案例。肇事逃逸"交强险"要赔。驾驶员在发生交通事故后逃逸的,只要所驾驶的机动车参加了"交强险"等强制保险,就由保险公司在"交强险"限额范围内予以赔偿。

此外,《侵权责任法》还对遗失、抛弃高度危险物造成他人损害的侵权责任、从建筑物中抛掷物品或者从建筑物上坠落的物品造成他人损害的侵权责任、因林木折断造成他人损害的侵权责任等首次作出了规定,对于解决新型侵权纠纷提供了相应的法律根据。①

实训测试

一、单项选择题

1. 下列行为中,属于不作为侵权行为的是:(   )
   A. 诽谤他人名誉
   B. 假冒他人姓名
   C. 假冒他企业名称
   D. 在马路旁开挖坑道未设置明显警示标志致过路人损害

2. 下列行为中,不属于特殊侵权行为的是:(   )
   A. 履行职务致人损害   B. 故意伤害致人损害
   C. 地面施工致人损害   D. 污染环境致人损害

3. 某报社在一篇新闻报道中披露未成年人甲是乙的私生子,致使甲备受同学的嘲讽与奚落,甲因精神痛苦,自残左手无名指,给甲的学习和生活造成重大

---

① 陈伟:《〈侵权责任法〉的亮点》,载华律网(www.66law.cn),2010-02-05。

影响。按照我国现有法律规定，对该报社的行为应如何认定？（　　）（2000年律师考试卷二第4题）

A. 是如实报道，不构成侵权　　B. 侵害了甲的名誉权
C. 侵害了甲的姓名权　　　　　D. 侵害了甲的身体权

二、多项选择题

1. 根据侵权行为人的人数，侵权行为可以分为：（　　）
A. 单独侵权行为　　　　　　　B. 一般侵权行为
C. 共同侵权行为　　　　　　　D. 特殊侵权行为
2. 侵权行为的对象包括：（　　）
A. 生命权　　B. 物权　　C. 知识产权　　D. 身体权
3. 根据侵权行为的形态，侵权行为可以分为：（　　）
A. 特殊侵权行为　　　　　　　B. 作为的侵权行为
C. 一般侵权行为　　　　　　　D. 不作为的侵权行为
4. 下列行为不属于侵权行为的是：（　　）
A. 正当防卫致人损害（未超过必要限度）
B. 自助行为致人财产损害
C. 警察追捕罪犯时致罪犯损害
D. 交警将乱停放的汽车拉走

三、案例题

1. 方雅为某小学四年级学生，为完成王老师布置的命题作文《记邻居家的一件事》，虚构了邻居王小明家虐待父母的故事。由于文章感人，王老师推荐给《一江晚报》发表。文章发表后，王小明受到指责，十分气愤。王小明起诉到法院。问题：

（1）本案侵犯了王小明何种权利？
（2）本案的侵权责任承担人是谁？为什么？

2. 1988年1月7日，原告张某某与被告辛某某在河北省廊坊市安次区新开路街道办事处协议离婚。协议约定：婚生男孩辛某（1985年6月生）归女方抚养，男方每月付抚育费25元，每月男方可看望孩子，并能接回北京（即男方家）住几天；双方如有一方再婚，孩子归没再婚一方抚养；双方都再婚，按原协议办。1989年1月，张某某再婚后，辛某某几次去接孩子没接成。1990年1月9日，辛某某从张某某之母家，强行将孩子接回北京。张某某以侵害抚养权、

监护权为由,向住所地法院起诉。问题:

(1) 监护权、亲权等身份权可以成为侵权行为的客体吗?为什么?

(2) 该案是侵权纠纷还是离婚后子女抚养纠纷?请说明理由。

实训测试参考答案及解析

一、单项选择题

1. D

【解析】积极的侵权行为,又叫作为侵权,是指行为人违反对他人的不作为义务,以一定的行为致人损害的行为。例如,不法占有他人财物,冒用他人商标,侵害他人身体等。消极的侵权行为,又叫不作为侵权,是指行为人违反对他人负有的作为义务,以一定的不作为致人损害的行为。如建筑施工中未安放警示标志,致使他人损害的,保管人未尽保管义务,致使被保管物遗失,等等。故 D 是不作为侵权行为。

2. B

【解析】一般侵权行为,是指行为人基于主观过错实施的,应适用侵权责任一般构成要件和一般责任条款的致人损害的行为。例如,故意侵占、毁损他人财物、诽谤他人名誉等诸如此类的行为。特殊侵权行为,是指由法律直接规定,在侵权责任的主体、主观构成要件、举证责任的分配等方面不同于一般侵权行为,应适用民法上特别责任条款的致人损害的行为。如《民法通则》第 121~127 条,《侵权责任法》第 5~11 章规定的侵权类型即是特殊侵权行为。B 是一般侵权行为。

3. B

【解析】本题中,某报社在一篇新闻报道中披露未成年人甲是乙的私生子,致使甲备受同学的嘲讽与奚落,属于虚构事实,使他人的社会评价降低,而非真实的社会报道,是一种侵害他人名誉权的行为。

二、多项选择题

1. AC

【解析】单独侵权行为与共同侵权行为即是根据人数的多少对侵权行为所做的分类。

2. ABCD

【解析】侵权行为的侵害对象是绝对权。侵权行为侵害的是他人的物权、人身权、知识产权。与债权不同，侵权行为侵害的权利均是绝对权，其义务主体是不特定的，该权利的实现无须借助权利人以外的其他人协助。债权作为一种请求权，是相对权，其实现需要他人实施一定的行为。

3. BD

【解析】根据侵权行为的形态，侵权行为可以分为作为的侵权行为和不作为的侵权行为，又叫积极的侵权行为与消极的侵权行为。

4. ABCD

【解析】侵权行为的本质特征是具有违法性。正当防卫、自助行为属于侵权的免责事由，而警察追捕罪犯时致罪犯损害、交警将乱停放的汽车拉走属于履行职务的行为，均不具有违法性，也就都不属于侵权行为。

三、案例题

1. 【解析】（1）侵犯了王小明的名誉权。

（2）方雅的父母，基于监护责任；王老师，传播侵权事实；一江晚报社，传播侵权事实。

2. 【解析】（1）可以。侵权行为的侵害对象是绝对权。侵权行为侵害的是他人的物权、人身权、知识产权。监护权、亲权等身份权属于人身权，故可以成为侵权行为的客体。

（2）本案属于离婚后子女抚养纠纷，而非侵权纠纷。理由是：辛某某并未侵害张某某的监护权，因为父母是未成年子女的当然法定监护人，这个资格不因夫妻双方婚姻的解体而改变，除非有法定情形而被剥夺。根据题干信息，辛某某与张某某有离婚协议在先，"双方如有一方再婚，孩子归没再婚一方抚养"，1989年1月，张某某再婚，根据协议，孩子应由辛某某抚养，所以也未侵害张某某的抚养权，尽管张某某不能直接抚养孩子，但其还有探望权。辛某某从张某某之母家，强行将孩子接回北京的方式是错误的，双方应通过协商，协商不成应通过合法的程序，故本案是离婚后子女抚养纠纷。

第二章　侵权责任的归责原则

【本章导读】

　　侵权责任法的归责原则决定着一定的责任构成、举证责任的承担、免责条件、因果关系的证明以及赔偿方法等一系列问题，它贯穿于整个侵权法之中，直接影响到当事人的利益并对各个侵权行为规范起着统帅作用，是司法机关处理侵权纠纷所应遵循的基本准则。侵权责任法确认了过错责任原则、无过错责任原则和公平原则。其中，过错责任原则在我国侵权归责原则体系中处于核心地位，适用于一般的侵权行为。过错推定责任原则仍属于过错责任原则的范畴，它是过错责任原则的延伸和发展。无过错责任适用于法律规定的特殊侵权责任。公平责任原则作为过错责任原则和无过错责任原则的补充，是双方当事人公平地分担损失的归责原则。这三种归责原则涵盖了侵权行为法所有的侵权行为，构成了一个完整科学的侵权行为法的归责原则体系。

【导引案例】

　　案情介绍：

　　2009年4月初，利川某校小学生牟某在课间休息时奔跑，不慎摔倒在地。经校方紧急送往医院检查治疗，为病理性骨折，摔伤只是诱因，坏事变成了好事，发现了牟某患有病理性骨折病变，及早治疗而痊愈。就此事，家长欲找校方索赔。[①]

　　问题： 学校是否应当承担学生摔伤的责任？

　　分析提示：

　　学校没有过错，不应承担责任。过错责任原则是我国侵权责任法中对侵权行为承担责任的最基本规定。它要求行为人有过错才承担责任，无过错就不承担责任。责任的承担以过错为基础，责任的免除以无过错为依据。未成年人在学校等场所中出现事故，对学校不能适用无过错责任或公平责任原则。因为，无过错责任，是指不以行为人主观上有无过错为依据来确定民事责任承担的归责原则。学校本身并未对学生有潜在的威胁，且双方民事地位是平等的，学校与学生相比并不存在极大优势。案例中的小牟自己在校园内奔跑而跌倒，学校不存在疏于防范和管理，校方不可能每时每刻盯住学生，让他们一动不动。因而校方是无过错的。

---

　　① 参见恩施新闻网（http://www.enshi.cn），2009年8月7日。

第一节 侵权责任的归责原则概述

一、归责原则的概念

归责,是指行为人因其行为和物件致他人损害的事实发生以后,应依何种根据使其负责。侵权责任的归责原则,是指据以确定行为人承担侵权责任的依据,是侵权责任法的核心。

侵权行为法的归责原则是民法的基本原则在侵权法领域的具体化。归责原则决定着一定的责任构成、举证责任的承担、免责条件、因果关系的证明以及赔偿方法等一系列问题,它贯穿于整个侵权法之中,直接影响到当事人的利益并对各个侵权行为规范起着统帅作用,是司法机关处理侵权纠纷所应遵循的基本准则。可以说,没有侵权责任的归责原则即无从确定侵权行为的责任承担,只有确立了合理的归责原则,侵权行为法才能形成完整的体系。

二、侵权责任法的归责原则体系

我国侵权责任法从内容体系上看,最大的特色就是由多种归责原则确定的立法体系,现行立法中的归责体系,明显采取了过错归责原则、无过错责任原则和公平原则三元并立的做法。《侵权责任法》第6条第1款规定了过错责任原则,第2款规定了过错推定原则,第7条规定了无过错责任原则,第24条规定了公平责任原则。在这一多元归责原则体系中,过错责任是普遍适用于各种侵权行为的一般原则,过错推定责任原则和无过错责任原则是特殊的归责原则,公平责任原则是过错责任原则和无过错责任原则两种归责原则的补充。

《侵权责任法》第6条第2款和第7条关于过错推定和无过错责任的规定,都使用了"法律规定"几个字。从文义解释来看,所谓法律规定,主要是指侵权责任法和特别法的规定,也就是说,侵权责任法有特别规定的,才适用这一归责原则。在法律没有特别规定的情况下,不能适用这一规则原则。公平责任的适用一般也仅限于法律直接规定的特殊情况。

总之,我国侵权责任的归责原则包括过错责任原则、无过错责任原则和公平责任原则。一般侵权行为适用过错责任原则;凡是法律有明文规定适用过错推定和无过错责任原则的，适用过错推定和无过错责任原则；如法律无明文规定适用过错推定和无过错责任原则，而不予赔偿则显失公平的，适用公平责任原则。这三种归责原则可以涵盖所有的侵权行为，从而构成了一个完整科学的侵权行为法的归责原则体系。

第二节 过错责任原则

一、过错责任原则的含义

过错责任原则在我国侵权归责原则体系中处于核心地位。过错责任原则，是指以行为人主观上的过错作为承担民事责任基本条件认定责任的准则。过错责任原则包含以下含义：

第一，它以行为人的过错作为责任的构成要件，行为人具有故意或者过失才可能承担侵权责任；第二，它以行为人的过错程度作为确定责任形式、责任范围的依据。按照过错责任原则，行为人仅在有过错的情况下，才承担民事责任，没有过错，就不承担民事责任。

二、过错责任的法律规定与分析

《侵权责任法》第6条规定："行为人因过错侵害他人民事权益，应当承担侵权责任。根据法律规定推定行为人有过错，行为人不能证明自己没有过错的，应当承担侵权责任。"因此，我们认为：

1. 过错责任原则是一种主观归责原则。过错是一个主观和客观要素相结合的概念，它是行为人通过违背法律和道德的行为表现出来的主观状态。过错的基本形式是故意或过失，体现为行为人故意或过失的主观心理状态。

2. 过错责任原则要求行为人的过错是一般侵权责任的构成要件。一个损害的发生，总是基于多种多样的原因，按照过错责任原则，过错是决定过错责任是否成立的必不可少的主观要件。

3. 过错责任原则要求行为人的过错大小与责任范围的承担相一致。侵权行为人的主观状态是确定过错程度的重要依据，侵权行为人所应负的责任应与其过错程度相一致。如《侵权责任法》第12条规定："两人以上分别实施侵权行为造成同一损害，能够确定责任大小的，各自承担相应的责任；难以确定责任大小的，平均承担责任。"

4. 过错责任原则是我国民法公平原则的具体体现。侵权责任法规定，在多数情况下，让过错方承担侵权责任，过错大小决定责任之轻重，充分体现了法律的公平和正义理念，促进了社会的和谐发展。

三、过错责任原则与过错推定责任原则之间的关系

过错推定责任原则属于过错责任原则的范畴，它实际上是过错责任原则的延伸和发展。虽然二者都是以过错来作为行为人承担责任的依据，但是二者又不尽相同，主要表现在：

1. 适用的范围不同。过错责任原则作为最基本的归责原则，适用于大多数一般的侵权行为；过错推定责任原则作为过错责任原则的适用特例，它适用于法律规定的特殊情形的侵权行为。

2. 过错举证责任分配不同。过错责任原则采取的是"谁主张，谁举证"的证据分配原则，由受害人就行为人的过错承担举证责任；过错推定责任原则适用的是举证责任倒置的证据分配原则，法律首先推定行为人存在有过错，如果行为人不能以合理抗辩事由的存在而证明自身无过错的话，则行为人就要承担法律推定的过错责任。

3. 过错的轻重对责任的影响不同。过错责任原则将过错区分为不同的程度，过错的程度同责任的大小轻重成正比；在过错推定责任原则适用的情形下，由于行为人的过错是被推定的，过错行为的本身具有一定的或然性，因而过错的程度难以被确定，所以说在过错推定责任原则中过错程度对于责任的大小轻重没有影响。

4. 过错责任原则区分了加害人的过错和混合过错、共同过错等情形，以比较过错的大小来确定责任承担的轻重。过错推定责任原则中，各当事人的过错程度同样不能被确定，更不便于比较。在适用过错推定责任原则的特殊侵权行为中，即使能够证明受害人对于损害的发生也存在有过错，但也不能因此免除加害人的责任，除非损害的发生完全是由受害人的故意行为所引起的。

四、过错推定责任原则的适用范围

1. 建筑物、构筑物或者其他设施及其搁置物、悬挂物发生脱落、坠落造成他人损害，推定所有人、管理人或者使用人有过错。

2. 在医疗损害纠纷中，在医疗机构违反法律、法规、规章以及诊疗规范或者隐匿、拒绝提供病历或者伪造、篡改、销毁病历的情况下，推定医疗机构有过错。

3. 无民事行为能力人在学校、幼儿园学习、生活期间受到人身损害的，推定学校、幼儿园有过错。

4. 动物园动物造成他人损害的，推定动物园有过错。

5. 堆放物倒塌造成他人损害，推定堆放人有过错。

6. 因林木折断造成他人损害，推定林木所有人或者管理人有过错。

7. 道路、桥梁、隧道等人工建造的构筑物因维护、管理瑕疵致人损害的，推定所有人、管理人有过错。

8. 窨井等地下设施造成他人损害的，推定所有人、管理人有过错。

9. 高度危险物被非法占有，推定所有人、管理人有过错。

10. 受害人进入高度危险活动区或者高度危险物存放区遭受损害的，推定管理人有过错。

11. 宾馆、商场、银行、车站、娱乐场所等公共场所的管理人或者群众性活动的组织者，未尽到安全保障义务，造成他人损害的，应当承担侵权责任。

另外，其他法律规定应当适用过错推定原则的，例如道路交通安全法第76条第1款第2项，依照其规定。

第三节　无过错责任原则

一、无过错责任原则概述

（一）无过错责任原则的产生和发展

19世纪后期，随着社会生产力的飞速发展，现代社会在享受工业社会文明的同时，又不得不应对由其所带来的诸多弊端。工业事故大量发生，危险业务大量增加，在这种背景下，传统的过错责任原则在化解纠纷方面变得不敷应付，仅仅适用过错责任原则已不足以保障人身及财产安全。一方面，受害人证明行为人的过错更加困难；另一方面，行为人也会找出各种无过错的理由进行抗辩，以免除自己的责任。最终的结果是大量受害人得不到赔偿，激化了社会矛盾，影响到了社会的正常运行。为解决这一较为严重的社会问题，于是，无过错责任原则应运而生。无过错责任原则的承认，实质上就是以减损加害人的行动自由为代价，来换取对受害人的倾向性保护。适用无过错责任原则的基本思想，在于使无辜损害由国家和社会合理分担，体恤受害人的利益，具有一定的社会福利色彩的性质。

（二）无过错责任原则的含义

无过错责任原则又被称为严格责任、危险责任或者风险责任。我国《民法通则》第106条第3款规定："没有过错，但法律规定应当承担民事责任的，应当承担民事责任。"《侵权责任法》第7条规定："行为人损害他人民事权益，不论行为人有无过错，法律规定应当承担侵权责任的，依照其规定。"

无过错责任原则，是指不以行为人的过错为要件，只要其活动或者所管理的人或者物损害了他人的民事权益，除非有法定的免责事由，行为人就要承担侵权责任。在法律规定适用无过错责任原则的案件中，法官在判断被告应否承担侵权责任时，不考虑被告有无过错，不要求原告证明被告有过错，也不允许被告主张自己无过错而请求免责。只要审理查明，被告的行为与原告损害之间存在因果关系，即可判决被告承担侵权责任。

（三）无过错责任原则的法律特征

1. 无过错责任原则的基本价值判断标准是损害的存在。无过错责任原则归责的价值判断标准，是已经发生的损害事实，有损害，则有责任；无损害，则无责任。

2. 无过错责任原则不以行为人主观上有过错为责任的构成要件。无过错责任原则是以损害结果来确定责任，不考虑行为人主观上是否存在过错。加害人主观上即可能有过错也可能没过错，但是加害人主观上有无过错对其承担民事侵权责任没有任何影响。

3. 确认无过错责任构成的决定要件是因果关系。在适用无过错责任原则归责的情况下，决定责任构成的基本要件是因果关系。当损害后果和加害行为之间具有因果关系的时候，侵权责任即可构成。有因果关系者，构成侵权责任，无因果关系者，就不构成侵权责任。

4. 受害人在主张权利时，加害人主观上有无过错不负举证责任。加害人也不能以自己没有过错为由而主张抗辩。法院在处理有关纠纷时也无须根据具体案情对是否存在过错问题作出判断。

5. 加害人承担的责任，并非绝对责任。加害人也有权依照法律规定的抗辩事由而主张责任。加害人造成损害后果并不一定承担责任，加害人有权依照法律规定的不可抗力、受害人的过错、第三人的过错等事由而提出免责抗辩。

6. 在无过错责任原则中，责任之确定主要从受害人一方的损害程度来考虑，并且对这种责任往往规定有最高赔偿限额或限制赔偿范围。法律作出这种规定的目的在于适当限制无过失责任承担者的责任承担程度，以减轻其负担。

7. 无过错责任原则只适用于法律特别规定的场合，即只有在法律有明文规定的情况下才适用。如果没有法律规定或司法解释，确定侵权责任就不能适用无过错责任原则。

二、无过错责任原则的适用

（一）无过错责任原则的适用范围

无过错责任只能适用于法律所规定的特殊侵权责任。《民法通则》第106条第3款规定："没有过错，但法律规定应当承担民事责任的，应当承担民事责任。"《侵权责任法》第7条规定："行为人损害他人民事权益，不论行为人有无过错，法律规定应当承担侵权责任的，依照其规定"是我国关于无过错责任原则的规定。具体而言有：

1. 国家机关或者国家机关工作人员在执行职务中，侵犯公民、法人的合法权益造成损害的，应当承担民事责任。

2. 因产品存在缺陷造成他人损失的，生产者应当承担侵权责任。

3. 从事高度危险作业造成他人损害的，应当承担侵权责任。

4. 因环境污染造成损害的，污染者应当承担侵权责任。

5. 在公共场所或者道路上挖坑、修缮安装地下设施造成他人损害的，应当承担侵权责任。

6. 饲养的动物造成他人损害的，应当承担侵权责任。

7. 被监护人造成他人损害的，监护人承担无过错责任。

8. 机动车与非机动车驾驶人、行人之间发生交通事故的，由机动车一方承担责任。

9. 用人单位的工作人员因执行职务造成他人损害的，由用人单位承担侵权责任。

10. 个人之间形成劳务关系，提供劳务一方因劳务造成他人损害的，由接受劳务一方承担侵权责任。

11. 为他人提供无偿劳务的帮工人，在从事帮工活动中致人损害或者自身遭受人身损害的，被帮工人承担赔偿责任。

12. 在公共道路上堆放、倾倒、遗撒妨碍通行的物品造成他人损害的，有关单位或者个人应当承担侵权责任，但受害人的重大过失可以减轻赔偿义务人的责任。

13. 遗弃、逃逸的动物在遗弃、逃逸期间造成他人损害的，由原动物饲养人或者管理人承担侵权责任。

14. 网络用户、网络服务提供者利用网络侵害他人民事权益的，应当承担侵权责任。

（二）无过错责任原则的适用规则

1. 责任构成要件。在适用无过错责任原则中，侵权行为的构成要件包括三个，即侵权行为、损害事实以及二者之间存在因果关系。只要具备侵权责任构成这三个要件，行为人就应当承担赔偿责任，而不要求具备主观过错的要求，即行为人主观上无论存在过错与否对侵权责任构成并无影响。

2. 原告的举证责任。适用无过错责任原则的举证责任，要受害人举证证明上述三个侵权责任构成要件。即原告起诉时，受害人必须向法庭提供证据，证明被告的侵权行为（并不一定是违法行为）对自己造成的损害事实，以及侵害行为与损害事实之间存有因果关系。

3. 被告的举证责任倒置。在民事诉讼中，被告如果认为原告的损害是由原告自己的故意或重大过错所引起的，被告应当承担举证责任，这就是无过错责任原则的举证责任倒置。在受害人证明加害人侵权责任构成以后，加害人即被告如果主张免责，应当承担举证责任，所要证明的不是自己无过错，而是受害人的故意或重大过失是致害的原因，这也是无过错责任原则与推定过错原则的一个重要区别。

4. 被告不能证明自己主张的后果。被告如果能证明损害是由受害人的故意或者重大过失所引起的，即免除其赔偿责任。但被告如果在诉讼中对于原告故意的主张举证证明不足或者证明不能，则被告应承担败诉之风险，即应承担侵权责任。

5. 责任承担的限制。在适用无过错责任原则时，大多由法律规定对责任加以限制。在美国侵权责任法中，原告依严格责任提起诉讼，原则上不得主张惩罚性赔偿。在德国法中，危险责任往往具有最高赔偿限额，例如，在铁路运输中对货物的损失。我国的航空、海运、铁路等方面的特别法规，基于特定行业的风险性和保护该行业发展的需要，往往规定了最高赔偿数额，例如，现在航空事故的赔偿限额是 40 万元，铁路事故的赔偿限额是 15 万元。

（三）无过错责任原则的抗辩事由

侵权责任的抗辩事由，是指被告针对原告的要求承担侵权责任的请求而提出的证明原告的诉讼请求不成立或不完全成立的事实。由于一个有效的抗辩事由可能导致侵权责任的减免，又称侵权民事责任的免责事由。无过错责任原则不是绝对责任，目前大多数国家都规定了无过错责任的免责事由，要正确认识无过错责任原则，必须对其免责事由进行明确。

1. 不可抗力所导致的免责。不可抗力是指不能预见、不能避免、不能克服的客观情况。《侵权责任法》第三章，即"不承担责任和减轻责任的情形"对其作了专门规定。无过错责任原则虽然强化对受害者的保护，但是并不意味着以牺牲加害方的公平为代价，因而不可抗力仍然可以成为加害方免责的事由。

2. 受害人的过错所导致的免责。这时要权衡加害方与受害方的过错程度，侵害人只承担与其过错程度相适应的民事责任。若使受害人在任何情况下都不对自己的过错负责，一味地加重加害方的责任，有违公平、诚实信用的原则。当然，在无过错责任原则下，受害方的过错不能成为加害方免责的当然理由，只有在法律规定的有限范围内，加害方的赔偿责任可减轻或免除。

3. 第三人的过错所导致的免责。许多事故的发生，主体不仅仅限于加害方与受害方，往往还存在着第三人。在加害方能够证明第三人的过错是损害发生的唯一原因的情况下，加害方可以免责。

4. 阻却违法性的免责。因为正当防卫、紧急避险、依法执行职务和受害人同意等事由造成他人损失，由于行为的合法性，不具备违法性而不用承担民事责任。

第四节　公平责任原则

一、公平责任原则概述

（一）公平责任原则的产生和发展

公平责任作为一项归责原则，最初产生于未成年人和精神病人的损害赔偿案件的判决中。现实中，由于现代科学技术的发展而造就的巨大社会生产力，当事人均无过错又不易适用客观责任原则的致人损害屡见不鲜。在此情形下，衡平当事人之间的权益得失，根据双方当事人的财产状况及实际需要和可能，责令致害人对受害人的财产损失给予适当赔偿，不仅有利于生产的恢复和生活的安定，而且合于情理，顺乎人心。

公平责任的出现是现代侵权法发展的产物，它已经逐步为许多国家的侵权法所接受。我国《民法通则》第132条规定："当事人对造成损害都没有过错的，可以根据实际情况，由当事人分担民事责任。"该条规定，确认了公平责任原则在我国作为侵权民事责任归责原则之一的法律地位。《侵权责任法》第24条规定："受害人和行为人对损害的发生都没有过错的，可以根据实际情况，由双方分担损失。"也是对公平责任原则这一责任承担方式的确认。

（二）公平责任原则的含义

公平责任原则，是指加害人和受害人都没有过错，在损害事实已经发生的情况下，以公平作为价值判断标准，根据实际情况和可能，由双方当事人公平地分担损失的归责原则。公平反映了人们对待相互利益关系的一种态度，是一种讲求利益均衡的中庸之道。

（三）公平责任原则的价值

公平责任原则有其独特的法律价值，它弥补了过错责任原则和无过错责任原则的不足，填补了过错责任原则和无过错责任原则所遗留的法律调整空白，在一定程度上承担起保险和社会保障制度的任务。在整个侵权责任法中，公平责任原则作为辅助性的原则贯穿始终。在许多情况下，依据过错责任难以处理的一些特殊的侵权案件，而按照过错推定原则和无过错责任原则又没有法律依据，此时，有必要赋予法官一定的公平裁量权，在当事人之间合理地分担损害。

公平责任原则的基本功能就是衡平当事人之间的利益得失，由双方分担损失责任，这就使实行单一过错责任原则或一律实行客观责任原则时可能发生的不公平后果得到矫正，使不幸意外损害后果责任的承担适当分散。它不仅维护了法律的公平正义，还有利于民事纠纷的解决，防止事态扩大和矛盾的激化，同时还有利于淳化道德风尚，建立和发展平等、团结、友爱、合作的社会关系，促进社会的安定团结。

二、公平责任原则的适用

（一）公平责任原则的适用条件

公平责任原则是过错责任原则和无过错责任原则两种归责原则的补充，适用范围有严格限制，公平责任原则在处理侵权行为案件中，应当具备以下几个条件：

1. 损害的发生必须属于侵权行为法调整的范围，且属于法律没有特别规定适用无过错责任原则或者没有规定行为人没有过错可以不承担民事责任的场合。

2. 有损害发生，且损害须是严重的，即如果不分担损失，则受害人将受到严重的损害，并且有悖于公平、正义的理念。如果只是较轻的损失，那么完全由受害人自己承担并不违背公平理念，也就无须适用公平责任原则。

3. 当事人双方都没有过错。这是适用公平责任原则的基本条件。对于"没有过错"，有学者指出应包括三层含义：首先，不能推定行为人有过错；其次，不能找到有过错的当事人；最后，确定一方或双方的过错显失公平。

4. 排除无过错责任原则的适用为前提。过错责任原则、无过错责任原则、公平责任原则的适用不是平行的，而是分层次的，即只有在不能适用前两种归责原则的情况下，才能适用公平责任原则。因此，公平责任原则的适用具有补充性。

5. 主要适用于侵犯财产权案件，不存在精神损害赔偿。尽管侵权行为的客体可以是人身权和财产权，但公平责任原则应该主要适用于侵犯财产权的案件。

（二）公平责任原则的适用范围

1. 无民事行为能力人造成他人损害。按照《民法通则》规定，不满十周岁的未成年人和不能辨认自己行为的精神病人是无民事行为能力人。无民事行为能力，意味着行为人不能进行有目的、有意识的民事活动，因此不能认为他们的行为有过错，当监护人尽到了监护责任，无民事行为能力人仍给他人造成损害时，可以根据实际情况由监护人分担损失。

2. 完全民事行为能力人对自己的行为暂时没有意识或者失去控制没有过错，但造成他人损害。比如出租车司机不知道自己患有疾病，在车辆行驶过程中突发心脏病发生交通事故造成他人损害，对于受害人超出机动车强制保险责任限额范围的损失，可以根据实际情况由出租车司机分担损失。

3. 具体加害人不明，由可能加害的人分担损失。比如，建筑物内抛出一烟灰缸砸破楼下路人的头，找不到行为人，为了减轻受害人的损失，可以根据实际情况由可能加害的建筑物使用人给受害人补偿。

4. 因意外情况造成损害。因意外事件引起的双方都没有过错的损害，只要法律未特别规定，就可以适用公平责任原则。

5. 为对方利益或者共同利益进行活动过程中受到损害。比如，甲主动帮乙盖房，不小心从梯子上跌下受伤，可以根据实际情况由乙分担甲受到的损失。

实训测试

一、单项选择题

1. 侵权责任法规定的归责原则不包括：（   ）
   A. 过错责任原则　　　　　　B. 无过错责任原则
   C. 过失责任原则　　　　　　D. 公平责任原则

2. 某小学组织春游，队伍行进中某班班主任张某和其他教师闲谈，未跟进照顾本班学生。该班学生李某私自离队购买食物，与小贩刘某发生争执被打伤。对李某的人身损害，下列哪一说法是正确的？（   ）（2009年司法考试卷三第23题）
   A. 刘某应承担赔偿责任
   B. 某小学应承担赔偿责任
   C. 某小学应与刘某承担连带赔偿责任
   D. 刘某应承担赔偿责任，某小学应承担相应的补充赔偿责任

3. 下列关于公平责任原则的表述，错误的是：（   ）
   A. 公平责任原则主要适用当事人无过错的情况
   B. 公平责任原则就是平衡当事人之间的利益得失，由双方分担损失责任
   C. 公平责任原则适用的结果限于对直接财产损失的赔偿
   D. 公平责任原则既适用于侵权，也适用于违约

4. 甲、乙两家各有小院，隔墙而居，院墙高约两米。一天，甲家夫妇下田务农，将两周岁的儿子丙锁在自家的院子里玩。不巧，乙家的一只公鸡飞过院墙，将丙的左眼啄伤。甲家为此支出医药费近万元。对甲家所受的损失应如何承担？（   ）（1999年律师考试卷二第3题）
   A. 完全由乙家承担

B. 主要由乙家承担，甲家也应自担一部分

C. 应由甲、乙两家平均分摊

D. 应主要由甲家承担，乙家给予适当补偿

5. 甲饲养一条眼镜王蛇，把玩于股掌之间，煞是惹人羡慕。乙见甲玩得潇洒，要求一试。甲则声明，如果乙被咬伤，责任自负，乙同意。结果乙在抚弄之时，被蛇咬伤，费了九牛二虎之力方才救活。乙为此花去医药费10000元，对此费用应如何承担？（　　）

A. 主要由乙承担，甲承担适当部分

B. 由乙承担全部责任

C. 由甲承担全部责任

D. 主要由甲承担，乙承担适当部分

二、多项选择题

1. 李某患有癫痫病。一日李某骑车行走时突然犯病，将一在路边玩耍的6岁儿童撞伤，用去医疗费200元。该案责任应如何承担？（　　）（2003年司法考试卷三第48题）

A. 李某致害，应当赔偿全部损失

B. 双方都无过错，应分担责任

C. 儿童家长未尽到监护责任，应由其承担损失

D. 应根据双方经济状况分担损失

2. 甲爆破公司严格依照规定储藏的雷管、炸药，被乙探听到处所后，乙深夜采用挖墙、切割等手段潜入层层设防的仓库，盗窃雷管数百只，TNT炸药一百多公斤，放置在家中。一日，乙研究雷管构造时失误，导致大爆炸，乙居住的整栋楼房被炸毁，死伤多人。因此造成的责任应如何承担？（　　）

A. 乙应当承担无过错责任，如果乙死亡，乙的继承人在乙的遗产范围内承担责任

B. 甲如果能够举证证明自己对于防范炸药、雷管被偷尽到了高度注意义务的，则不承担责任

C. 甲如果举证不能，应与乙承担连带责任

D. 主要由甲承担，乙承担适当部分

3. 请问以下哪些情况适用过错推定责任原则？（　　）

A. 医疗损害赔偿诉讼中，关于医院是否存在过失

B. 游客到动物园游览，购买适当的饲料给狗熊喂食被咬伤的

C. 李奶奶从超市买完东西出门时，堆在门口的货物滑落将其砸伤
D. 5 岁的小乐在幼儿园滑滑梯时，从滑梯上滚下骨折

4. 某市新世纪大桥落成开始使用后，某日，桥面突然断裂，导致正在桥上通行的甲乙等的汽车坠入水中，损失惨重。据查，修建该大桥时所使用的建筑材料严重不合格，属于典型的豆腐渣工程。下列选项正确的是：(　　)
A. 该大桥建设单位和施工单位应对甲乙等的损失承担无过错连带责任
B. 如果建设单位和施工单位能够证明损害是因为第三人原因造成则可免责
C. 建筑材料供应商应与建设单位、施工单位承担连带责任
D. 建设单位和施工单位赔偿后有权向建筑材料供应商追偿

三、判断题

1. 某幼儿园一群儿童吃饭，教师张某离园取东西。一幼儿甲用筷子戳伤另一幼儿眼镜，花费近万元。如果幼儿园不能证明自己管理无失误，就要承担侵权责任。(　　)
2. 对于无过错责任案件的起诉，原告无需提供任何证据。(　　)
3. 我国侵权责任法从内容体系上看，最大的特色就是由多种归责原则确定的立法体系。(　　)
4. 我国侵权责任的归责原则中的过错责任原则包括了过错推定原则。(　　)
5. 甲在水库非法炸鱼，导致溃堤，大水冲毁乙工厂的废水处理池，导致当地农田被污染。乙是因为甲的过错导致环境污染，乙不承担任何赔偿责任。(　　)
6. 个体户甲因为转产，将不用的氯气放置于公路边的一块荒地上，烈日暴晒后，氯气泄漏，导致周边多人中毒。甲因不知氯气经暴晒后会使人中毒，因此甲不承担责任。(　　)
7. 无过错责任原则是以损害结果来确定责任，不考虑行为人主观上是否存在过错。(　　)
8. 公平责任是指在当事人双方对造成损害均无过错或均有过错的情况下，根据实际情况，由双方分担损失。(　　)

四、案例题

1. 甲饲养了一匹马，拴在自己院内，乙路过发现此马，便模仿电影中的情形，用木棍击打马的屁股，马受惊挣脱缰绳，冲出院门，将路过的丙撞伤。请

问：丙的损失应由谁承担？为什么？

2. 甲饲养了一条毒蛇，取名"小强"，并在蛇的七寸文身"小强"，以便定纷止争。有感于《侵权责任法》第80条所具有的压力，偷偷将"小强"抛弃于下水道。一日，上岸的"小强"于花丛中咬伤游人乙。问：对于游人乙的损伤，甲是否承担赔偿责任？

实训测试参考答案及解析

一、单项选择题

1. C

【解析】《侵权责任法》第6条第1款规定了过错责任原则，第2款规定了过错推定原则；第7条规定了无过错责任原则，第24条规定了公平责任原则。本题中，过失责任原则不是侵权责任法规定的归责原则。

2. D

【解析】《侵权责任法》第40条规定：无民事行为能力人或者限制民事行为能力人在幼儿园、学校或者其他教育机构学习、生活期间，受到幼儿园、学校或者其他教育机构以外的人员人身损害的，由侵权人承担侵权责任；幼儿园、学校或者其他教育机构未尽到管理职责的，承担相应的补充责任。《人身损害赔偿解释》第7条规定："对未成年人依法负有教育、管理、保护义务的学校、幼儿园或者其他教育机构，未尽职责范围内的相关义务致使未成年人遭受人身损害，或者未成年人致他人人身损害的，应当承担与其过错相应的赔偿责任。第三人侵权致未成年人遭受人身损害的，应当承担赔偿责任。学校、幼儿园等教育机构有过错的，应当承担相应的补充赔偿责任。"

3. D

【解析】公平责任原则，是指加害人和受害人都没有过错，在损害事实已经发生的情况下，以公平作为价值判断标准，根据实际情况和可能，由双方当事人公平地分担损失的归责原则。公平责任原则主要适用当事人无过错的情况，其适用以公平观念为基础，适用的结果限于对直接财产损失的赔偿。但公平责任原则的适用仅限于侵权，不适用于违约。

4. A

【解析】《侵权责任法》第78条规定："饲养的动物造成他人损害的，动物饲养人或者管理人应当承担侵权责任，但能够证明损害是因被侵权人故意或者重

第二章 侵权责任的归责原则

大过失造成的,可以不承担或者减轻责任。"由此可见,侵权责任法规定饲养动物损害他人的,除非受害人有故意或重大过失,否则应当由饲养人和管理人承担责任。本题中,甲家夫妇下田务农,将两周岁的儿子丙锁在自家的院子里玩,甲家并无故意或重大过失,乙家的一只公鸡飞过院墙,将丙的左眼啄伤。适用过错推定原则,因此,乙家作为公鸡的饲养人应承担全部责任。

5. C

【解析】《侵权责任法》第80条规定:"禁止饲养的烈性犬等危险动物造成他人损害的,动物饲养人或者管理人应当承担侵权责任"。本条的意思是,考虑到禁止饲养的动物具有高度的危险性,即使受害人对于损害的发生具有故意或者重大过失,动物饲养人也不能免责。此题中,乙对损害的发生具有重大过失,甚至是间接故意,但不能减轻或者免除甲的责任,因为甲饲养的为"禁止饲养的危险动物",法律的价值取向是,特别危险的动物不能饲养,谁如果饲养,就要对因此产生的损害后果承担责任。

二、多项选择题

1. BD

【解析】《侵权责任法》第24条规定:"受害人和行为人对损害的发生都没有过错的,可以根据实际情况,由双方分担损失。"公平责任原则,是指加害人和受害人都没有过错,在损害事实已经发生的情况下,以公平作为价值判断标准,根据实际情况和可能,由双方当事人公平地分担损失的归责原则。本题中,李某患有癫痫病,骑车行走时突然犯病,将一在路边玩耍的6岁儿童撞伤,李某在犯病时和6岁儿童均为无民事行为能力人,不能承担责任。用去的医疗费200元,适用公平责任原则应根据双方经济状况分担损失。

2. ABC

【解析】《侵权责任法》第85条规定:"占有或者使用易燃、易爆、剧毒、放射性等高度危险物造成他人损害的,占有人或者使用人应当承担侵权责任,但能够证明损害是因受害人故意或者不可抗力造成的,不承担责任。被侵权人对损害的发生有重大过失的,可以减轻占有人或者使用人的责任。"此题中,乙盗窃雷管放置在家中,乙研究雷管构造时失误,导致大爆炸,乙应当承担无过错责任,如果乙死亡,乙的继承人在乙的遗产范围内承担责任。甲爆破公司严格依照规定储藏雷管、炸药,甲如果能够举证证明自己对于防范炸药、雷管被偷尽到了高度注意义务的,不承担责任。甲如果举证不能,应与乙承担连带责任。

3. BCD

【解析】《侵权责任法》第6条第2款规定："根据法律规定推定行为人有过错，行为人不能证明自己没有过错的，应当承担侵权责任。"适用过错推定原则的侵权责任类型，具体包括第33条第2款、第34条、第35条、第38条、第81条、第85条、第86条、第88条、第89条、第90条、第91条。此题中，游客到动物园游览、在公共道路上堆放、倾倒、遗撒妨碍通行的物品和无民事行为能力人幼儿园学习均适用过错推定原则的范围。

4. AD

【解析】《侵权责任法》第7条规定："行为人损害他人民事权益，不论行为人有无过错，法律规定应当承担侵权责任的，依照其规定。"此题中，大桥落成开始使用后，桥面突然断裂，导致正在桥上通行的甲乙等的汽车坠入水中，损失惨重。据查，修建该大桥时所使用的建筑材料严重不合格，属于典型的豆腐渣工程。依据无过错责任原则的规定，该大桥的建设单位和施工单位应对损失承担无过错连带责任，但是，建设单位和施工单位赔偿后，有权向建筑材料供应商追偿。

三、判断题

1. √

【解析】《侵权责任法》第38条规定："无民事行为能力人在幼儿园、学校或者其他教育机构学习、生活期间受到人身损害的，幼儿园、学校或者其他教育机构应当承担责任，但能够证明尽到教育、管理职责的，不承担责任。"这里是过错推定责任原则，举证责任在幼儿园，如果幼儿园不能证明自己管理无失误，就要承担侵权责任。

2. ×

【解析】适用无过错责任原则，原告负举证责任。适用无过错责任原则的举证责任，要受害人举证证明三个侵权责任构成要件，即证明被告有侵权行为，即对自己造成的损害事实，以及侵害行为与损害事实之间存有因果关系。这就是无过错责任原则的举证责任倒置。

3. √

【解析】我国《侵权责任法》采取了过错归责原则、无过错责任原则和公平原则三元并立的做法。《侵权责任法》第6条第1款规定了过错责任原则，第2款规定了过错推定原则，第7条规定了无过错责任原则，第24条规定了公平责任原则。在这一多元归责原则体系中，过错责任是普遍适用于各种侵权行为的一般原则，过错推定责任原则和无过错责任原则是特殊的归责原则，公平责任原则是过错责任原则和无过错责任原则两种归责原则的补充。

4. √

【解析】过错推定责任原则是过错责任原则的一种特殊表现形式，过错推定是在适用过错责任原则的前提下，出现某些特殊情形，直接从损害事实本身推定致害人有过错，无须受害人举证加以证明，致害人不能证明自己无过错的，应承担民事责任。能举证证明自己没有过错的，则免除致害人的民事责任。过错推定责任原则的特殊性就在于举证责任的不同，它反映的是举证责任倒置。

5. ×

【解析】《侵权责任法》第68条规定："因第三人的过错污染环境造成损害的，被侵权人可以向污染者请求赔偿，也可以向第三人请求赔偿。污染者赔偿后，有权向第三人追偿。"此题中，虽然乙是因为甲的过错导致环境污染，乙也要承担赔偿责任。只是甲、乙承担不真正连带责任，甲为最终的责任人。

6. ×

【解析】《侵权责任法》第74条规定："遗失、抛弃高度危险物造成他人损害的，由所有人承担侵权责任。所有人将高度危险物交由他人管理的，由管理人承担侵权责任；所有人有过错的，与管理人承担连带责任。"此题中，甲虽然不知氯气经暴晒后会使人中毒，但作为氯气的合法占有人抛弃高度危险物致人损害，甲应承担无过错责任。

7. √

【解析】无过错责任原则的基本价值判断标准是损害的存在。有损害，则有责任；无损害，则无责任。无过错责任原则不以行为人主观上有过错为责任的构成要件。加害人主观上既可能有过错也可能没过错，但是加害人主观上有无过错对其承担民事侵权责任没有任何影响。

8. ×

【解析】公平责任原则，是指加害人和受害人都没有过错，在损害事实已经发生的情况下，以公平作为价值判断标准，根据实际情况和可能，由双方当事人公平地分担损失的归责原则。当事人双方都没有过错。这是适用公平责任原则的基本条件。

四、案例题

1.【解析】丙的损失应由乙承担。《侵权责任法》第83条规定：因第三人

侵权责任法理论与实训

的过错致使动物造成他人损害的，被侵权人可以向动物饲养人或者管理人请求赔偿，也可以向第三人请求赔偿。动物饲养人或者管理人赔偿后，有权向第三人追偿。当然，丙既可以请求乙承担赔偿责任，也可以请求甲承担赔偿责任。但甲承担赔偿责任后，可以向乙全额追偿。因此，丙的损失应由乙承担。

2.【解析】对于游人乙的损伤，甲应当承担损害赔偿责任。《侵权责任法》第80条规定，禁止饲养的烈性犬等危险动物造成他人损害的，动物饲养人或者管理人应当承担侵权责任。第82条规定，遗弃、逃逸的动物在遗弃、逃逸期间造成他人损害的，由原动物饲养人或者管理人承担侵权责任。甲虽然感受到了《侵权责任法》第80条的威慑力，但没有感受到《侵权责任法》第82条的威慑力。依据第82条的规定，甲遗弃的动物在遗弃期间给乙造成损害，原饲养人甲应承担损害赔偿责任。

第三章 侵权责任的构成要素

【本章导读】

　　侵权责任的构成要素，即行为人承担侵权责任的条件。该要素包括以下四个方面：第一，加害行为。加害行为，是指行为人实施的行为违反了法律的禁止性规定或强制性规定。第二，损害事实。既包括对公共财产的损害，也包括对私人财产的损害，同时还包括对非财产性权利的损害。对财产的损害，包括直接损害与间接损害。直接损害又称积极的财产损失，是指受害人现有实际财产的减少，间接损害又称消极财产损失，是指受害人可得利益的减少，对人身的损害包括对生命、健康、名誉、荣誉等损害，而且对人身的损害往往也会生成一定的财产损失。第三，因果关系。指违法行为与损害结果之间的客观联系，即特定的损害事实是否是行为人的行为引起的结果。只有当二者间存在因果关系时，行为人才应承担相应的民事责任。第四，行为人主观过错。过错根据其类型分为故意与过失。故意，是指行为人预见到自己的行为可能产生的损害结果，仍希望其发生或放任其发生。过失，是指行为人对其行为结果应预见或能够预见而因疏忽未预见，或虽已预见，但因过于自信，以为其不会发生，以致造成损害后果。

【导引案例】

　　案情介绍：

　　2008年10月3日，鄱阳县35岁的职工刘封平与同事李涛相约到自己家中饮酒，平时酒量还行的李涛喝了几杯啤酒后就觉得有点不舒服，但其认为自己酒量还行接着陪刘封平喝到晚上9时。后来刘封平将李涛送到离其家不远的路边，李涛自行回家。第二天刘封平才知道李涛因头部受伤，正在医院抢救，被诊断为"特重型颅脑损伤，创伤性休克。"公安局对李涛受伤一事进行了调查，但最终没有结果，也没有列犯罪嫌疑人。[1]

　　问题： 刘封平对李涛的损失是否应承担侵权责任？

　　分析提示：

　　刘封平对李涛的损失不应承担侵权民事责任。

　　第一，刘封平在饮酒中无违法行为。朋友、同事、同学之间想要饮酒本属正

---

[1] 《相约喝酒后意外受伤应由谁担责？》，法律教育网 http://www.chinalawedu.com/new/21604_23307_/2009_4_30_zh1234534103490022705.shtml，2009-04-29。

常的社会交往，二人在饮酒过程中也没有强迫行为。第二，请客者在酒后并无防止损害发生的法定或约定义务。首先刘封平与李涛并没有酒后相送等约定。其次李涛为成年人，应当知道过量饮酒的后果，请客者刘封平无对其进行监护的法定义务，且根据刘封平的自述，其当晚饮酒并没过量。因此，本案也不适用先前行为致人损害的民法原理。第三，李涛的伤害与刘封平的行为之间无因果关系。根据医疗诊断证明，李涛的伤害是外部创伤引起，非饮酒直接引起，且致伤原因不明。刘封平在酒后打了两次李涛的手机均无人接听，即去休息，虽有些疏忽大意，但其饮酒后过于自信的行为并不是导致李涛伤害的直接原因。第四，本案适用一般侵权行为的过错责任原则。而一般侵权行为的民事责任构成须同时具备加害行为即违法行为、损害结果、主观过错及违法行为与损害结果之间具有因果关系4个要素。本案中，刘封平主观上虽有疏忽大意的过失，但因不具备其他三个要件，故不应承担侵权民事责任。《民法通则》第4条规定："民事活动应当遵循自愿、公平、等价有偿、诚实信用的原则。"其中"公平原则"是民法的基本原则之一。本案中，鉴于李涛的致害原因不明，其暂时无法得到救济，刘封平主观上存在一定过失，虽然不承担民事赔偿责任，但从公平原则的精神出发，可令其给予李涛适当的经济补偿。

第一节 加害行为

一、加害行为的概念

加害行为，也称为侵害行为，是指加害人以积极方式或消极方式实施的作用于他人合法民事权益的违法行为。从主体方面看，加害行为的实施者是公民和法人；从行为的对象来看，它所指向的或发生作用的是他人的合法民事权益；从行为的性质来看，它具有违法性。加害行为是任何侵权行为都必须具备的构成要件之一。只有行为人实施了加害行为才可能构成侵权行为并可能承担相应的民事责任，否则将不构成侵权行为，被告也不承担任何民事责任。

二、加害行为的分类

（一）故意的加害行为、过失的加害行为与不基于过错的加害行为

这是从行为的主观方面来划分的。它是侵权责任法及其理论对加害行为的最

基本的分类，但是由于在"过错"一节中我们将较为详细地介绍过错理论，故在此不详述。需要指出的是：虽然相当一部分加害行为是基于过错的，但是毕竟有一部分加害行为不是基于过错或者法律不考虑加害人的过错问题，因此，应当将过错与加害行为作为不同的构成要件加以研究。

（二）直接加害行为与间接加害行为

这是从加害行为与损害后果之间的远近来划分的。行为人以自己的行为直接作用于受害人的合法民事权益，侵害他人，谓之直接加害行为，如加害人自己实施的攻击、伤害他人身体的行为。行为人借助某种中介而侵害他人合法民事权益的，谓之间接加害行为，如教唆他人所实施的加害行为。污染环境致人损害和许多其他特殊侵权行为，往往都具有间接性。

在讨论直接加害行为与间接加害行为时，应当考虑到自己责任与替代责任的关系。一般，加害人自己应当依法对于自己的加害行为承担责任，但是在法律有特别规定的情形，不是由加害行为的直接实施者承担民事责任，而是由加害行为实施者的雇主、监护人等承担民事责任。此时，承担责任的雇主、监护人等，并不是加害行为的直接实施者，但是可以认为是加害行为的间接实施者。

（三）单个人的加害行为与多数人的加害行为

这是从行为人主体的数量来划分的。侵权行为人以其个人的单独行为实施对他人合法民事权益的侵害，谓之个人的加害行为，行为人对损害后果独立地承担民事责任。二人或者二人以上共同侵害他人合法民事权益，谓之多数人的加害行为，全体加害人应当依法对损害后果承担连带的民事责任。

（四）积极的加害行为与消极的加害行为

这是从行为人加害行为的能动性来划分的。依据法律的一般规定，人们对于他人受到法律保护的合法民事权益负有消极的不作为义务，即不得对其实施积极的加害行为。在一些特别情况下，法律还规定了对他人之合法民事权益的积极保护、救助他人等积极的作为义务，此时负有积极作为义务的当事人就应当实施一定的行为保护、救助他人。负有消极不作为义务而为积极行为致人损害者，谓之积极的加害行为。比如，对于他人之财产和人身，一切他人都负有消极不作为的义务，如果对他人的财产和人身实施某种积极的行为，则可能构成积极的加害行为。

负有积极作为义务而不为积极行为致人损害者，谓之消极的加害行为。比如，施工人负有设置明显的标志和采取必要的安全措施以防他人受到损害的义务，如果施工人不设置此等标志和不采取必要的安全措施，他人因为施工而受到损害，施工人便属于实施了消极的加害行为。应当指出的是，负有特殊义务之主体（如公共游泳池的救生员），往往承担有较普通人们更重的积极作为义务。此类特殊主体在危险发生时，应当积极救助，否则便可能构成消极的加害行为。消极的加害行为通常是以负有某种特定义务为前提的。特定义务包括：

（1）法律规定的义务。如《民法通则》明确规定，监护人对被监护人应当履行监护职责。监护人如果不履行监护职责，即属于不作为的违法行为。

（2）职务上或业务上所要求的义务。如市政公司在修建马路上的下水井时必须盖好井盖，未盖或井盖丢失后不重新加盖，给来往行人造成损失的，即属于不作为的违法行为。

（3）合同约定的义务。如甲乙在合同中约定，由乙方负责送货，如果乙方不按约定送货给甲方造成损失，该行为就是不作为的违法行为。

（4）行为人先前的行为引起的义务。如某成年人带某未成年人去江河里游泳或登山旅游，这种事实就对该成年人产生了保护该未成年人安全的特定义务。

消极义务在特定的条件下可转化为积极的作为义务。设某人在街道边见到一个受伤的人，如果他此时不实施任何救助，不构成任何加害行为，因为他此时并没有积极的救助义务。但是如果他将伤员救助到自己的车上（这一行为本身是合法的），其后又不将伤员送到医疗机构进行治疗也不采取其他救治措施导致伤员死亡或伤病加重，他的行为便可能构成消极不作为的加害行为。因为在他将伤员救助到其车上之后，他便产生了进一步救治该伤员的义务。在他将伤员救助到其车上之前，该伤员还有机会得到其他人的救治，但是一旦将其救助到车上，该伤员就失去了得到其他人救助的可能性，其得到救治的全部希望便落到了这个救助者身上。这样的情况表明，在特别情况下，即使没有法律的专门规定，但是由于行为人的行为或者特别的环境条件，而使没有积极作为义务的行为人转化为有积极作为义务的人，如果他不履行这样的积极作为义务也将构成不作为的加害行为。

第二节 损害事实

一、损害事实的概念

损害事实，是指某种行为致使受害人财产权、人身权受到侵害，并导致财产或非财产的减少或灭失结果的客观事实。就损害事实的本质而言，侵害事实必须造成损害后果。可具体表现为受害人死亡、残疾、增加病痛、延长治疗期限以及各种形式的财产损失。

损害赔偿法律关系赖以存在的根据便是损害事实。这是因为，损害赔偿的民事责任是以财产赔偿的方法承担的，一方面是对违法行为的制裁，另一方面也可以弥补受害人的损失。如果仅有加害行为，而无损害结果，那么赔偿也就无从产生了。

如果说刑事责任具有惩罚性的话，那么侵权赔偿的民事责任则具有补偿性。刑法中规定有未遂犯罪的刑罚。如甲医生妄图利用给乙女做阑尾切除手术之机将其输卵管结扎，操作过程中被一助手发现，甲医生的阴谋未能得逞，虽然没有损害结果发生，但已具有了社会危害性，属于未遂犯罪，也应该承担刑事责任。损害赔偿则没有未遂损害的民事责任，企图损害或虽有过失加害行为，但事实上未造成损害结果，就不构成损害赔偿的民事责任。例如，某医院在抢救一胸部刺伤患者时，忙乱中错将一袋"O"型血液当成应输给患者的"B"型血予以输入，在输入了20毫升时被护士发现并纠正，患者无任何不良反应，此例没有什么需要赔偿，不构成损害赔偿的民事责任。故损害事实是构成侵权民事责任的必备要件，没有损害事实就无需承担责任。

二、损害事实的特征

1. 被损权益的合法性。损害行为所指向的客体应该是受害人的合法权益，即法律所保护的权益。例如，对检疫出患有烈性传染病的患者进行强制隔离和治疗，虽有可能导致病人减少收入和暂时增加痛苦等后果，但此时法律已不保护他们在社会上自由活动的权益，因此这种行为不属于损害事实。如果做进一步地狭义解释，这种"合法权益"仅包括民法直接规定的权益，如物权、人身权等，不包括医患双方约定的权益，如某医生拍着胸脯向病人保证三个月治愈其截瘫症而没有实现。值得注意的是，侵害约定的权益可依合同法承担责任，侵害民法以外的其他合法权益可依其他相关法律承担责任。

2. 损害行为的补救性。补救性包含两方面内容，一是补救的必要性，二是补救的可能性。必要性应从损害的程度予以判断，对数额较大的财产损失和严重的人身伤亡，《民法通则》和《侵权责任法》均明文规定应予补救，而对于极少的财产损失和轻微的人身伤害，从民法理论上讲不必要进行补救。例如，某护士在给患儿扎输液针时，经多次反复方扎入静脉，致使患儿局部淤血，哭闹多时，患儿家长要求赔偿患儿的疼痛损失，对此，法院不予支持。补救的可能性是指损害后果为法律规定的可补救的事实，例如，因医疗事故导致患者花费的医疗费和减少的误工收入、伤残者生活补助费、死者丧葬费和生前抚养人的生活费等，均属于法律规定可予补救的范围，反之，如"受气费"、"疼痛费"、"青春损失费"等，法律没有规定其补救范围及方式，虽然加害人有侵害行为存在，但不能构成损害赔偿法律关系中的损害事实。

3. 损害后果的客观实在性。一切构成侵权民事责任的损害事实，其后果必须是客观实在的、已经发生的。而臆想的、捏造的、缺乏科学根据的结果都不是损害事实。如在医疗纠纷案件中，有时患者仅出现一些症状，而无相应的体征检出，辅助检查也无阳性改变，这种情况在大多数躯体损害案例中应视为无损害后果，仅在少数精神损害的案件中可成为损害后果。

三、损害事实的分类

（一）财产损害与非财产损害

这是根据损害的后果所作的分类。财产损害，是指因侵害他人的财产或人身权益而给受害人造成的经济损失。非财产损害，是指权利人所遭受的财产以外的损害，主要指的是精神损害。非财产损害一般不能用货币来估量。可喜的是，《侵权责任法》第20条规定："侵害他人人身权益，造成他人严重精神损害的，被侵权人可以请求精神损害赔偿。"这是我国法律中第一次明确规定精神损害赔偿，也是《侵权责任法》的亮点之一。

将损害分为财产损害与非财产损害的法律意义在于：承担责任的形式不完全相同。财产损害一般适用财产性民事责任的形式，如返还财产、恢复原状、赔偿损失等。非财产损害，除法律另有规定外，一般适用非财产性的民事责任形式，如赔礼道歉、恢复名誉等。

（二）直接损害与间接损害

这是根据侵权行为与损害后果之间的因果关系所作的分类。直接损害，是指由侵权行为直接引起的损害；间接损害，是指因其他媒介因素的介入所引起的损害，常常表现为对受害人直接实施某些加害行为后，继而引发的对第三人的损害。例如，对某人名誉权的侵害，同时造成了该人父母、子女、配偶等近亲属心理和精神上的痛苦；伤害人身健康造成某公民残疾或死亡时，给受害人近亲属带来的精神痛苦等。

将损害区分为直接损害与间接损害其法律意义在于：行为人是否承担民事责任。对于直接损害，行为人一般应承担民事责任；对于间接损害，除法律另有规定外，行为人一般不承担民事责任。

（三）实际损害和可得利益损害

这是根据受损害财产的状态所作的分类。实际损害，是指侵权行为造成的现有财产的减少或丧失；可得利益损害，是指侵权行为造成的预期利益的减少或丧失。

将损害区分为实际损害和可得利益损害的法律意义在于：行为人承担民事责任的不同。实际损害一般应赔偿，可得利益损害在可以预见的范围内赔偿。

第三节 因 果 关 系

一、因果关系的概念和特征

因果关系是一个哲学概念。无论是在自然界，还是在人类社会中，任何一种现象的出现都是由一种或几种现象引起的。引起某种现象产生的现象称为原因，被某种现象引起的现象称为结果。客观现象之间的这种引起与被引起的关系就是因果关系。侵权民事责任中的因果关系是特殊的因果关系，它是哲学上因果关系范畴在民事法律上的运用，是指侵权人实施的违法行为和损害后果之间存在因果关系。主要特征如下：

1. 客观性，即因果关系的存在不以人们的意志为转移。当然，这种客观性通过人们的思维活动可以被认知。

2. 时间性，即因果关系具有严格的时间顺序，作为原因的加害行为在前，作为后果的损害事实在后。

3. 相对性，即研究因果关系并非研究整个世界各个现象之间相互联系的因果链条，而只是从中截出某一片段，研究某特定现象之间的相互联系性。

二、因果关系的认定

对于侵权民事责任因果关系的分析和认定，应当分两个步骤进行：

首先，确定行为人的行为或者依法由责任人承担责任的事件或行为是否在事实上属于损害事实发生的原因，即事实上的因果关系；其次，确定事实上属于损害事实发生原因的行为或事件在法律上是否能够成为责任人对损害事实承担责任的原因，即法律上的因果关系。

（一）事实因果关系的确认

确认某一行为是不是某一损害事实上的因果关系，通常可以通过以下几种规则予以确定。第一种是必要条件规则，其基本方式是"要是没有"。如果没有行为或事件的出现，就不会有损害事实的发生。行为或事件是损害发生的必要条件，凡属于损害事实发生的必要条件的行为或事件均系事实因果关系中的原因。第二种规则是实质要素规则，即某种行为或事件虽然不是损害发生的必要条件，但却是足以引起损害发生的充分条件，就构成事实上的因果关系。该认定规则不是对必要条件规则的排斥和修正，而是对它的补充，弥补了必要规则的不足。第三种是因果关系的推定规则。在某些情况下，运用通常的规则无法证实事实因果关系，法律规定了特殊的认定规则，这里包括因果关系的推定规则。该规则要求责任人举证证明应当由其承担责任的行为或事件不是造成损害结果发生的原因，如果不能举证的，则认定有事实上的因果关系。如经常列举的例子：甲乙都有从楼上往下扔啤酒瓶的行为，其中的一个啤酒瓶造成了丙的伤害，但不能区分是哪一个啤酒瓶造成的，则认定甲乙均承担责任，即我们通常所说的共同危险行为。在该损害事实因果关系认定的过程中，我们采取了因果关系的推定规则。同样的，我国《民法通则》第120条的规定也是采用了因果关系的推定规则。该条规定，如果能够证明损害是由受害人自己故意造成的，不承担民事责任。除了能够证明损害是由于受害人自己故意造成的，否则就认为行为与结果具有因果关系，侵权人或相关事件及行为的责任人即应当承担民事责任。司法实践中也经常对因果关系进行推定。

（二）法律因果关系的确认

在已经证明行为是造成损害后果发生的事实上的原因时，要确定责任主体是否承担民事责任，还要确认该行为在法律上是否属于造成损害后果的原因。对于法律因果关系的确认，主要存在以下学说：

1. 条件说。该说认为，任何和损害结果的发生具有一定关联性的原因，都应当作为事实上的原因加以考察。所有引起损害发生的条件都是导致损害的不可或缺的因素。

2. 原因说。该说认为，只有对损害结果起到有效作用的原因，才是损害发生的真正原因，才应当令行为人承担责任。原因说中还存在着不同的观点，较有代表性的是近因因果关系说、必然因果关系说和相当因果关系说。

（1）近因因果关系说。在确定因果关系时要区分事实原因和法律原因。如果一种行为是损害结果发生的必要条件，则两者间只有事实上的因果关系，只有该行为是该损害结果发生在最密切、最直接影响的原因时，两者才为有法律上的因果关系。英美法系国家采用此说。

（2）必然因果关系说。原因与结果之间应当是一种必然的联系，只有行为或事件必然地造成损害后果的发生，行为人才承担民事责任。该观点排除了偶然因果关系的适用，即凡因偶然性因素引起的损害，行为人不承担责任。在司法实践中，这种观点存在相当的不足。如，甲与乙系老战友，久别重逢。甲喜悦之余擂了乙一拳，恰好引发了乙的心脏病导致乙死亡。一般情况下，甲的行为能够必然引起乙的死亡吗？显然不能。但我们是否能够就此认定甲的行为与乙的死亡没有因果关系？也不能。按照必然因果关系理论，排除甲的责任承担明显不恰当。

（3）相当因果关系说。造成损害的所有条件都具有同等价值，因而都是法律上的原因。一切被确认为事实上原因的行为或者事件都具有法律上的原因力。这种学说比较客观和简易，它是目前各国的通说，我国法律基本上采用了此观点。适用相当因果关系学说关键在于掌握违法行为是发生损害事实的适当条件。适当条件是发生该种损害结果的不可或缺的条件，它不仅是在特定情形下偶然的引起损害，而且是一般发生同种结果的有利条件。

那么，如何判断相当因果关系，史尚宽先生曾经概括了一个公式：

大前提：依据一般的社会知识经验，该种行为能够引起该种损害后果。

小前提：在现实中，该种行为确实引起了该种损害结果。

结论：该种行为是该种损害事实发生的适当条件，因而，两者之间具有相当因果关系。即要以行为时的一般社会经验和知识水平作为判断标准，认为该行为有引起损害结果的可能性，而在实际上该行为又确实引起了该损害结果，则该行为与该结果之间为有因果关系。

总之，侵权民事责任中的因果关系，既包括必然因果关系，也包括偶然导致关系；既存在直接因果关系，也存在间接因果关系。我们在认定时一定要全面考虑。

三、因果关系的类型

（一）一因一果

一个损害结果由一个违法行为所造成。这是一种简单而普遍的类型。这种一因一果的关系中，侵权责任的承担者及侵权责任的范围均较为简明。

（二）一因多果

一个违法行为同时引起多种损害结果。所谓多种损害结果，可以是多个受害人受损，也可以是一个受害人出现数项损害。例如，某药房工作人员在分装药品时，错将消毒液装入止咳糖浆瓶中，分发给当日就诊的7名患儿，造成4人中毒、3人死亡的重大医疗事故。这种类型的因果关系通常也不难判断。

（三）多因一果

一个损害结果是由数个违法行为所造成。例如，某尿道感染病人遵医嘱到放射科拍片，放射科医生没有按规章制度的要求令病人将衣袋内手表取出，结果使一临床医生误诊为膀胱结石；病人到大医院要求手术，接诊医生没有按常规于术前再次拍片检查；手术医生也没有按上级医生的指示于术前行尿道探检查，结果术中发现膀胱内没有结石，因此引起医疗纠纷。本案中放射科、接诊、手术医生均有一定的责任，属于多因一果。这种类型较为复杂，且在医疗纠纷案件中更为多见。

（四）多因多果

多个行为人的多个违法行为造成了受害人的多项损害或多个受害人被损害的后果。这是因果关系类型中最为复杂的一种。

无论是多因多果，还是多因一果，其中的多因均有两种情况：其一，多个原因中有主要原因和次要原因，通常这两种原因对结果的发生都起直接作用，只是作用的大小、主次不同。其二，多个原因中有直接原因和间接原因，直接原因不需要与其他因素相结合就可以直接引起损害事实的发生，间接原因只在另外的原因参与下才可能产生损害结果。在评定医疗纠纷案件的因果关系时，应严格区分主要与次要、直接与间接原因，根据其在造成损害事实中的作用程度，按比例承担相应的法律责任。

第四节 行为人主观过错

一、过错的概念

过错，是指行为人对自己行为引起的危害结果所抱的心理态度，因而过错也被称为主观过错，即法学理论上所说的主观违法。它包括故意和过失两种基本类型。

二、过错的类型

（一）故意

行为人明知自己的行为会导致损害后果，并且希望或者放任损害结果发生的心理态度就是故意。刑法上将抱希望态度的称为直接故意，将抱放任态度的称为间接故意，以区别行为人主观恶性之大小，依此确定法律责任。民事责任的承担对主观恶性度方面的要求并不严格，故不必对故意的形态进行深入地研究。但在特殊的侵权纠纷案件中，如医疗纠纷案件，则不存在故意这一过错形态。因为一切在诊疗护理工作中故意造成病人损害的行为均属于故意伤害或故意杀人，根据损害后果的轻重，行为人应承担相应的刑事责任。例如，某护士在看护未婚夫与前妻所生的女儿输液时，突然萌生铲除结婚隐患的念头，便将5毫升氯化钾从输液针头快速推入病孩静脉，致病孩立即死亡。本案开始由卫生行政部门按医疗事故处理，但在调查中发现了该护士在主观上属于故意，便报告到检察院，后法院认定本案不属于医疗事故，以故意杀人罪判处该护士死刑。

（二）过失

行为人应当预见自己的行为可能发生危害后果，因为疏忽大意而没有预见，或者已经预见而轻信能够避免的心理态度就是过失。由于疏忽大意而没有预见的称为疏忽大意的过失。行为人已经预见到自己的行为可能发生损害后果，但轻信能够避免的称为过于自信的过失。即民法上的过失，就是行为人对受害人应负注意义务的疏忽和懈怠。注意义务的客观标准有三：

1. 普通人的注意。这种注意义务是按照一般人在通常情况下能够注意到作为标准。对于一般人能够在一般情况下注意到却没有注意，为有过失。

2. 应与处理自己事务为同一注意。判断这种注意义务，应以行为人平日处理自己事务所用的注意事项为标准，为一种主观标准，即行为人是否尽到了注意的义务。如果行为人证明自己在主观上已经尽到了注意义务，应认定其为无过失；反之，则认定其有过失。

3. 善良管理人的注意。这种注意义务，与罗马法上的"善良家父之注意"相当，认为具有相当知识和经验的人，对于一定事件的所用注意作为标准，客观地加以认定，为一种客观标准。行为人有无尽此注意的知识和经验，以及他向来对于事务所用的注意程度，均不过问，只有依其职业斟酌，所用的注意程度，应比普通人的注意和处理自己事务为同一注意，要求过高。

上述三种注意义务，从程度上分为三个层次，以普通人的注意为最低，以与处理自己事务为同一注意为中，以善良管理人的注意为最高。与此适应，违反这三种注意义务，构成三种过失：

1. 重大过失。违反普通人的注意义务，为重大过失。如果行为人仅用一般人的注意即可预见，而怠于注意，就存在重大过失。

2. 具体轻过失。指违反应与处理自己事务为同一注意的义务。如果行为人不能证明自己在主观上已尽该种注意，即存在具体轻过失。

3. 抽象轻过失。是指违反善良管理人的注意义务。此种过失是抽象的，不依行为人的主观意志为标准，而以客观上应不应当做到为标准。因而，这种注意的义务最高，其未尽注意义务的过失为抽象轻过失。

实训测试

一、单项选择题

1. 甲忘带家门钥匙，邻居乙建议甲从自家阳台攀爬到甲家，并提供绳索以备不测，丙、丁在场协助固定绳索。甲在攀越时绳索断裂，从三楼坠地致重伤。各方当事人就赔偿事宜未达成一致，甲诉至法院。下列哪种说法是正确的？（　　）（2006年司法考试卷三第11题）

A. 法院可以酌情让乙承担部分赔偿责任

B. 损害后果应由甲自行承担

C. 应由乙承担主要责任，丙、丁承担补充责任

D. 应由乙、丙、丁承担连带赔偿责任

2. 一小偷利用一楼住户甲违规安装的防盗网，进入二楼住户乙的室内，行窃过程中将乙打伤。下列哪一种说法是正确的？（　　）（2005年司法考试卷三第20题）

A. 乙的人身损害应由小偷和甲承担连带责任

B. 乙的人身损害只能由小偷承担责任

C. 乙的人身损害应由甲和小偷根据过错大小，各自承担责任

D. 乙的人身损害应先由小偷承担责任，不足部分由甲承担

3. 甲、乙因合伙经商向丙借款3万元，甲于约定时间携带3万元现金前往丙家还款，丙因忘却此事而外出，甲还款未果。甲返回途中，将装有现金的布袋夹放在自行车后座，路经闹市时被人抢夺，不知所踪。下列哪一选项是正确的？（　　）（2008年司法考试卷三第4题）

A. 丙仍有权请求甲、乙偿还3万元借款

B. 丙丧失请求甲、乙偿还3万元借款的权利

C. 丙无权请求乙偿还3万元借款

D. 甲、乙有权要求丙承担此款被抢夺的损失

4. 抢劫犯乙持枪拒捕，被民警甲开枪击中持枪的手臂，下列哪种说法是正确的？（　　）

A. 民警甲的行为侵害了乙的生命健康权，因为有损害事实的存在

B. 民警甲的行为侵害了乙的生命健康权，因为乙所受损害与甲的行为有因果关系

C. 民警甲的行为不是侵权行为，因为其行为不具违法性，不符合侵权行为的构成要件

D. 民警甲的行为侵害了乙的生命健康权，因为甲是故意开枪，对乙的损害有过错

5. 某日，宋某驾车出游，途中见前面的车辆速度渐缓，遂与前一辆车于相距5米左右之距离减速缓行，不想其后梁某因超速行车，来不及刹车，撞向宋某的车，导致宋某的车也往前撞向陈某的车，造成陈某的车严重损坏。为此，宋某特向律师咨询，如果你是律师，你将如何回答？（　　）

A. 宋某的行为不构成侵权行为，其行为虽造成了陈某的损害，但在主观上没有过错

B. 宋某的行为构成侵权行为，因为是宋某的车撞了陈某的车而造成车严重

侵权责任法理论与实训

损坏

C. 宋某对陈某进行赔偿后，可以向梁某追偿

D. 陈某的损失只能由宋某赔偿，梁某对此不承担责任，因为梁某直接撞的是宋某的车

6. 甲骑自行车上班，在一拐弯处，甲未减速，将一行人乙撞倒在地，但乙爬了起来，毫发无伤，拍了拍身上灰便走了。则甲的行为是否是侵权行为？（   ）

A. 甲的行为是侵权行为，因为他将乙撞倒在地

B. 甲的行为不是侵权行为，因为甲的行为没有造成乙损害，无损害则无责任

C. 甲的行为是侵权行为，因为他骑车拐弯未减速，违反了相关的交通法规

D. 以上说法都不对

7. 下列对一般侵权行为构成要件的表述，正确的是：（   ）

A. 行为人虽然没有造成损害，也应该承担民事责任，以示惩戒

B. 损害事实的存在不包括精神损害，因为精神损害是无形的

C. 损害事实与损害行为之间只要存在因果关系，加害人就无例外地应承担侵权责任

D. 过错分为故意和过失两种形态

二、多项选择题

1. 一般侵权行为的构成要件包括：（   ）

A. 行为的违法性　　　　　　B. 损害事实的存在

C. 行为人主观上有过错　　　D. 违法行为与损害后果之间有因果关系

2. 下列对过错的表述，正确的是：（   ）

A. 过错只有过失一种形态，过错等于过失

B. 过错分为故意与过失两种基本形态

C. 将故意区分直接故意与间接故意在民事责任的认定中一般没有实际意义

D. 过失可以进一步分为重大过失、具体轻过失和抽象轻过失

3. 李某19岁就读于某大学，无经济收入。某日李某在一餐馆就餐时，因与服务员发生矛盾，一气之下将餐馆的玻璃窗打破。对此以下说法不正确的是：（   ）

A. 李某的行为符合一般侵权行为的构成要件，应依法承担相应民事责任

B. 李某没有经济收入，不应当承担责任

C. 该餐馆的损失应由李某的父母进行垫付

D. 李某与服务员分担餐馆的损失

4. 甲见乙追打丙即上前制止,乙将甲打伤。对于甲受到的伤害,应由谁承担责任?（   ）

A. 由丙承担责任

B. 由乙承担责任

C. 若乙无力承担,由甲自行承担

D. 若乙无力承担,由丙给予适当的补偿

5. 张某为泄私愤将同村村民石某打伤住院,石某在住院期间被查出已是肺癌晚期,不久即死在医院。则以下说法正确的是:（   ）

A. 张某对石某之死不应当承担责任,因为石某因晚期肺癌而死亡,张某的行为与石某之死之间没有因果关系

B. 张某对石某之死应当承担责任,因为是其导致石某受伤住院,而石某是在医院死亡的

C. 张某对石某受伤住院不应承担责任,因为石某已经死亡,补偿已没有意义

D. 张某对石某之伤应承担民事责任,因为石某之伤与张某的行为之间存在因果关系

6. 2007年9月1日,甲和乙两家共用的烟窗要被拆除。甲因有事便委托乙雇一民工丙帮助拆除。在上午乙非常注意安全,每拆掉一根木头都要用铁丝拴着慢慢放下,由丙在下面接着。下午,乙为了加快速度,就没有用绳子拴着木头,而直接将木头放下,但没有告知丙。在放下第一个木头时,丙认为有绳子拴着,就没有注意。结果木头从上面掉下来将另一帮忙者丁砸死。下列说法正确的是:（   ）

A. 对于丁的死亡,甲应当承担责任

B. 对于丁的死亡,乙应当承担责任

C. 对于丁的死亡,丙不应当承担责任

D. 甲和乙对丁的亲属的损失负连带赔偿责任

三、案例题

1. 某厂工人李生因违反厂纪被扣发当月奖金,李生便对车间主任陈军怀恨在心。某日下班后,李生赶到陈军家中大闹并砸坏陈军家的电视等物,陈军在阻拦李生时,被李生推倒头部受伤。派出所民警闻讯后,立即赶赴现场将李生扭送派出所,行政拘留十天并处以200元罚款。陈军因伤住进医院,经医治15日后伤愈出院。陈军出院后,要求李生赔偿因住院支付的医疗费,被砸坏的电视及家

具的损失。李生认为自己已承担了行政拘留和罚款，不同意赔偿陈军的损失。陈军诉至某人民法院。

问：(1) 李生诉称已承担行政责任不应再承担赔偿责任的理由是否成立？

(2) 李生的行为是否构成侵权的民事责任？为什么？

2. 原告王立国（7岁）与被告张春英（55岁）系邻居，平素关系融洽。1995年8月的一个星期天下午5时许，原告在家门口玩耍，被告则坐在自己家门口乘凉。原告在玩耍中，趁被告不注意，将被告推倒在地，并夸口说："奶奶，我的劲很大。"被告从地上站起，乘兴逗原告玩耍，并说："你劲大，来背我！"被告遂让原告做好背人的姿势，然后趴在原告的背上。原告用力背被告，但因力量不够，当即被压倒在地，造成原告左股骨外伤性骨折，花去医疗费等各种费用若干。原告的法定代理人王子民因要求被告赔偿损失而遭到拒绝，诉至人民法院。

问：

(3) 该案怎么处理？简要说明理由。

实训测试参考答案及解析

一、单项选择题

1. A

【解析】乙建议甲采取有可能危及自身安全的行动，且乙提供绳索时未尽合理注意义务，致使甲在攀越时绳索断裂，乙具有过错，应该根据《侵权责任法》第6条第1款的规定承担侵权责任。甲贸然采取危险的行为，对此损害也有过错，应当适用过失相抵，根据《侵权责任法》第26条的规定，可以减轻乙的责任。丙、丁固定的绳索并未松开，丙、丁已经尽到了必要的注意义务，并无过错，不承担责任。

2. B

【解析】本题中小偷虽利用一楼住户甲违规安装的防盗网，进入二楼住户乙的室内，但小偷在行窃过程中将乙打伤是单独实施的，甲与小偷在主观上无共同的故意或过失；在行为的客观方面，甲违规安装防盗网的行为与小偷的加害行为之间并不存在着相互依存、彼此结合的关系，其两者不具有共同性，也未造成共同的损害结果。甲的违规安装防盗网的行为与人身伤害之间没有任何因果关系。因此，乙的人身损害不应由小偷和甲承担连带责任，而只能由小偷承担责任，故B项说法正确。

第三章 侵权责任的构成要素

3. A

【解析】根据《合同法》第117条的规定，如果当事人没有约定免责事由，则合同之债的唯一法定免责事由为不可抗力。一方面，甲、乙的3万被抢夺不属于不可抗力；另一方面金钱债务不存在履行不能的问题。因此，甲、乙对于所负债务并无免责事由。同时，甲、乙所欠丙的借款尚未被清偿，也没有因为其他原因而消灭，并且甲、乙为合伙人应当对所负债务承担连带清偿责任，因此丙仍然有权要求甲、乙偿还3万元借款，A正确，B错误、C错误。丙忘记按照约定守候在家，已经构成了受领迟延（应当承担违约责任），但是，丙的受领迟延仅为3万元被抢的"条件"，而非"相当的原因"，丙受领迟延与钱被抢不具有因果关系，丙不承担损害赔偿责任。其应当承担受领迟延的违约责任，系另一问题，D错误。

4. C

【解析】判断某一行为是否为侵权行为，其要件有四：加害行为、损害事实、因果关系、主观过错。其中加害行为，是指加害人以积极方式或消极方式实施的作用于他人合法民事权益的违法行为。从主体方面看，加害行为的实施者是公民和法人；从行为的对象来看，它所指向的或发生作用的是他人的合法民事权益；从行为的性质来看，它具有违法性。违法性是加害行为本质特征。本题中，乙的行为是犯罪行为，民警甲开枪击中其持枪的手臂，将其抓获，是执行职务的行为，是合法的。因此，不是侵权行为，C正确。

5. A

【解析】过错是行为人对自己行为引起的危害结果所抱的心理态度。行为人明知自己的行为会导致损害后果，并且希望或者放任损害结果发生的心理态度就是故意。行为人应当预见自己的行为可能发生危害后果，因为疏忽大意而没有预见，或者已经预见而轻信能够避免的心理态度就是过失。题中，宋某见前面的车辆速度渐缓，遂与前一辆车于相距5米左右之距离减速缓行，从其主观上来看，不但没有任何过错，反而是为了避免交通事故的发生而采取的正确措施，所以即使有损害事实，宋某本人对此是没有过错的，不承担侵权责任。

6. B

【解析】作为侵权行为构成要件的损害事实是指某种行为致使受害人财产权、人身权受到侵害，并导致财产或非财产的减少或灭失结果的客观事实。就损害事实的本质而言，侵害事实必须造成损害后果。如果某一违法行为并未造成任何损害后果，则其不构成侵权行为，本题即是。

7. D

【解析】"无损害，无责任"，侵权责任的承担重在补救，而非惩罚。故A错误。损害事实既包括物质损害，也包括精神损害。《侵权责任法》首次以法的形式规定了精神损害赔偿。故B错误。因果关系的存在只是承担侵权责任的要素之一，一般侵权行为的构成还须有行为人的主观过错。故C错误。

二、多项选择题

1. ABCD

【解析】侵权行为的构成要件有四：加害行为、损害事实、因果关系、主观过错。故ABCD全选。

2. BCD

【解析】过错包括故意和过失两种基本类型。刑法上将抱希望态度的称为直接故意，将抱放任态度的称为间接故意，以区别行为人主观恶性之大小，依此确定法律责任。民事责任的承担对主观恶性度方面的要求并不严格，即直接故意与间接故意的区分在民事责任的认定中一般没有实际意义。在过失中，依注意义务的程度不同，过失可分为重大过失、具体轻过失和抽象轻过失。故BCD正确。

3. BD

【解析】根据题干信息，李某的行为已符合侵权行为的四个构成要件，并且其已是完全民事行为能力人，故应承担侵权责任。但《民通意见》第161条规定："侵权行为发生时行为人不满18周岁，在诉讼时已满18周岁，并有经济能力的，应当承担民事责任；行为人没有经济能力的，应当由原监护人承担民事责任。行为人致人损害时年满18周岁的，应当由本人承担民事责任；没有经济收入的，由扶养人垫付，垫付有困难的，也可以判决或者调解延期给付。"故BD正确。

4. BD

【解析】《侵权责任法》第23条规定："因防止、制止他人民事权益被侵害而使自己受到损害的，由侵权人承担责任。侵权人逃逸或者无力承担责任，被侵权人请求补偿的，受益人应当给予适当补偿。"本题中，甲是为防止丙受到侵害，而上前制止乙的侵害行为，遭受到乙的伤害，符合该条规定，由乙承担责任，若乙无力承担，由丙给予适当的补偿。

5. AD

【解析】本题的事实是张某打伤石某，导致其受伤住院，在住院期间，石某被查出已是肺癌晚期，因肺癌晚期死于医院。所以，导致石某死亡的原因是肺癌，而不是受伤行为，但对受伤的损失，张某应该承担责任，两者之间是有因果关系的。AD正确。

第三章 侵权责任的构成要素

6. ABCD

【解析】对于丁的死亡，乙应当承担责任。因为这属于侵权责任。其构成要件有四：行为的违法性；行为人主观上有过错；受害人受有损失；受害人的损失和该违法行为有因果关系。本案中，乙在将木头放下时，没有告知丙没有用绳子拴着，丙也无法预见木头未拴绳子，因此乙是有过错的，应当承担民事责任。同时，甲也应当承担民事责任。因为烟窖是甲和乙共有的，根据《民法通则》第78条的规定，共同共有人对共有财产共同享有权利、承担义务。本案中，侵权行为是乙作出的，但乙与甲是烟窖的共同所有人，而且乙的侵权行为也是发生在处理共同事务的过程中，所以甲也应当承担民事责任。而且，甲和乙对丁的亲属的损失负连带赔偿责任。对于丁的死亡，丙不应当承担责任。因为丙对于事故的发生不能预见，也不应当预见，他的主观无过错，而在一般侵权责任中，行为人的主观过错是构成侵权责任的要件之一，所以丙不该对丁的死亡负责。

三、案例题

1. 【解析】（1）民事责任和行政责任是两种不同的责任，不能互相代替。因此，不能因为李生被行政拘留和罚款而免除其民事责任。

（2）李生的行为已构成侵权行为，应承担民事责任。根据一般侵权行为承担民事责任的四个构成要件分析，有陈军的人身和财产受损害的事实，李生的行为是违法行为，李生的行为主观上是故意的，陈军所受的损害与李生的违法行为存在因果关系。因此，李生应赔偿陈军因伤而支付的医疗费和误工收入，赔偿损坏电视和家具所造成的损失。

2. 【解析】（3）被告应承担侵权责任，赔偿原告损失。本案中，55岁的被告明知7岁的原告没有力气背自己，却还让其背，其对原告的损害在主观上至少是持一种放任的态度，存在明显的过错，而7岁的小孩儿也不能真正理解自己行为的后果，这种放任给原告造成了一定的损害，两者间存在因果关系，故被告应承担侵权责任。

第四章　共同侵权责任

【本章导读】

共同侵权行为也称为共同过错、共同致人损害，是指数人基于共同过错而侵害他人的合法权益，依法应当承担连带赔偿责任的侵权行为。共同侵权行为的构成要件包括：主体的复数性、主观过错的共同性、行为的共同性、结果的同一性。共同侵权行为包括共同加害行为和教唆、帮助他人的行为。原则上，共同侵权人要对受害人承担连带赔偿责任。

共同危险行为也称"准共同侵权行为"。《侵权责任法》第10条明确规定了该制度。这是我国第一次以法的形式确立了共同危险制度。共同危险行为的构成要件是：数人同时或者相继实施了侵权行为；数人的行为均具有危险性；加害人的不确定性；共同过失与结果的统一性。各共同危险行为人要对损害结果承担连带责任，除非行为人能够证明其行为与损害后果之间不存在因果关系。

【导引案例】

案情介绍：

2008年5月2日，原告张某与被告刘某、王某、朱某四人（均系限制民事行为能力人）共同玩水枪游戏。在玩耍过程中，原告左眼不幸被气枪喷出的水流射中。原告当日前往医院住院治疗，诊断为左眼球破裂伤，住院21天，用去医疗费5000余元，原告父母为原告受伤赔偿一事，与三被告的父母交涉不成，向法院提起诉讼，要求三被告赔偿经济损失。三被告的法定代理人对于原、被告之间存在玩喷水枪的事实无异议，但均认为自己的孩子未射中原告，且原告也不能举证证明其受伤是他们的孩子所为，请求法院判决驳回原告的诉讼请求。[1]

问题：三被告的行为如何定性？

分析提示：

三被告的行为已构成共同危险行为。

共同危险行为又称为准共同侵权行为，是共同过错的一种形式，指二人或二人以上共同实施有侵害他人权利危险的行为，并且已造成损害结果，但不能

---

[1] 江苏省宿迁市宿豫区人民法院，中国法院网。

判明其中谁是加害人。2004年颁布施行的《人身损害赔偿解释》出台前，我国法律条文对于共同危险行为问题存在法律漏洞。其第4条第1款第一次对共同危险行为作出规定："二人以上共同实施危及他人人身安全的行为并造成损害后果，不能确定实际侵害人的，应当依照民法通则第一百三十条规定承担连带责任，共同危险行为人能够证明损害后果不是由其行为造成的，不承担赔偿责任。"此次，《侵权责任法》第10条更是以法的形式明确规定："二人以上实施危及他人人身、财产安全的行为，其中一人或者数人的行为造成他人损害，能够确定具体侵权人的，由侵权人承担责任；不能确定具体侵权人的，行为人承担连带责任。"根据这些规定，我们可以得出共同危险行为的构成要件为：1. 数人实施了共同危险行为；2. 行为人在实施危险行为致受害人损害时，其危险行为的时间与地点具有同一性；3. 数人的危险行为均有可能造成损害后果；4. 损害后果已经实际发生，但不能确定实际侵权人是谁；5. 行为人不能够证明谁是真正的侵权人。

而对于共同加害行为，我国《民法通则》、《侵权责任法》均有明确规定。是指两个或两个以上的行为人，基于共同的故意或过失，共同实施加害，致使他人人身或财产受损的行为。《侵权责任法》第8条规定："二人以上共同实施侵权行为，造成他人损害的，应当承担连带责任。"①

由于共同危险行为与共同侵权行为存在相似性，两者在审判实践中极易造成混淆。一方面，两者的责任基础相同，都是侵权行为具有过错，存在共同过失。另一方面，行为人所实施的行为具有共同的危险，从结果言，都需要承担连带责任。但是，综合两者概念，共同危险与共同加害还是存在区别的，两者的主要区别在于：1. 是否具有共同的意思联络。在共同加害下，大多数情况需要意思联络，而在共同危险的情况下，是必须不具有意思联络；2. 行为人是否确定。在共同加害下，各侵权行为人是确定、明确的，而在共同危险情况下，只是数人实施了危险行为，而真正的行为人是不确定的；3. 因果关系是否明晰。从行为与损害后果的关系看，各个危险行为人的行为只是可能造成了损害后果，其行为与损害后果的因果关系是法律推定的，而在共同加害情况下，因果关系是确定的。

回归本案，原告被水枪射伤，因原告不可能将水枪喷向自己，而水枪到底

---

① 《侵权责任法》的颁布修正了"解释"中关于共同侵权"直接结合"、"间接结合"的观点，此乃共同侵权的客观说，指的是无意思联络的数人侵权。对此，《侵权责任法》第11条、第12条有相关规定。即《侵权责任法》对于共同侵权采用的是主观说，是指有意思联络的共同侵权。

是谁喷的又不知道，因此相对于此共同危险行为与共同加害的区别，本案中，侵权行为人是不确定的。故三被告的行为已构成共同危险行为。而且根据本案三被告的共同危险行为存在致害概率相等、过失相同的情况，三被告应承担的责任比例是同等的，故在本案中，应由三被告对原告的损失承担连带赔偿责任。

第一节 共同侵权责任概述

一、共同侵权责任的概念

在侵权责任法领域，单个的责任主体对某一损害后果单独承担侵权责任为常态；而数个独立的责任主体对同一损害后果承担不同类型的共同责任则为例外，需要有法律加以特别规定。这种由数个责任主体对同一损害后果承担侵权责任的责任承担形式，为数人的共同侵权责任。这是对数人共同侵权责任的广义理解。狭义的共同侵权责任，仅指连带的侵权责任。

二、共同侵权责任的特征

1. 承担侵权责任的主体为二人或者二人以上，即责任主体为复数。承担侵权责任的主体可以是数个自然人，也可以是数个法人，或者数个自然人和法人的集合。这些人均为独立承担民事责任的主体，而不存在雇主与雇员之间的关系、监护人与被监护人的关系或者其他替代责任关系。

2. 数人对同一损害后果承担侵权责任，而不是数人对不同的损害后果承担责任。也就是说，受害人一方对该数人享有一个统一的损害赔偿请求权，数人承担共同侵权责任是为了满足该统一的请求权。

3. 数人承担共同侵权责任的方式即数个责任主体与受害人一方的请求权之间的联系具有多样性。数人承担何种共同侵权责任，由法律加以规定。[1]

---

[1] 张新宝：《侵权责任法》，中国人民大学出版社2006年版，第52页。

第二节 共同侵权行为

一、共同侵权行为的概念

《民法通则》第130条规定："二人以上共同侵权造成他人损害的，应当承担连带责任。"《侵权责任法》第8条规定："二人以上共同实施侵权行为，造成他人损害的，应当承担连带责任。"这是关于共同侵权行为的立法规定，但规定并没有对共同侵权行为的概念作出更明确的界定，一般认为，所谓共同侵权行为也称为共同过错、共同致人损害，是指数人基于共同过错而侵害他人的合法权益，依法应当承担连带赔偿责任的侵权行为。

二、共同侵权行为的构成要件

共同侵权行为首先是侵权行为，其构成应当符合某一特定侵权行为的要件，一般而言需要有加害行为、损害、因果关系和过错这四个要件。此外，共同侵权行为还需要一些特别要件，才能构成"共同"的侵权行为，加害人也才因此而承担连带责任。

（一）主体的复数性

所谓主体的复数性，是指加害人为二人或者二人以上的多数人。当然，既可以是自然人，也可以是法人。这些多数人均为独立承担民事责任的主体，而不存在雇主与雇员之间的关系或者其他替代责任关系。同一企业的数个雇员在执行职务时对第三人造成损害也不属于共同侵权，因为承担责任的不是这些雇员而是他们共同的雇主。

（二）主观过错的共同性

构成共同侵权，数个加害人均需要有过错，或者为故意或者为过失，但是无须共同的故意或者意思上的联络；各加害人的过错的具体内容是相同的或者是相似的。这里举一事例就可以说明：设某小河上架有木桥。村民甲盗窃桥桩若干，此后不久村民乙又盗窃桥桩若干。由于桥桩被盗过多终导致木桥坍塌。村民甲和乙盗窃桥桩并没有意思之联络，但是有相同或者类似的过错，即导致木桥坍塌，故认定其共同侵权行为和连带责任比较合理。否则，仅仅判决甲和乙分别对其盗窃的柱子负责，显然是不合理的。

（三）行为的共同性

共同致害行为既可能是共同的作为，也可能是共同的不作为。但数人的行为必须相互联系，构成为一个统一的致人损害的原因。从因果关系上来看，任何一个共同侵权行为人的行为都对结果的产生发挥了作用，即各种行为交织在一起，共同发生了作用，各人的行为可能对损害结果所起的作用是不相同的，但都和损害结果之间具有因果关系，因而由其承担连带责任。

在数个行为人的行为中，共同行为并不要求每个行为人都实际地共同从事了某种行为，可以是两个人共同决定，由一个人完成，也可以是一个人起主要作用，另一个人起到辅助作用。每个人的行为和结果之间并不一定有直接的因果联系。所以，在共同侵权中，不是从每个人的个别行为的原因力来判断的，而是从行为的整体对结果的原因力来判断的。

（四）结果的同一性

共同侵权行为所造成的后果是同一的，如果各个行为人是针对不同的受害人实施了侵权行为，或者即使针对同一受害人，但是不同的权利分别遭受侵害，损害后果在事实上和法律上能够分开，则有可能构成分别的侵权行为或并发的侵权行为，而非共同侵权行为。因此共同侵权行为的特点就在于数个侵权行为造成了同一的损害后果。① 换言之，数个共同侵权行为与损害结果是不可分割的，如果行为本身是可分的，那么就是单独行为，而不是共同侵权。当然，在数个行为人中，可能行为人事先具有明确的分工，也可能事先并没有分工；数人发挥的作用也可能有大小的区别，但只要他们具有共同的过失，就并不影响数个行为人的行为的统一性和不可分割性。即使有人只是参与策划，而没有实际地从事共同侵权行为，也应推定其行为与损害后果之间具有因果关系。如果各个人的行为与加害行为之间具有关联共同性，即使是各个人的行为与损害的相当因果关系未得到认定的场合，也应推定各人的行为与损害之间存在因果关系。

换言之，它有两层含义：其一，损害后果构成一个整体，受害人为同一主体，受到侵害的民事权益是同一类别或者相似类别的，损害后果在事实上或法理

---

① 张新宝：《中国侵权行为法》，中国社会科学出版社1995年版，第89页。

上不具有独立性。其二，共同侵权行为与作为一个整体的损害后果之间具有因果关系。用"必要条件规则"的检验方法可以排除不属于共同侵权行为的其他行为，因为即使没有这种行为之存在，损害后果也会出现。

三、共同侵权行为的主要形态

（一）共同加害行为——"共同正犯"

"共同正犯"是指在实施加害行为时所有共同加害人都处于同样的地位，都实施了具体的行为，其作用相当或者大致相当。在实践中，"共同正犯"是共同侵权的最常见、最典型的形态。在有意思联络的共同侵权行为中，不同的加害人承担不同的任务不妨碍其都被认定为"共同正犯"。

（二）教唆者、帮助者

1. 教唆行为。教唆，是指利用言语对他人进行开导、说服，或通过刺激、利诱、怂恿等办法使被教唆者接受其意图，进而从事某种侵权行为。它具有以下特征。

第一，在教唆形式上，教唆行为采取的是积极的作为形式，如开导、说服、利诱、怂恿等。

第二，在主观过错上，教唆者主观上大多是故意的，他不仅认识到自己的教唆行为会使被教唆者产生侵害他人的意图并可能实施加害行为，而且认识到被教唆者行为导致的后果，并希望或放任该后果的发生。

第三，在教唆内容上，教唆者教唆他人接受其意图并实施特定的侵权行为，内容明确具体。

教唆者和被教唆者的行为构成共同侵权行为需具备三个要件：一是教唆者实施了教唆行为，被教唆者按教唆内容实施了侵权行为；二是教唆者与被教唆者主观上存在共同过错；三是教唆者与被教唆者在实施教唆行为或加害行为时具有相应的民事责任能力。

2. 帮助行为。帮助行为是指行为人通过提供工具、指示目标或以语言刺激等方式，对他人实施侵权行为进行物质或精神帮助的行为。它具有以下特征。

第一，在帮助形式上，一般应是积极的作为形式，包括提供工具、指示目标或语言刺激等。

第二，在帮助内容上，主要是从物质上和精神上帮助他人实施侵权行为。

第三，在主观过错上，帮助者主观上一般出于故意，与实行侵权行为人具有共同致害的意思联络。但在特殊情况下，不知他人的行为为侵权行为而提供帮助，对侵权行为起到了辅助作用的，也构成共同侵权行为。

帮助行为与被帮助行为构成共同侵权行为需要具备三个要件：一是帮助者与被帮助者分别实施了帮助行为和侵权行为；二是帮助者与被帮助者主观上存在共同过错；三是帮助者与被帮助者需具有相应的民事行为能力。

3. 对教唆行为和帮助行为的处理。《侵权责任法》第9条则明确规定："教唆、帮助他人实施侵权行为的，应当与行为人承担连带责任。教唆、帮助无民事行为能力人、限制民事行为能力人实施侵权行为的，应当承担侵权责任；该无民事行为能力人、限制民事行为能力人的监护人未尽到监护责任的，应当承担相应的责任。"据此可知，教唆人与帮助人承担的民事责任依教唆帮助对象是否具有民事行为能力而不同。此外，该条也规定了监护人监护不周的责任，从多角度对受害人进行救济。

四、共同侵权人的责任

1. 共同侵权人的连带责任。共同侵权人的连带责任，是指共同加害人作为一个整体对损害共同承担责任；共同加害人中的任何一个人对全部损害承担责任；在共同加害人之一人（或者部分人）对全部损害承担了责任之后，他有权向其他未承担责任的共同加害人追偿，请求偿付其承担应当的赔偿份额。而从受害人的请求权角度来看，他既可以将全部加害人作为被告，请求他们承担对全部损害的赔偿责任；他也可以将加害人中的一人（或者部分人）作为被告，请求他（或他们）承担全部赔偿责任。一旦加害人中的一人（或者部分人）赔偿了全部损害，也就履行了全部赔偿义务，受害人不得再对其他加害人提出请求。反之，如果受害人的请求没有得到实现或者没有完全得到实现，他则可以向其他加害人请求赔偿全部损害或者赔偿剩余的部分损害。

基于这样的制度安排，受害人的损害更容易得到赔偿。法院判决数个加害人承担连带责任时，原则上不得在判决书中分割各加害人的赔偿份额。在执行判决时，可以全部执行一个或者部分加害人的财产，而在其财产不足时也可以执行其他加害人的财产，直到判决确定的赔偿义务强制执行完毕为止。

在实践中会提出这样的问题：受害人是否可以免除部分共同加害人的赔偿责任而向其他共同加害人主张全部赔偿责任呢？依据一般法理，受害人不得免除特定共同加害人的赔偿责任，如果作出这种免除责任的意思表示，他就无权向其他共同加害人主张全部赔偿责任，否则，这对其他共同加害人就不公平。当然，受害人只起诉部分加害人而不起诉其他加害人，并不能推定其免除其他加害人的责任。

2. 加害人之间的追偿。在一个或者数个加害人清偿了全部赔偿债务后，在共同加害人之间还进行追偿，即支付了赔偿金的加害人有权请求其他共同加害人支付一定的金额以补偿其承担全部赔偿责任而受到的损失。

共同加害人之间如何进行追偿，或者说如何在他们之间分配赔偿责任呢？应当遵循以下原则[①]：

（1）比较过错原则，即对数个共同加害人在实施共同侵权行为时的过错进行比较，过错较大的最终分担较大份额的赔偿金额，过错较小的最终分担较小份额的赔偿金额，过错不相上下难以比较大小的，原则上平均分担。

（2）比较原因力原则，即对数个共同加害人在实施共同侵权行为时各自所起的作用进行比较，所起作用重要的最终分担较大的赔偿额，所起作用较小的最终分担较少的赔偿额，如果每个加害人的作用不相上下原则上平均分担。

（3）衡平考量原则，该原则也称为公平考量原则或者司法政策考量原则，是指在共同加害人之间最终分担赔偿份额时适当考虑各加害人的经济状况和其他相关因素。

需要指出的是，加害人之间的追偿在程序上不能与共同加害人对受害人承担连带责任相混淆。共同加害人对受害人承担连带责任不以共同加害人之间进行追偿是否有困难作为考虑的前提。就实务而言，在涉及连带责任的案件中，法院只需判决共同侵权行为人承担连带责任即可。是否追偿以及如何追偿，那是以后的事情（也许并不会发生纠纷）。只有在后来追偿过程中发生纠纷，相关人员诉诸法院，法院才有必要作出裁判。

3. 作为连带责任之例外的分别责任。虽然共同加害人承担连带责任是共同侵权的一个原则，但是在有特别需要时，尽管数人的行为构成共同侵权，法律也不规定连带责任，而是规定分别责任或者规定不同当事人承担不相等的赔偿份额。

《侵权责任法》第9条规定，教唆、帮助无民事行为能力人、限制民事行为能力人实施侵权行为的，应当承担侵权责任，该无民事行为能力人、限制民事行为能力人的监护人未尽到监护责任的，应当承担相应的责任。这一规定一方面认定教唆、帮助无民事行为能力人、限制民事行为能力人实施加害行为的人为共同侵权行为人，另一方面由于这两类人没有责任能力，故又突破共同侵权行为人承担连带责任的原则，规定教唆者、帮助者承担侵权责任，而无民事行为能力人、

[①] 张新宝、李玲：《共同侵权的法理探讨》，载《人民法院报》2001年11月9日。

限制民事行为能力人的监护人未尽到监护责任的，也应当承担相应的责任。这一规定最大限度地保护了受害人的权益。

第三节 共同危险行为

一、共同危险行为的概念和特征

（一）共同危险行为的概念

共同危险行为也称"准共同侵权行为"，是指数人共同从事有侵害他人权利之危险性的行为，但不知道其中谁是加害人而令该数人承担连带赔偿责任的情形。《侵权责任法》第10条明确规定了该制度。"二人以上实施危及他人人身、财产安全的行为，其中一人或者数人的行为造成他人损害，能够确定具体侵权人的，由侵权人承担责任；不能确定具体侵权人的，行为人承担连带责任。"这是我国第一次以法的形式确立了共同危险制度，具有重大的理论和实践意义，符合社会经济生活的发展和完善法制的需要，有利于抑制该类行为的发生，以维护社会秩序的安定。

关于共同危险行为，美国1948年加利福尼亚州的"打猎案"则是一个典型的案件。该案原告与两位被告同属于某一打猎协会会员。某天外出打猎时，两位被告因过失同时向原告所在方向射出了一颗子弹，其中一颗子弹击中了原告的眼睛。原告无法证明究竟是其中哪一位被告的子弹击中其眼睛，但是能够证明两位被告都因过失发射了子弹，原告自身无过错。根据两位被告都因过失发射子弹的事实，法官实施了因果关系举证责任倒置，除非被告自己能够证明其对原告的伤害没有责任，否则都必须承担责任。在我国，打猎的情况虽不多见，但发生共同危险的情形还是有许多，如数人向受害人投掷石头，其中一块石头击中受害人的头部，但是不能认定是谁扔出的石头击中了受害人；数人在同一地点分别燃放鞭炮，其中一是爆竹炸伤一过路人的眼睛，受害人无法确定是其中哪一个人燃放的鞭炮炸伤了自己；二人穿过林间小道，均向路边扔了烟头，其中一烟头引起森林火灾，但是最后无法确认到底是哪一个人扔的烟头引起了火灾……这样的案件均属于有关共同危险行为的规则所规范的对象。

（二）共同危险行为的特征

1. 共同危险行为人均实施了侵害他人权利的危险行为，即他们的行为在客观上都有侵害他人财产和人身的可能。

2. 共同危险行为人的行为已造成了损害后果,但却不能判明是何人所致。

3. 共同危险行为人在主观上存在共同过错。这种过错一般为共同过失,而且是一种推定过错。如果为共同故意,则构成共同加害行为。

二、共同危险行为的构成要件

共同危险行为除了需要具备侵权行为的一般要件外,还需要具备以下特别要件。

1. 数人同时或者相继实施了侵权行为。如果侵权人只有一人或者虽然有数人但是其所实施的行为不是同时或者相继的,不存在任何时间上的关联性,则不构成共同危险行为。

2. 数人的行为均具有危险性。即各危险行为人的行为都有给他人财产或人身造成损害的可能。

3. 加害人的不确定性。与共同侵权行为不同,共同危险行为实质上只是部分行为人的行为造成了受害人的损害,而另一些行为人的行为并没有造成损害。但是由于认识方面的主客观限制,无论是受害人还是法院都无法确认到底是谁的行为造成了受害人的损害。

4. 共同过失与结果的统一性。共同过失要求每一个共同危险行为人都具有过失,也无须他们之间的意思联络,而且过失的内容是相同的;与共同加害行为一样,共同危险行为也要求结果的统一性。共同危险行为造成的损害应当作为一个整体来看待,这一损害后果是共同危险行为作为一个整体原因所导致的结果,而不考虑其中某一行为人的个别行为对损害有无因果关系。

三、共同危险行为的责任承担

(一) 归责原则

在共同危险行为致人损害的情形下,由于受害人无法判明致害人是谁,不可能去证明致害人的过错,因而适用推定过错责任,即从损害事实中推定共同危险行为人的共同过失,然后由共同危险行为人承担举证责任。

(二) 责任主体

共同危险行为的责任主体只有一个,即所有参与共同危险行为的人。参与共同危险行为的人是作为一个整体而存在的,若区分这个整体,则共同危险行为不复存在。

(三) 责任形式

与共同加害行为一样,共同危险行为的损害结果是不可分割的整体,是共同危险行为作为整体产生的结果,共同危险行为人对其行为应当承担连带责任。部分共同危险行为人因连带责任承担了全部赔偿责任的,可以向其他共同危险行为人追偿其应当承担的份额。由于每个共同危险行为人的行为都可能造成损害结果,不能确定原因力的大小,故在内部采取平均分担的方法来确定每个共同危险行为人的责任。

(四) 免责事由

共同危险行为的免责事由是,行为人能够证明其行为与损害后果之间不存在因果关系。

四、共同危险行为与共同加害行为的区别

共同危险行为与共同加害行为在行为人的主观过错方面和承担责任形式方面具有共同性,实践中极易混淆,需要严格加以区别。

1. 意思联络方面:大多数情况下,共同加害行为人之间都要求有意思联络;共同危险行为人之间却不需要。

2. 时间和地点方面:各共同加害人的行为可能在时间和地点上并不具有同一性,而各共同危险行为人的行为在时间和地点上必须具有同一性。

3. 行为人确定方面:各共同加害人是确定的、明确的,而共同危险行为人则不能确定。

4. 行为与损害结果之间的关系:各共同加害人的行为都确定造成了损害后果,而各危险行为人的行为只是可能造成了损害后果,其行为与损害后果之间的因果关系是一种法律推定。

实训测试

一、单项选择题

1. 赵某在公共汽车上因不慎踩到售票员而与之发生口角,售票员在赵某

第四章 共同侵权责任

下车之后指着他大喊:"打小偷!"赵某因此被数名行人扑倒在地致伤。对此应由谁承担责任?( )(2004年司法考试卷三第13题)

A. 售票员　　　　　　　　　B. 公交公司

C. 售票员和动手的行人　　　D. 公交公司和动手的行人

2. 张甲(20岁)与张乙(14岁)走到张丙家门口,见张丙家门口卧着一条花狗睡觉,张甲对张乙说,你拿一块石头去打花狗,看它有何反应,张乙照此办理。花狗被打以后朝乙追去,乙见势不妙忙躲在迎面走来的张丁的身后,花狗咬伤了张丁。张丁为此花去医药费500元。对此费用应如何承担?( )(2000年律师考试卷二第2题)

A. 主要由张丙承担,张乙的监护人承担适当部分

B. 主要由张乙的监护人承担,张丙承担适当部分

C. 主要由张甲承担,张乙的监护人承担适当部分

D. 主要由张乙的监护人承担,张甲承担适当部分

3. 关于共同过错的表述,不正确的是:( )

A. 共同过错可以是共同故意

B. 共同过错可以是共同过失

C. 共同过错可以是故意与过失的混合

D. 共同过错不能是故意和过失的混合

4. 共同加害人应对受害人承担:( )

A. 连带责任　　B. 按份责任　　C. 公平责任　　D. 均担责任

5. 甲酒后驾车,乙超速驾车,两车相撞,使一正常走路的路人丙受伤住院。则丙受伤的责任如何承担?( )

A. 甲、乙称两车相撞致丙受伤并没有事先商量,所以两人不承担连带责任

B. 应由甲、乙、丙三人各自平均分担

C. 应由甲、乙两人承担连带责任

D. 以上说法都不对

6. 某日,刘某与好友任某一起外出用猎枪打猎,忽见前面丛林中有一灰影闪动,二人同时举枪射击,不想击中的是在山中采蘑菇的农民。据查,该农民只被击中一枪,刘任二人的猎枪为同一型号,无法辨别是谁的枪击中了农民。若你是该农民聘请的律师,以下认定哪个是正确的?( )

A. 因为无法辨别加害人是谁,所以刘任二人不承担责任

B. 刘任二人已构成共同危险行为,应当承担连带责任

C. 刘某、任某各自承担相应责任

D. 应由林业局承担责任

7. 甲18周岁、乙9周岁二人在外面玩耍，乙的父母离异，对乙疏于管教。路过丙家的瓜田，甲对乙说："你去摘几个西瓜来吃"。乙听后，就去摘了几个回来。结果，乙摘的几个是丙专门培养的几个特制品种，瓜尚未熟透，造成了重大损失。对丙的损害如何承担?（   ）

A. 甲承担

B. 甲、乙连带承担，其中甲承担主要责任，乙的父母承担相应责任

C. 乙承担

D. 甲、乙分别承担，甲承担主要责任，乙的父母承担相应责任

二、多项选择题

1. 下列对共同加害行为的表述正确的是：（   ）

A. 侵权主体为两人以上　　　　B. 两个以上的侵权行为具有关联性

C. 各加害人具有共同过错　　　D. 损害结果具有单一性

2. 以下对共同危险行为的表述正确的是：（   ）

A. 两个或两个以上的行为人实施了共同危险行为

B. 各行为人主观上须有共同的故意

C. 各行为人的危险行为均有可能是造成损害结果的行为

D. 共同危险行为造成损害结果的发生

3. 吴某与王某均已成年，由于二人都喜好赌博，于赌场中结识，后结拜为异姓兄弟。吴某在某工厂轧钢车间工作，因吴某常常上班迟到，车间主任甲经常批评吴某。吴某认为车间主任与他过不去。某日，吴王二人一起喝酒，吴某叫王某帮他出口气，并给王某一把刀。王某趁酒劲，冲到甲的家里将甲刺伤。下列说法正确的是：（   ）

A. 吴某与王某的行为是共同侵权行为中教唆行为和帮助行为

B. 吴王二人对此应当承担连带责任

C. 吴王二人对此存在共同过错

D. 吴某并未实际参与伤人，只是提供了工具，承担次要责任，王某承担主要责任

4. 王某驾车在北京北三环行使，行至安贞桥一过街天桥时，桥上的甲、乙、丙三人分别将手中的矿泉水瓶子扔了下来，其中一个正中王某车玻璃。当时王某慌乱中将车撞到中间隔离带的树上，车辆修理费花费1000元。对王某的损失，说法正确的是：（   ）

A. 甲乙丙三人的行为属于共同危险行为，应对王某的损失给予适当的补偿

B. 如果甲能够证明砸中王某汽车玻璃的那只瓶子不是自己扔的即可免责

C. 如果甲能够证明砸中王某汽车玻璃的那只瓶子是丙扔的，则甲乙都不承担赔偿责任

D. 如果砸中王某汽车玻璃的瓶子是何人所扔无法查明，则甲乙丙须承担连带责任

三、案例题

1. 1995年7月1日晚9点，某市赵某驾驶一辆前进牌大卡车在经过一个十字路口时，与刘某驾驶的一辆夏利牌出租汽车相撞，刘某驾驶的汽车被撞翻到路边，正巧高某路过，来不及躲避，被压在车下，结果高某的右臂被压断。经过交通局认定，此次交通事故的原因如下：赵某、刘某都违反交通规则，车速超过了正常标准；高某行走在人行道内，并无违章现象。高某经住院治疗，花去医疗费等费用共计2万元，而且，右臂残废已不可避免，对以后的自己和家人的生活造成重大困难。为此，高某起诉到人民法院，要求赵某、刘某负连带赔偿责任，支付全部医疗费及今后的生活补助费。

问：

（1）赵某、刘某是否构成共同侵权？

（2）本案高某的损失应由谁承担责任，怎样承担？

2. 某日，被告谭某与其子修建房子，在挖架子坑时，将邻居刁某家的篱笆挖坏了一块。刁某出来制止，谭某不以为然，双方发生争吵，争执不下。谭子捡起一块砖头，要打刁某，刁某抢夺砖头，谭子将刁某的手指打伤。谭某见状，不仅不予制止，反而对谭子大喊："给我狠狠地打！出事我兜着。"谭子遂抄起挖坑的铁锹，照刁某头部砍去，当场将刁某砍倒。致其3×4厘米头皮裂伤，经治疗，损失医药费、误工费3000余元。刁某以谭某、谭子为被告，向法院起诉，请求判令二谭承担人身损害赔偿责任。

问：

（1）谭某与其子构成共同侵权行为吗？为什么？他们应负连带责任吗？

（2）如果谭某与其子及四个帮工修房子挖坑，向外丢泥土和石子，砸中路过的邻居刁某，他们的行为构成共同侵权行为吗？如果不构成共同侵权行为，又是什么行为呢？谭某能举证证明砸中刁某的石子不是他丢的，可以不负责任吗？为什么？

（3）如果刁某与谭子互殴，谭某喊号助威，刁某与谭子均受伤，责任怎么

划分？

实训测试参考答案及解析

一、单项选择题

1. C

【解析】《民法通则》第130条，《侵权责任法》第8条规定，二人以上共同实施侵权行为，造成他人损害的，应当承担连带责任。据此，共同侵权行为是指两个或两个以上的行为人，基于共同的过错包括故意或过失，共同实施加害，致使他人人身或财产受损的行为。本案中，售票员和动手的行人构成教唆共同侵权人的关系，售票员是教唆人，动手的行人（通常应理解为完全民事行为能力人）是被教唆人。《侵权责任法》第9条规定："教唆、帮助他人实施侵权行为的，应当与行为人承担连带责任。教唆、帮助无民事行为能力人、限制民事行为能力人实施侵权行为的，应当承担侵权责任；该无民事行为能力人、限制民事行为能力人的监护人未尽到监护责任的，应当承担相应的责任。"据此，售票员和动手的行人应对赵某的受伤承担连带责任。售票员的行为不是履行职务或授权的行为，不能由公司承担。故C项正确。

2. C

【解析】《侵权责任法》第78条规定："饲养的动物造成他人损害的，动物饲养人或者管理人应当承担侵权责任，但能够证明损害是因被侵权人故意或者重大过失造成的，可以不承担或者减轻责任。"第83条规定："因第三人的过错致使动物造成他人损害的，被侵权人可以向动物饲养人或者管理人请求赔偿，也可以向第三人请求赔偿。动物饲养人或者管理人赔偿后，有权向第三人追偿。"本题中，花狗咬伤张丁是由于张甲和张乙的挑唆行为引起的，即第三人的过错造成的，所以，依新的《侵权责任法》，张丁既可以请求动物饲养人张丙赔偿，也可以向第三人张甲、张乙请求赔偿。《侵权责任法》第9条规定："教唆、帮助他人实施侵权行为的，应当与行为人承担连带责任。教唆、帮助无民事行为能力人、限制民事行为能力人实施侵权行为的，应当承担侵权责任；该无民事行为能力人、限制民事行为能力人的监护人未尽到监护责任的，应当承担相应的责任。"本题中，张甲（20岁）是完全民事行为能力人，张乙（14岁）是限制民事行为能力人，张甲与张乙的行为构成了教唆共同侵权，应由张甲承担侵权责任。同时，张乙的监护人如果未尽到监护责任的，应当承担相应的责任。所以，

第四章 共同侵权责任

依据《侵权责任法》的新规定，C项表述也不够准确，该答案是依据《民法通则》和《民通意见》给出的。

此题现在应这样解析：①张丙家饲养的狗因为第三人的原因给张丁造成损害，根据《侵权责任法》第83条的规定，张丁既可以要求张丙承担责任，也可以要求第三人承担赔偿责任。也就是说，张丙与第三人承担不真正连带责任，张丙承担责任后可以向第三人全额追偿。②第三人为张甲与张乙，但张甲教唆限制民事行为能力人张乙侵权，根据《侵权责任法》第9条第2款的规定，如果张乙的监护人没有过错，由张甲单独承担责任，如果张乙的监护人未尽监护职责，则张乙的监护人应承担相应的责任。因此，如果受害人要求赔偿或者张甲承担责任后追偿，依照《侵权责任法》第9条第2款确定张甲与张乙监护人的责任。综上所述，本题已经没有合适的答案。所以提醒大家，时刻关注新的立法动态。

3. D

【解析】共同侵权中的共同过错可以是共同故意，也可以是共同过失，还包括故意与过失的混合。故只有D不正确。

4. A

【解析】共同侵权人承担连带责任是共同侵权制度的内容，目的在于最大限度的对受害人给予救济。故A正确。

5. C

【解析】甲、乙对丙的损害构成共同过失侵权。甲酒后驾车，乙超速驾车，两车相撞，属于道路交通事故，对丙的受伤甲、乙都是存在过失的，共同的过失构成共同过错，应承担连带责任。

6. B

【解析】刘任二人的行为是典型的共同危险行为。所谓共同危险行为也称"准共同侵权行为"，是指数人共同从事有侵害他人权利之危险性的行为，但不知道其中谁是加害人而令该数人承担连带赔偿责任的情形。

7. D

【解析】《侵权责任法》第9条则明确规定："教唆、帮助他人实施侵权行为的，应当与行为人承担连带责任。教唆、帮助无民事行为能力人、限制民事行为能力人实施侵权行为的，应当承担侵权责任；该无民事行为能力人、限制民事行为能力人的监护人未尽到监护责任的，应当承担相应的责任。"据此，监护人尽到监护职责的，监护人不承担责任，教唆人承担全部责任；监护人没有尽到监护职责的，监护人承担与其过错相当的责任，其余责任由教唆人承担。

二、多项选择题

1. ABCD

【解析】共同加害行为具有四个特征：主体的复数性，主观过错的共同性，行为的共同性，结果的同一性。ABCD 正确。

2. ACD

【解析】共同危险行为的特征：1. 共同危险行为人均实施了侵害他人权利的危险行为，即他们的行为在客观上都有侵害他人财产和人身的可能。2. 共同危险行为人的行为已造成了损害后果，但却不能判明是何人所致。3. 共同危险行为人在主观上存在共同过错。这种过错一般为共同过失，而且是一种推定过错。如果为共同故意，则构成共同加害行为。故只有 B 是错误的。

3. ABC

【解析】《侵权责任法》第 9 条规定："教唆、帮助他人实施侵权行为的，应当与行为人承担连带责任。教唆、帮助无民事行为能力人、限制民事行为能力人实施侵权行为的，应当承担侵权责任；该无民事行为能力人、限制民事行为能力人的监护人未尽到监护责任的，应当承担相应的责任。"本题中，吴某叫王某帮他出口气，并给王某一把刀。王某趁酒劲，冲到甲的家里将甲刺伤，属于典型的共同侵权行为中的教唆行为和帮助行为，题干已明示，吴某与王某均已成年，对此，两人应承担连带责任。对外的连带责任不存在主、次之分。

4. CD

【解析】本题属于共同危险行为。共同危险行为是指数人共同从事有侵害他人权利之危险性的行为，但不知道其中谁是加害人而令该数人承担连带赔偿责任的情形。是赔偿责任，而非补偿责任，故 A 错误，D 正确。共同危险行为的免责事由是，行为人能够证明其行为与损害后果之间不存在因果关系。故 C 正确，B 错误。

三、案例题

1.【解析】（1）赵某、刘某的行为已经构成共同侵权。本案中，赵某、刘某的行为构成共同侵权行为中的共同加害行为。因为，赵某、刘某违反交通规则，均存在过失，且该过失行为造成高某的损害。

（2）赵某、刘某应对高某的损失承担连带责任。根据《民法通则》第 130 条规定："二人以上共同侵权造成他人损害的应当承担连带责任。"本案中，赵某、刘某的行为构成共同侵权，故应对高某的损失承担连带赔偿责任。赵某、刘某对高某的损失承担连带责任以后，应根据他们各自过错的大小以及对损害结果发生的作用不同，在其内部进行责任分配。

2.【解析】(1) 构成。《侵权责任法》第9条规定，教唆、帮助他人实施侵权行为的，应当与行为人承担连带责任。根据题干信息，谭某见状，不仅不予制止，反而对谭子大喊："给我狠狠地打！出事我兜着。"属于教唆的侵权，这是共同侵权的一种。故应负连带责任。

(2) 不构成共同侵权行为，而是共同危险行为。因为此种情况下，数人的行为都可能造成损害结果，但无法判断真正的侵权人，此乃共同危险行为。不可以免责。因为共同危险行为的免责事由是，行为人能够证明其行为与损害后果之间不存在因果关系。不是只要证明不是自己扔的就可免责，这对受害人来说也是不公平的。

(3) 刁某与谭子互殴，这意味着两人都存在过错，在其均受伤的情况下，应根据各自的过错承担相应的责任。但谭某的喊号助威，在一定程度上以语言的刺激给其子提供了精神的帮助，属于帮助的共同侵权，对此，谭某及其子应承担更多的责任。

第五章 侵权责任的抗辩事由

【本章导读】

抗辩事由是被告对原告诉讼请求的对抗，是侵权责任承担当中的一个必不可少的部分。侵权责任的抗辩事由，是指加害人针对受害人提出的民事赔偿请求，提出合理原因，要求免除或减轻其赔偿责任的事实。抗辩事由根据其性质可以分为正当理由抗辩与外来原因。正当理由抗辩，是指加害人虽然实施了对受害人构成损失的行为，但其行为是正当的、合法的。正当理由包括：正当防卫、紧急避险、依法行使权利与执行职务行为、自助行为、受害人同意五种，其中《侵权责任法》对正当防卫、紧急避险作出了明确的规定，而对其余的三种并没有作出明确的规定，基于从实践角度出发，将其三种归入正当理由之内。外来原因，是指损害的发生不是被告的行为造成的，而是被告之外的其他原因造成的，根据外来原因的不同可分为：不可抗力、受害人过错、第三方过错三种。

【导引案例】

案情介绍：

2008年7月某日，洛阳地区普降特大暴雨，张某驾驶单位轿车前往洛阳，行至某立交大桥时，因机动车道积水不能通行，于是在非机动车道行驶。此时，由于公路总段负责养护维修的公路防护墙因被雨水长时间浸泡，导致50多米长的防护墙倒塌将路过此地的张某的车砸毁，张某当场死亡，张某亲属以公路总段为被告向法院提起诉讼。

问题： 公路总段是否可以依照不可抗力免责？为什么？

分析提示：

公路总段不能以不可抗力为由免责。

所谓不可抗力，是指不能预见、不能避免和不能克服的客观情况。《侵权责任法》第29条规定："不可抗力造成他人损害的，不承担责任。法律另有规定的，依照其规定。"本案中，公路总段对防护墙的倒塌这一客观事实应该预见且能够避免，所以不可抗力不能作为其免责理由。

第一节 正当理由的抗辩

一、正当理由抗辩概念及特征

(一) 正当理由抗辩的概念

正当理由的抗辩，是指行为人的行为虽然在客观上造成他人损害，但该行为具有侵权责任法上的正当性和合法性，因而行为人可以以这种正当性和合法性作为抗辩事由，主张不承担民事责任。正当理由包括：正当防卫、紧急避险、依法行使权利与执行职务行为、自助行为、受害人同意五种。其中《侵权责任法》对正当防卫、紧急避险作出了明确的规定，而对其余的三种并没有作出明确的规定，基于从实践角度出发，将其三种归入正当理由之内。

(二) 正当理由抗辩的特征

1. 行为人实施了某种行为，而且这种行为在客观上致人损害，行为与损害之间存在因果关系。
2. 行为人实施某种行为，而且这种行为是法律（主要是民事法律）所允许的，因而该行为具有合法性。
3. 法律对各种正当理由的抗辩事由一般具有明确的规定，对于另一些正当理由，则可以从立法精神及对法律条文的解释中揭示出来。

二、正当防卫

(一) 正当防卫的概念

正当防卫，是指行为人为了保护自己或者他人的合法权益，对于正在进行的不法侵害所采取的必要限度内的防卫措施。《侵权责任法》第30条规定：因正当防卫造成损害的，不承担责任。正当防卫超过必要的限度，造成不应有的损害的，正当防卫人应当承担适当的责任。

（二）正当防卫的构成要件

正当防卫是为了保护合法利益而对非法行为人实施的损害，其基本思想是"合法不让非法"，"正当"体现于"合法"之中。但正当防卫在实施的过程中毕竟会对他人造成损害，所以法律对其构成条件有必要限制，主要有以下四个方面：

1. 对象条件。正当防卫的对象条件包括正当防卫所针对的行为与其所针对的行为人（行为的实施者）两个方面。针对的行为和行为人都具有不法侵害性。对合法行为不得实施所谓的防卫，实施防卫行为也必须针对侵权行为人本人，而不得对其他人（如其亲属）实施。

2. 目的条件。正当防卫的目的条件是正当防卫作为侵权责任法上的免责事由的根据，也是正当防卫权利存在的基础。正当防卫必须是为了保护自己或他人的合法利益免遭不法侵害。

3. 时间条件。正当防卫的防卫行为必须是针对正在进行的不法侵害行为。所谓的"事前防卫"和"事后防卫"都不具有正当性。

4. 限度条件。正当防卫的防卫方式和强度是密切联系的，一种比较温和的防卫方式一般所能达到的强度有限，相反一种比较激烈的防卫方式则能达到很高的强度。防卫所使用的力量强度要与侵害强度相适应。防卫超过必要的强度，则可能构成防卫过当。

（三）正当防卫的效果与防卫过当的民事责任

1. 正当防卫的效果。在必要限度内进行正当防卫，即便给被防卫人造成损害，防卫人也不承担民事责任。

2. 防卫过当的民事责任。防卫过当即防卫超过必要的限度，是指防卫人实施的防卫行为虽然符合正当防卫的对象条件、目的条件、时间条件，但不符合正当防卫的限度条件，或者选择的防卫方式不当或者使用的力量过度，而造成被防卫人（不法行为人）过重的或不应有的人身或财产损失。我国《侵权责任法》第30条规定："正当防卫造成损害的，不承担责任。正当防卫超过必要的限度，造成不应有的损害的，正当防卫人应当承担适当的责任。"

三、紧急避险

（一）紧急避险的概念

紧急避险，是指为了使本人或者第三人的人身或财产或者公共利益免遭正在发生的、实际存在的危险不得已采取的一种加害于他人人身或财产的损害行为。我国《侵权责任法》第 31 条规定："造成损害的，由引起险情发生的人承担责任。如果危险是由自然原因引起的，紧急避险人不承担责任或者给予适当补偿。紧急避险采取措施不当或者超过必要的限度，造成不应有的损害的，紧急避险人应当承担适当的责任。"

（二）紧急避险的构成要件

1. 采取紧急避险必须是危险正在发生，并威胁着公共利益、本人或他人的利益。如果危险已经消除或尚未发生，或者已经发生但并不会造成对合法利益的侵害，则不得采取紧急避险。

2. 必须是在不得已的情况下采取避险措施。如果不采取紧急避险措施，就不能保全更大的利益。

3. 在面临紧急危险时，避险人应采取适当的措施，以尽可能小的损害保全较大的利益。

（三）紧急避险超过必要限度的后果分担

根据《侵权责任法》第 31 条的规定，可以分为以下几种情形：

1. 险情是由自然原因引起的。如果险情是由自然原因引起的，紧急避险人只是对超过必要限度部分的损害（即大于其所保护的合法利益的部分或说不应有的损害部分）承担适当的民事责任，而受益人应对受害人在紧急避险的必要限度内的损失给予适当补偿。

2. 险情是由第三人引起的。如果险情是由第三人引起的，紧急避险人只是对超过必要限度部分的损害承担适当的民事责任，险情的引起者应对受害人在紧急避险的必要限度内的损失承担全部赔偿责任。

3. 险情是由避险行为人引起的。如果险情是由避险行为人自己引起的，他应对避险行为造成的一切损害后果承担民事责任。

（四）紧急避险与正当防卫的区别

紧急避险与正当防卫一样，都是排除损害的合法行为。但两者之间存在一定的区别，具体表现在以下几个方面：第一，危险来源不同。在正当防卫情况下，危害来源于人的行为，而在紧急避险情况下，危险既可能来源于人的行为，也可能来源于自然原因。第二，针对的对象有所不同。正当防卫只能针对实施不法侵害的行为人实施，而不能针对未从事侵害行为的人实施，但紧急避险行为一般只针对第三者或紧急避险人造成损害，而不会损害非法侵害者本人。第三，法律后果不同。任何人均不对必要限度内的正当防卫负赔偿责任，但即便是必要限度内的紧急避险，受害的第三人原则上也应从受益一方获得赔偿。

四、其他正当理由的抗辩

（一）依法行使权利与执行职务

依法行使权利与执行职务，造成损害而行为人不承担赔偿责任。这是因为这种行为具有法律所要求的正义性和合法性，法律的尊严和法定权利不仅支配一般公民的法律情感，也决定一个行为的性质及其后果承担。

1. 依法行使权利。依法行使权利，是指自然人、法人或其他组织依据法律的规定行使权利的行为。依法行使权利作为正当理由的抗辩，应当具备以下条件：（1）必须有合法的授权。当事人行使其权利通常是由法律直接规定的。（2）不得滥用权利。禁止民事权利之滥用，为现代民法的基本原则之一。根据这一原则，一切公民和法人在享有民事权利时，均负有不得滥用其权利的义务。行为人依法行使权利只有在遵循这一原则的前提下才可主张正当理由的抗辩。

2. 依法执行职务。依法执行职务，是指在公法领域，行为人履行法定职责，虽然给他人造成某种损害，但由于其行为的正义合法性，而不承担赔偿责任。依法执行职务作为正当理由的抗辩，应当具备以下条件：（1）执行者具有合法授权；（2）执行职务的程序和方式必须合法；（3）造成损害是执行职务所不可避免的或必要的；（4）损害不得超过必要的限度。

（二）受害人同意

受害人同意，是指由于受害人事先明确表示自愿承担某种损害结果，行为人在其所表示的自愿承担的损害结果的范围内对其实施侵害，而不承担民事责任。也有学者称之为"受害人允诺"。

作为正当理由抗辩事由之一的受害人同意，应当具备以下构成要件：（1）受害人事先明示的真实意思。受害人的同意应当是在加害行为实施之前表示出来的，且一般应当是明示的。但在某些条件下，符合法律要求或民事习惯的受害人默示的意思表示也可得到承认。（2）行为人主观上的善意。行为人主观上的善意应当是受害人同意这种正当理由抗辩事由的构成要件。（3）不超过同意的范围和限度。行为人对受害人实施加害，不得超过受害人同意的范围和限度，否则应对超出限度和范围的损害承担赔偿责任。(4) 受害人的同意不得违反法律与社会公序良俗。

(三) 自助

自助,是指行为人(债权人)于情势紧急无法求助公权保护自己的合法权益时,而对债务人的财产或人身实施的一种符合必要限度要求的强制性措施。在现代法治社会,民事纠纷宜通过当事人之间的平等协商解决,协商不成者则应努力寻求国家公权的裁判救济,原则上不鼓励私人之间以强权的方式加以解决。

作为正当理由抗辩事由之一的自助,应当具备以下构成要件:(1) 目的要件。行为人实施自助行为,其目的是为了保护自己的合法权益,这与正当防卫和紧急避险的目的条件不尽相同。对于非法利益,不得采取自助方式进行保护。(2) 情势要件。自助行为必须于情势紧急而无法求助公权救济之时为之。(3) 对象要件。自助行为必须是针对债务人的财产或人身实施,不得对他人(如其亲属)的人身或财产实施自助行为。(4) 限度要件。对债务人实施自助行为,不得超过必要的限度。如果是对其财产实施扣押,以足以保护债权人的利益为限;如果是对其人身实施强制,以足以控制债务人使其无法脱逃为限。自助超过必要的限度,或自助行为人趁机损坏债务人的财产、加害其人身,行为人均依照《国家赔偿法》的规定处理。

第二节 外来原因

一、不可抗力

(一) 不可抗力的概念

不可抗力,是指不能预见、不能避免并不能克服的客观情况。我国《侵权责任法》第29条规定:"因不可抗力造成他人损害的,不承担责任。法律另有规定的,依照其规定。"不可抗力是减轻或者免除当事人违约责任和责任的一般性抗辩事由。

(二) 不可抗力的种类

1. 自然原因的不可抗力。达到一定强度的自然现象如地震、台风、洪水、火山爆发等，为自然原因的不可抗力，自然原因的不可抗力构成不可抗力的主要部分。作为不可抗力的自然现象，必须具备一定的条件，包括：(1) 不可预见性。行为人对于某些具有强大强制力的自然现象无法预见是抗辩的必要条件，能否预见的标准是对于普通人应以一个一般善意之人的认知能力和关注程度判断；对于负有特殊义务或责任的人应以一个具有相关专业知识的人的认知能力和特别关注程度判断。(2) 不可避免并不能克服。这一条件要求作为不可抗力的自然现象具有强大的强制力，足以产生一般人无法抵抗的破坏后果，即使当事人尽到一个一般善意之人乃至专业人员应尽的各种努力，也不能免于损害。(3) 客观性。作为不可抗力的自然原因，总是客观的而不是任何人为的因素造成的。

2. 社会原因的不可抗力。社会原因的不可抗力，是指由于社会矛盾激化而构成的不能预见、不能避免并不能克服的客观情况。例如，战争、武装冲突等。社会原因的不可抗力，必须具备三个条件：(1) 不可预见性。(2) 不可避免并不能克服。(3) 原因的社会性，即产生这一事件的原因来自于社会，而不是由于当事人过错、第三人过错、国家行使行政司法权力或者自然现象。

3. 国家原因的不可抗力。国家原因，是指因为国家行使行政、司法职能而导致损害之发生或扩大。国家原因在某些特殊条件之下也属于不可抗力的范围。

在实践中，作为不可抗力的国家原因较多地发生在合同关系领域，较少发生在侵权责任领域。

二、受害人过错

受害人过错，是指损害的发生或扩大非因加害人过错，而是由于受害人的过错而发生的情形。《侵权责任法》第26条规定："被侵权人对损害的发生也有过错的，可以减轻侵权人的责任。"受害人过错作为抗辩事由必须具备以下条件：

1. 受害人主观上有过错而且达到了法定的严重程度。
2. 受害人实施了某种行为。该行为不限于积极的行为，消极的行为也包括在内。
3. 受害人的行为与损害之间存在因果关系。受害人的行为构成损害之发生或扩大的原因，这是以受害人过错作为抗辩理由的构成要件之一。作为损害的原因，受害人的行为或者引起损害之发生，或者扩大之范围、程度。

4. 受害人主张损害赔偿。只有在受害人主张损害赔偿时，加害人一方以受害人的过错作为抗辩理由才有意义。

三、第三方过错

第三方过错是从被告的角度将其作为一种减轻或者免除被告侵权责任的抗辩事由来进行研究的，是指加害人与受害人之外的人对损害的发生具有过错的情形。《侵权责任法》第28条规定："损害是因第三人造成的，第三人应当承担侵权责任。"第三方过错作为抗辩事由必须具备以下条件：

1. 第三人有过错。第三人在主观上有过错，包括故意和过失两种基本形态。第三人主观上有过错是被告主张抗辩的责任基础，如果不能证明第三人的过错则不能主张此抗辩。

2. 第三人基于过错实施了加害行为。第三人不仅仅停留在主观上具有过错的阶段，而是在这种过错心理状态的控制或驱使下实施了某种行为，这种行为损害了他人的合法民事权益因而具有违法性。

3. 第三人的过错行为构成损害发生或扩大的原因。只有在第三人的行为构成损害发生或者扩大的原因时，被告才得以"无过错"为抗辩，主张减轻责任或免责。

实训测试

一、单项选择题

1. 一住店客人未付房钱即离开旅馆去车站，旅馆服务员见状揪住他不让走，并打报警电话。客人说"你不让我走还限制我自由我要告你们旅馆，耽误了乘火车要你们赔偿"。旅馆这样做的性质应如何认定？（　　）（2002年司法考试卷三第16题）

A. 属于侵权，是侵害人身自由权　　B. 属于侵权，是积极侵害债权
C. 不属于侵权，是行使抗辩权之行为　　D. 不属于侵权，是自助行为

2. 某日晚，王某等三人在市某路口招了张某所驾驶的无任何出租、营运标志的夏利汽车。在该车行驶过程中，与一辆外省货运车相撞，致使王某面部受伤，经法医鉴定构成轻伤。事后，王某为治疗花去医药费等费用若干。王某就责

任承担与张某发生纠纷，二人无法达成协议，王某诉至法院。经交警部门鉴定，此次事故，张某负次要责任，外省汽车负主要责任。对本案的责任承担下列哪项说法是正确的？（　　）

　　A. 张某和王某责任对半承担

　　B. 王某承担全部责任，张某不承担任何责任

　　C. 王某承担大部分的责任，张某承担少部分的责任

　　D. 可以按照过失相抵原则，适当减轻加害人张某的责任

　　3. 陈某抢劫出租车司机王某，用匕首刺王某一刀，强行抢走财物后下车逃跑。王某发动汽车追赶，在陈某往前跑了50米处将其撞成重伤并夺回财物。关于王某的行为性质，下列哪一项是正确的？（　　）

　　A. 法令行为　　B. 紧急避险　　C. 正当防卫　　D. 自救行为

　　4. 甲在乙经营的酒店进餐时饮酒过度，离去时拒付餐费，乙不知甲的身份和去向。甲酒醒后回酒店欲取回遗忘的外衣，乙以甲未付餐费为由拒绝交还。对乙的行为应如何定性？（　　）（2005年司考卷三第6题）

　　A. 是行使同时履行抗辩权　　　B. 是行使不安抗辩权

　　C. 是自助行为　　　　　　　　D. 是侵权行为

二、多项选择题

　　1. 甲饲养的一只狗在乙公司施工的道路上追咬丙饲养的一只狗，行人丁避让中失足掉入施工形成的坑里，受伤严重。下列哪些说法是错误的？（　　）（2009年司考卷三第70题）

　　A. 如甲能证明自己没有过错，不应承担对丁的赔偿责任

　　B. 如乙能证明自己没有过错，不应承担对丁的赔偿责任

　　C. 如丙能证明自己没有过错，不应承担对丁的赔偿责任

　　D. 此属意外事件，甲、乙、丙均不应承担对丁的赔偿责任

　　2. 作为正当理由抗辩之一的自助，应当具备以下构成要素：（　　）

　　A. 其目的是为了保护自己的合法权益

　　B. 自助行为必须于情势紧急而无法求助公权救济之时为之

　　C. 自助行为必须是针对债务人的财产或人身实施，不得对他人（如其亲属）的人身或财产实施自助行为

　　D. 不得超过必要的限度

　　3. 李某患有痴痫病。一日，李某骑车行走时突然犯病，将在路边玩耍的7岁儿童李军撞伤，花去医疗费共计1000元。该案责任的承担上，下列哪项表述

是正确的？（   ）

    A. 李某致害，应当赔偿全部损失

    B. 双方都无过错，应分担责任

    C. 李军的家长未尽到监护责任，应当由其承担损失

    D. 应根据双方的经济情况进行分担损失

4. 甲见乙要挥锹打丙，上前制止。乙挥锹打伤甲。对于甲所受的损害应由谁承担责任？（   ）

    A. 由乙承担民事责任

    B. 由丙承担民事责任

    C. 如果乙无力承担，由甲自己承担

    D. 如果乙无力承担，由丙给予适应的补偿

5. 在侵权之诉中，被告人可援引一定的事由进行抗辩。在下列事由中，哪些抗辩事由既可适用于一般侵权的民事责任，又可适用于特殊侵权的民事责任？（   ）

    A. 意外事件   B. 不可抗力

    C. 正当防卫   D. 受害人过错

6. 村民甲（18 周岁）路过村民乙家门口时，用一块石头向乙家所养且卧在乙家门口的狗打去，该狗立即扑向甲，甲因跑得快未被狗咬，狗咬伤了甲旁边的行人丙。丙因躲避，将路边丁叫卖的西瓜踩碎 3 个。丙因治伤支付医药费 200 元。丁的 3 个西瓜价值 26 元。对丙、丁的损失应由谁来进行赔偿？（   ）

    A. 丙的损失由甲赔偿   B. 丁的损失由丙赔偿

    C. 丙的损失由乙赔偿   D. 丁的损失由甲赔偿

三、案例题

1. 张明的 10 亩小麦地紧靠在公路边上，公路两边是两排高大茂密的白杨树。2010 年 8 月的一天张明割了一亩多地麦子，坐在树荫底下休息，不时地逗逗路边邻居家正在公路上玩耍的两个小孩。突然，张明看见东边开来一辆大众牌汽车，速度非常快，与此同时，从西边也开来一辆吉普车，速度也很快。这么窄的公路，两辆车速度又这么快，小孩还在路中间，太危险了。张明脑子里转了这个念头后，即迅速站起，一面奔向小孩，一面高喊让小孩躲开。两辆车马上就要相撞，在这千钧一发的时刻，张明疾步奔到小孩跟前，一左一右把两小孩都推进路边的小水沟里，自己也滚到沟里，吉普车也在此刻被大众牌汽车撞翻。两个小孩都幸免于难，张明松了一口气，缓缓地爬了起来，一个小孩挣扎着也已爬起，

但另一小孩却没动静。张明过去一看，原来在自己推这个小孩时，将其头碰到了水沟里的一块石头上。张明赶紧抱着小孩往村医务室跑，医务室医生又让其到乡医院去。经诊断，该小孩得了严重的脑震荡，住院治疗后，仍留下后遗症。该小孩父母以故意伤害罪将张明告到法院。

问：张明的行为是属否于紧急避险？为什么？

2. 周某与王某系邻居小伙伴。两人一起玩时见到邻居陈某（男，25岁）带着家犬散步。当两小孩走近时，陈某赶紧将狗牵至别处。但周某却缠着陈某要牵狗玩玩。陈某始终未答应。后来两小孩假装离开。陈某见无他人遂将狗拴在树上到楼内解手去了。周某见状跑去解开拴狗绳并叫王某一道玩。王某因害怕未过去，周某遂指使狗追咬王某。结果狗将王某咬伤。后王某之父起诉到法院，要求陈某赔偿医药费。

试问：陈某是否存在过错，是否应当承担赔偿责任？

实训测试参考答案及解析

一、单项选择题

1. D

【解析】自助行为，是民事主体情势紧迫来不及请求公力救济时为保护自己的权利，对他人的人身自由予以约束或对他人的财产予以扣押的行为。本题中，住店客人未付房钱即要离开旅店去车站，旅馆服务员见状揪住他不放，并打报警电话，该行为完全符合自助行为的构成要件，不构成侵权。故A、B、C项错误，D项正确。

2. D

【解析】依据《侵权责任法》第26条和《民法通则》第131条规定，受害人对于损害的发生也有过错的，可以减轻侵害人的民事责任。在本案中，张某无客运证等合法手续非法揽客承运，虽在此次事故中仅负次要责任，但对于王某的损害而言，具有明显的过错。而王某明知张某所驾驶车辆载客无合法标志手续，仍租用车，由于疏于注意，使本不该发生的损害发生，对自己此次利益受损也存在过错。因而在本案中，可以根据过失相抵原则，适当减轻加害人张某的责任。

3. C

【解析】陈某抢走财物时尚未离开现场，所以不法侵害还没有结束，还处于"犯罪过程中"。法令行为，是指基于成文法律、法令、法规的规定，作为行使权利或者承担义务所实施的行为。自救行为,是指合法利益受到侵害的人,依靠自己的力量救济合法利益的行为。紧急避险,是指为了使国家、公共利益、本人或者他人人身、财产等其他权利免受正在发生的危险,不得已损害另一较小或者同等法益的行为。

4. C

【解析】本题中,遗忘的外衣与未付餐费之间既不具有牵连关系,也没有对价。因此不能认定为同时履行抗辩权或者不安抗辩权。其次需要判断乙的行为是否具有合法性,从而确认乙的行为属于侵权行为还是自助行为。自助行为是民事主体为保护自己的权利,对他人的人身自由予以约束或对他人的财产予以扣押或毁损的行为。鉴于甲有不履行义务的行为,且甲为不特定的合同主体,如果乙不采取措施,必然导致乙没有办法追究甲的法律责任,因此乙有权在甲不履行义务的情况下,拒绝交还义务,当属于自助行为。

二、多项选择题

1. ACD

【解析】我国《侵权责任法》第78条规定:"饲养的动物造成他人损害的,动物饲养人或者管理人应当承担侵权责任,但能够证明损害是因被侵权人故意或者重大过失造成的,可以不承担或者减轻责任。"该条确立的饲养动物致人损害责任属于无过错责任,即使动物饲养人证明自己没有过错,仍然要承担责任,故A、C两项错误。《侵权责任法》第91条规定:"在公共场所或者道路上挖坑、修缮安装地下设施等,没有设置明显标志和采取安全措施造成他人损害的,施工人应当承担侵权责任。"该条确立的地面施工责任属于过错推定责任,如果乙能够证明自己没有过错,则不承担责任,故B项正确。意外事件,是指行为在客观上造成了损害,但是行为人在主观上既没有故意也没有过失,而是由于不可抗拒或者不能预见的原因造成的。本题中动物侵权与地面施工造成的侵权属于特殊侵权的范围,而非意外事件。因此,D项错误。

2. ABCD

【解析】自助应当具备以下构成要件:(1)为了保护自己的合法权益。(2)情势紧急而无法求助公权救济之时为之。(3)针对债务人的财产或人身实施,不得对他人(如其亲属)的人身或财产实施自助行为。(4)不得超过必要的限度。故ABCD正确。

3. BD

【解析】《侵权责任法》第24条规定:"受害人和行为人对损害的发生都没

有过错的，可以根据实际情况，由双方分担损失。"本题中的情形属于双方都没有过错，应当分担责任。

4. AD

【解析】《侵权责任法》第23条规定："因防止、制止他人民事权益被侵害而使自己受到损害的，由侵权人承担责任。侵权人逃逸或者无力承担责任，被侵权人请求补偿的，受益人应当给予适当补偿。"第31条规定："因紧急避险造成损害的，由引起险情发生的人承担责任。如果危险是由自然原因引起的，紧急避险人不承担责任或者给予适当补偿。紧急避险采取措施不当或者超过必要的限度，造成不应有的损害的，紧急避险人应当承担适当的责任。"故AD正确。

5. BC

【解析】本题比较好的答题方法是采用排除法：在采用无过错责任的特殊侵权行为中，意外事件不能免责，故选项A不正确；某些特殊侵权行为，如高危作业致损的免责条件是"受害人故意"，故选项D不正确。因此选BC。

6. AD

【解析】《侵权责任法》第31条规定："因紧急避险造成损害的，由引起险情发生的人承担责任。如果危险是由自然原因引起的，紧急避险人不承担责任或者给予适当补偿。紧急避险采取措施不当或者超过必要的限度，造成不应有的损害的，紧急避险人应当承担适当的责任。"本题中，丙躲闪的行为属于紧急避险。既然是紧急避险，由于险情是由第三人引起的，应当由第三人承担责任。另外，饲养动物致人损害的免责事由为第三人或者受害人的过错。在本案中是由第三人引起的，因此，动物饲养人不承担责任。

三、案例题

1. 【解析】张明的行为应是紧急避险。紧急避险是在法律所保护的权益遇到危险而不可能采用其他措施加以避免时，不得已而采用的损害另一个较小权益以保护较大权益免受危险损害的行为。根据紧急避险的条件得出本案中，张明在吉普车和大众汽车即将相接，小孩面临生命危险的时候，当机立断，为拯救小孩生命而将其推向路边小水沟，这是迫不得已而为之的，且相对死亡来说受伤是较小的损害，故张明的行为应是紧急避险。

2. 【解析】陈某不存在过错。《侵权责任法》第83条规定："因第三人的过错致使动物造成他人损害的，被侵权人可以向动物饲养人或者管理人请求赔偿，也可以向第三人请求赔偿。动物饲养人或者管理人赔偿后，有权向第三人追偿。"从本案情况看，陈某在两小孩靠近狗时，陈某有意将狗牵开以免危及两小孩的人身安全。当周某缠着要牵狗玩时，陈某又始终加以拒绝，甚至去解手时发现附近无人仍将狗拴在树上而非任其自由活动。至于周某趁机解开拴在树上的狗，陈某无从预见。因此，王某被咬伤系由周某的过错行为所致，陈某不存在过错。因周某为无民事行为能力人，依据《民法通则》第133条之规定，应由周某的监护人承担赔偿责任。

第六章 侵害人身权的民事责任

【本章导读】

人身权，又称人身非财产权，是民事主体依法享有的，与其人身不可分离而无直接财产内容的法定民事权利，具有法定性、专属性、对世性、非财产性和支配性等特征。人身权是民事主体享有的最基本的民事权利，也是其他民事权利得以享有和行使的前提，是建立与维持有序社会关系和构成权利制衡结构所不可缺少的制度。

作为绝对权，人身权是侵权行为法最重要的救济对象，所以，侵害人身权的民事责任是侵权法的重要制度。人身权包括人格权和身份权，人格权，是指民事主体依法享有的为维护自己的生存和尊严而必须具备的，以人格利益为客体的权利。主要包括：生命、身体、健康、姓名、肖像、隐私、名誉、荣誉等权利；身份权，是指基于一定身份关系的存在而形成的人身权利，主要包括配偶权、亲权和亲属权。对他人的人身权，任何人都有不加侵害的防免义务，违反该义务，就须承担相应的侵权民事责任。本章主要针对侵害人格权展开。

【导引案例】

案情介绍：

原告肖伟和被告杨来系同事关系，平时关系很好。2008年6月，被告杨来为了同原告开个玩笑，起草了一份征婚广告，按原告的实际情况介绍了其年龄、身高、学历、工资收入、住房等情况，以原告的名义寄给《青年杂志》。2008年11月，《青年杂志》在"鸿雁往来"专栏中登出了这则广告。广告登出不久，肖伟便收到了许多异性来信，要同其建立恋爱关系。而此时，原告肖伟已经结婚。其妻得知这一情况后，便同其发生争吵，给原告肖伟造成较大的精神压力。事到此时，有人向原告反映此事是被告杨来所为，被告杨来也向肖伟说明了事情的原委，并反复强调，只是想同原告开玩笑，没想到造成这样的结果。原告肖伟坚持要被告杨来消除影响和赔偿精神损失，被告杨来认为只是开玩笑，谈不上赔偿损失的问题。原告遂于2009年10月向法院起诉。问题：

（1）本案被告的行为是否属于侵权行为？如属于，侵害了原告的什么权利？为什么？

（2）本案原告请求被告赔偿精神损害是否有法律依据？为什么？

分析提示：

（1）被告的行为属于侵权行为。被告侵害原告的姓名权。因为，《民法通则》第99条规定，公民享有姓名权，有权决定、使用和依照规定改变自己的姓名，禁止他人干涉、盗用、假冒。姓名权，是指公民决定、使用和依照规定改变自己姓名的权利，其内容包括姓名决定权、姓名使用权和姓名变更权。公民的姓名权受法律保护。侵害姓名权的行为包括干涉他人行使姓名权的行为、不使用他人姓名的行为、盗用他人姓名的行为和假冒他人姓名的行为。本案中，被告杨来为完全民事行为能力人，他未经原告肖伟的同意，以其姓名登征婚广告，虽然其动机是为了与原告开玩笑，但在客观上损害了原告的利益，给原告造成了伤害，其行为应认定为盗用他人姓名的侵权行为。

（2）原告请求被告赔偿精神损害有法律依据。《民法通则》第120条规定，公民的姓名权、肖像权、名誉权、荣誉权受到侵害的，有权要求停止侵害，恢复名誉，消除影响，赔礼道歉，并可要求赔偿损失。依照最高院《精神损害赔偿解释》第1条规定，侵害公民姓名权的行为，受害人请求精神损害赔偿的人民法院应予受理。上述法律规定构成了侵害公民姓名权损害赔偿的法律依据。侵害公民姓名权行为的责任承担方式主要为，停止侵害、恢复名誉、消除影响和赔礼道歉，但精神损害赔偿也可作为侵害姓名权的责任承担方式，以更好地抚慰受害人的心灵。[①]

第一节 人身权的概述

一、人身权的概念

人身权，又称人身非财产权，是人格权和身份权的合称，是指民事主体依法享有的，与其人身不可分离而无直接财产内容的民事权利。它是民事主体依法进行民事活动的前提和基础，是民事主体所享有的最基本的民事权利，与民事主体具有不可分离的性质。自然人可能因为某种法定原因丧失某种财产权利或者政治权利，但不可能丧失基本的人身权利。例如，某人可能因为犯罪被剥夺政治权利，或者因故意杀害被继承人而丧失继承权，但其作为自然人依法享有的人身权

---

① 李仁玉、陈敦：《民法教学案例》，法律出版社2004年版，第288页。

仍依法受到保护。人身权是民事主体从事民事法律行为,设定、取得、变更或者放弃其他民事权利的基础,特别是民事主体取得财产权的前提。例如,自然人家庭成员之间的身份权是取得继承权的前提;法人没有名称权,其经营活动就难以正常进行。

二、人身权的法律特征

(一) 法定性

根据民事权利的产生方式,可以将其分为法定权利和约定权利。人身权利的取得基于法律的直接规定,而无须民事主体之间的特别约定。人身权的种类、内容、取得和保护方法等都依赖于法律的规定,尽管某些民事权利的取得,需要民事主体一定的行为,但该行为所能产生的权利则是法律预先设定的,民事主体不能在法律规定之外自由创设新的人身权类型,也不能通过约定改变人身权的内容。例如,家长给新生儿取名,法人设立机构给拟设法人命名,只能产生法律规定的姓名权或者名称权。

(二) 专属性

人身权是以人身要素为基础的权利,是民事主体进行民事活动的前提和基础,这就决定了人身权与民事主体的人身不可分离,它专属于民事主体,除法律另有规定者外,人身权不得以任何形式买卖、赠与、继承、转让、放弃和剥夺。例如,健康权、名誉权不得转让也不可能转让。在这一点上,它和财产权具有根本性的区别,后者可以继承、可以转让。但是,人身权的专属性也存在某些例外。如某些人身权在脱离民事主体之后仍具有法律意义或者经济价值,这时,这些人身权就可以转让,如法人名称权的转让和继受、人体器官的赠与等。

人身权的专属性决定了其行使方式的局限性,即人身权通常由民事主体自己使用或者排斥他人使用,而不能像所有权那样实现权能分离,或者如同知识产权许可他人使用。人身权的不可分离性决定其不可剥夺性,民事主体可能因为某种法定原因丧失其财产权乃至政治权利,但其人身权不可剥夺。如果民事主体违反了民事义务,仅能依法追究民事责任,而不能剥夺其人身权利。例如,自然人甲侵害乙的健康权,不能剥夺甲的健康权或者其他人身权,让他承担侵权的民事责任。

(三) 非财产性

人身权是与财产权相对应的民事权利。与直接具有财产内容的财产权不同，人身权本身不具有直接的财产属性，它的客体是民事主体的人格利益和特定的身份利益，而人格利益和身份本身并不具有直接的财产内容，它所体现的是人们的道德情感、社会评价等。正是在此种意义上说，人身权属于非财产性权利，不能直接用金钱来衡量其价值。但是，人身权又与财产存在一定的联系，具体表现为：第一，有些人身权是某种财产权取得的前提，如夫妻身份关系是夫妻财产关系的前提；第二，对人身权的损害会引起受害人的财产损失，如对名誉权的损害会降低受害人的信誉，影响其取得财产的能力；第三，对某些人身权构成了侵害，尽管没有对受害人造成财产损失，只是构成了精神损害，受害人仍然可以要求以金钱给付为内容的精神损害赔偿。如自然人姓名权、名誉权受到损害时的精神损害赔偿。第四，人身权可以转化为财产权。如有着良好信誉的法人名称可以有偿转让，并获得财产利益。

(四) 人身权是对世权

对世权又称绝对权，是指权利主体特定，义务主体是不特定的任何人的权利，换言之，对世权是效力及于一切人，权利人通过自己支配权利客体即可实现，无须义务人以积极行为协助的权利。对人权又称相对权，是指其效力仅及于相对人（即权利主体和义务主体都是特定的），必须通过义务主体履行义务的积极行为予以协助才能实现的权利。人身权属于对世权，可以对抗任何人对权利的侵害。

(五) 人身权的主体不包括死者

按照传统民法理论，自然人的权利能力始于出生，终于死亡，权利与主体不可分离。如果民事主体已经死亡，那么，相应地其民事权利也就自然消灭。法律之所以对侵害死者人格的行为进行制裁，乃是因为这种侵权行为侵害的是其近亲属的精神利益，同时扰乱社会秩序。由于近亲属之间特定的身份关系，自然人死亡以后，其人格要素对其仍然生存着的配偶、父母、子女和其他近亲属会发生影响，因此，对死者人格的侵害，实际上是对其配偶、父母、子女和其他近亲属精神利益和人格尊严的直接侵害。另外，需要指出的是，尽管死者不能享有人身权，但其还是具有名誉、荣誉等人身要素。

三、人身权的分类

(一) 自然人人身权和非自然人人身权

以权利主体是否为自然人为标准,可以将人身权分为自然人人身权和非自然人人身权。

以自然人为权利主体的人身权称为自然人人身权,如生命权、健康权、身体权等;不以自然人为权利主体的人身权称为非自然人人身权,如法人、非法人团体等的名称权。有些人身权的内容可由自然人和非自然人同时享有,如名誉权。但有些专属自然人的权利,作为非自然人的法人、非法人团体、个体工商户、合伙组织等不能享有,如生命权、健康权、身体权、肖像权。同时,非自然人人身权与自然人人身权相比,还具有一个特征,即其与权利主体的关系不如自然人与其人身权的关系密切,例如,企业法人和个人合伙的名称权,具有可以转让的性质。

(二) 物质性人身权利和精神性人身权利

以人身要素的组成部分为标准,可以将人身权分为物质性人身权利和精神性人身权利。

人身由物质和精神两部分要素组成,因此,人身要素也可分为物质要素和精神要素。物质要素是人身物质部分的组成要素,如生命、身体、健康等,这些要素是人能够正常生活的必要条件,因而是人进行一切社会活动,享有一切权利的物质基础。民事主体对这些物质要素所享有的不受他人非法侵害的权利称为物质性人身权。精神要素是人身精神部分的要素,包括姓名、肖像、名誉、隐私等,缺少任何一项精神要素,民事主体不能享有完整的意志资格。民事主体对这些精神要素所享有不受他人非法侵害的权利,称为精神性人身权利。与精神要素相比,物质要素是民事主体赖以存在的物质基础,缺少任何一项物质要素,都不是物理意义上的人,因此,各国法律对人身权中有关物质性人身权的规定基本相同。而由于文化传统、民主意识、社会发展水平等因素的不同,各国法律对精神性人身权的规定却不尽一致。

(三) 人格权与身份权

以人身权的客体为标准,可以将人身权分为人格权与身份权。人格权是以人

第六章　侵害人身权的民事责任

格利益为客体，身份权是以身份利益为客体，这是人身权最基本的也是最有意义的分类。

1. 人格权。人格权，是指民事主体依法享有的为维护自己的生存和尊严而必须具备的，以人格利益为客体的权利。人格权具有如下法律特征：

（1）人格权是民事主体依法固有的。所谓固有，是指从自然人出生、非自然人成立之日起，他（它）们就享有人格权。而且人格权的取得无须民事主体积极的作为，无须履行特定的民事程序，无须民事主体的意思表示等，而是由法律直接赋予。从本质上说，人格权是法律对民事主体的社会地位和资格的一种确认，此种确认不考虑自然人的年龄、性别、智力、贫富，也不论非自然人的经济实力强弱或者规模大小。换言之，民事主体平等地享有人格权。

（2）人格权是民事主体维护人格独立所必需的。人格独立是人区别于普通动物而成其为"人"的根本标志，人格权是自然人人格独立的重要保障。没有人格权的保障，民事主体就难以生存。如果自然人不享有人格权，将不时地遭受人身攻击、恐吓与威胁，生命恐无安全之时，生活恐无安宁之日。非自然人的法人、个体工商户等也莫不如此，无人格权之保障，就无独立自主经营可言。

（3）人格权以人格利益为客体。人格利益，是民事主体就其人身自由和人格尊严、生命、健康、姓名或者名称、名誉、隐私、肖像等所享有的利益的总和。包括人的人身和行为自由、安全、尊严以及精神自由等利益，它不是对人的身体的利益。

（4）人格权是对世权。对世权，是指权利主体特定，义务主体不特定，即以不特定的任何人为义务主体的权利，任何人都是他人人格权之义务主体，负有尊重他人人格的义务。

2. 身份权。所谓身份，是指民事主体在特定的家庭和亲属团体中所享有的地位或者资格。身份权，是指民事主体基于特定的身份而享有的维护一定社会关系的权利。事实上，身份权一词只是借用了"权利"的用语，实为权利义务的集合体。因为，民事主体基于特定的身份既享有一定的权利，同时也承担一定的义务，以配偶权为例，夫妻之间享有同居、要求对方恪守贞操的权利，同时承担同居、自己恪守贞操的义务。身份权具有如下法律特征：

（1）身份权的主体只能是自然人。与人格权是民事主体固有的权利不同，身份权并不是民事主体所固有的权利，它产生于特定的身份，而这种身份只能属于自然人，因此，非自然人不能享有身份权。

（2）主体的非全然性。身份权并非任何民事主体都可享有的权利，民事主体要享有该种权利，必须具备特定的身份，否则不能享有身份权，如亲权，只有民事主体生有子女,且在该子女未成年之前才享有亲权。

(3) 权利义务的一体性。身份权只是借用了"权利"的用语,实为权利义务的集合体。如配偶权,夫妻之间既享有同居、要求对方恪守贞操的权利,同时又承担同居、自己恪守贞操的义务。而亲权本身就包含有职责的性质。

(4) 身份权往往与财产相关联。

民事主体的身份权包括亲权、亲属权、配偶权。

(1) 亲权。亲权是父母对其未成年子女所享有的权利。该权利的基础是父母与未成年子女这一特定的身份关系。亲权的主要内容包括:父母对未成年子女进行管教、保护的权利;作为未成年子女的法定代理人,代理未成年子女进行民事法律行为;管理未成年子女的财产等。亲权的权利主体为父母双方,且由父母双方共同行使。父母双方不能行使亲权时,则由监护人行使监护权。

我国《民法通则》没有亲权这一概念,通过监护权的方式保护亲权。但监护权与亲权并不完全相同。亲权的主体只能是父母,对象只能是未成年子女,而监护权的主体可以是父母以外的人,包括单位和组织,监护的对象包括未成年子女和因为精神缺陷被宣布为无民事行为能力人和限制民事行为能力人。据此,有人认为,监护权不属于亲权。

(2) 亲属权。亲属权是民事主体因血缘、收养等关系产生的特定身份而享有的民事权利,简言之是基于亲属关系而产生的身份权。广义的身份权包括夫妻之间因婚姻关系而享有的配偶权和父母对未成年子女享有的亲权。狭义的亲属权仅指除配偶权和亲权以外的身份权,即基于血缘(包括自然血缘和拟制血缘)关系而产生的特定身份而享有的民事权利。狭义的亲属权包括:第一,父母与成年子女之间的权利,如父母享有请求成年子女赡养的权利;第二,祖父母、外祖父母与孙子女、外孙子女之间的权利,如父母已经死亡的未成年的孙子女、外孙子女享有请求有负担能力的祖父母、外祖父母抚养的权利;第三,兄弟姐妹之间的权利,如父母无力抚养的未成年弟、妹享有请求有负担能力的兄、姐抚养的权利。

(3) 配偶权。配偶权是在合法有效的婚姻关系存续期间,夫妻双方基于身份而相互享有的民事权利。其主要内容包括:同居权,即夫妻双方享有请求对方与自己同居的权利,负有与对方同居的义务;忠诚权,即夫妻双方互负请求对方保持对自己忠诚的权利,如恪守贞操;协助权,即夫妻双方互享请求对方在生活中给予自己帮助、照顾和配合的权利,负有帮助、照顾和配合对方的义务;继承权,即夫妻双方互享在一方死亡后继承其财产的权利。

第二节 侵害生命权、身体权和健康权的民事责任

一、侵害生命权的民事责任

(一) 生命权

生命权，是指以自然人的生命维持和安全利益为内容的具体人格权。无生命即无人格权可言，生命权可以说是人类最高的人格利益，具有最高人格价值，是人的第一尊严。生命始于出生，终于死亡，所以，生命权的持续期间也是从出生时起到死亡时止。生命权一般包括：

1. 生命安全维持权。旨在维护生命延续，法律主要通过禁止他人非法剥夺生命的方式保证自然人的生命按照自然规律延续。当有危害生命权的情形发生时，权利主体可以采取相应措施保护自己，如采取正当防卫、紧急避险等生命权的私力救济。同时也请求国家机关通过司法保护生命权，既可以请求司法机关依法消除生命危险，也可以请求司法机关依法救济生命损害。这是生命权的公力救济。其中，请求司法机关救济被侵害的生命，只能由生命权人的近亲属或继承人来行使。

2. 生命利益支配权，即权利人处分自己生命的权利。生命利益支配权是否属于生命权的权能是一个有争议的问题。因为承认了公民享有生命利益支配权，实质上就意味着公民可以享有处分自己生命的权利，由此带来的后果之一便是为自杀提供了合法依据，也正是基于此原因，传统民法对公民享有生命利益支配权是持否定态度的。

然而绝对否定这一权利，带来的直接后果是两个实践中的问题难以解决：一是那些为了公共利益和他人利益舍己救人的献身行为和一些如赛车、拳击、漂流、登山等危险性很大的特殊场合中，权利主体支配自己生命的行为是否有法律依据。二是在医学上，因患不治之症或其他导致身心受到极大痛苦的病人通过安乐死寻求解脱的问题是否违法。并且，当今天的法律已经承认并保护个人对于自己的生育、生活形态、性偏好、身体、财产甚至信息具有自我决定及控制的权利时，在逻辑上很难想象生命权利竟然无法由个人自己来掌握。

出于人道主义考虑，从尊重人的真实选择出发，应当赋予公民生命利益的支

配权，但这种支配权应当是有限制的，仅限制在特殊情况下的献身行为和符合医学规范的安乐死两种情况之内。

（二）侵害生命权民事责任的构成要件

侵害生命权，是指非法剥夺他人生命的行为。非法剥夺他人生命的行为属于严重的违法行为，在刑法上构成犯罪，要承担刑事责任；在民法上也是严重的侵权行为，行为人也须承担民事责任。侵害生命权民事责任的构成要件：

1. 侵害行为违法。侵害生命权的行为须具备违法性。剥夺他人生命的行为如果是合法的，就不能认为是侵权行为。如司法机关依法执行死刑命令的行为，公安人员在紧急情况下击毙犯罪嫌疑人的行为，以及正当防卫致人死亡的行为等，即属于合法剥夺他人生命的行为。在实际生活中，侵害他人生命的行为多表现为积极的行为，在特定的情况下，消极的不作为也可以构成侵害他人生命权。如医院对于有生命危险的人不作救治的行为等。

2. 侵害他人生命的行为人具有过错。在一般侵权行为中，侵权人主观上具有法律上可责难的心理状态——或者是故意或者是过失，都体现侵权行为人对他人生命的漠视。在伦理上，过错体现行为的可归责性，只是在承担侵害他人生命权民事责任时，法律上区别故意和过失的意义不大，因为不管是故意致人死亡还是过失致人死亡都须承担基本相同的法律后果。这与刑法中有关刑事责任的承担有很大区别。

当然，侵害他人生命权的行为，不仅是一般侵权行为，也包括以特别侵权行为方式剥夺他人生命的类型，此时责任的构成以法律的特别规定为判断标准，如高度危险作业致人死亡时，过错即不是责任构成的要件。

3. 须有死亡结果发生。侵害生命权民事责任的构成须以被害人生命丧失为必要，没有死亡后果出现，只能以身体或健康权受到侵害论处。此与刑法中关于杀人罪的构成明显不同，在刑法中，故意杀人未遂、中止等虽未造成当事人死亡，同样构成故意杀人罪；而在民法中，如果杀人未遂，即不构成侵害他人生命权，而只有可能构成侵害他人身体权或健康权。

4. 非法侵害行为与死亡结果之间有因果关系。因果关系的认定与一般侵权行为因果关系认定标准相同。特别要注意的是，因多个条件所导致的死亡后果，其原因的判断比较复杂。

对胎儿生命的侵害是否属于侵害他人生命权的行为，侵权人是否应承担侵害生命权的民事责任，是一个需要特别注意的问题。胎儿不具有权利能力。对胎儿利益保护的规定，都以胎儿出生时活体为前提，并都是规定在胎儿出生后享有损害赔偿请求权。如果因侵权导致胎死腹中，法律为胎儿"准备"的受赔偿权利即行消失。对行为人的侵权行为只能以对母亲的损害为由使其承担责任。我国《继承法》第 28 条规定："遗产分割时，应当保留胎儿的继承份额。胎儿出生时是死体的，保留的份额按照法定继承办理。"

二、侵害身体权的民事责任

（一）身体权

身体权，是指自然人以其肢体、器官以及其他组织体的完整性为内容的人格权利。

关于身体权是否为公民的一项独立的人格权，在我国以往的民法理论和实务中一般是持否定态度的，即只承认公民享有生命权、健康权，不承认身体权是一项独立的人格权。实践中，公民身体受到侵害时，如果造成伤害则按照侵害健康权进行处理，如果造成死亡则按照侵害生命权进行处理。然而，对于介于这两者之间对身体权的侵害，如非法剪人毛发的行为，既未侵害健康权，又未侵害生命权，在实务中难以处理。并且，现实生活中一些侵害健康权的行为也并不一定侵害身体权，如空气水流污染致人患病等。

我国《宪法》第 37 条第 3 款规定："禁止非法搜查公民身体"。《民法通则》第 119 条规定："侵害公民身体造成伤害，应当承担民事责任"。2001 年 3 月最高人民法院出台的关于精神损害赔偿责任的司法解释规定：身体权受到损害的可以请求精神损害赔偿。因此，将身体权作为公民的一项基本人格权是有法律和现实依据的。

身体权的内容主要包括：保持身体组织的完整性、支配其身体组织、损害赔偿请求权等。

（二）侵害身体权民事责任的构成要件

侵害身体权，是指违法加害他人身体，并造成他人身体组织器官完整性损害后果的行为。侵害身体权民事责任的构成要件包括：

1. 加害行为违法。侵害他人身体权的行为必须是法律所不允许的，如果不具备违法性，即便造成损害也不承担侵权责任。如医生为患者做手术的行为、受害人自甘风险导致的伤害；在抗震救灾中，为挽救被砸伤者的生命不得已将其被压肢体截掉的行为等。

2. 损害后果。侵权责任的构成必须有损害后果，即所谓"有损害才有救济"。侵害身体权的后果应与身体权的内容相联系，所以，该损害后果指受害人身体的"完整性"受到破坏，这里的完整性不仅指生物学上的完整，也包括法律观念上的完整，如不受非法搜查身体等。非法搜查他人身体是对他人身体自由支配利益的侵害。

在身体权损害的认定问题上需要注意下列两个方面：①人在出生前被侵害，出生后身体组织器官缺失或伤残的情况，应为侵害他人身体权的行为。在有些国家，如果该侵害行为来自其父母，受害人也有权起诉父母。②身体的部分与人身分离后受到侵害，一般为对他人所有权的侵害，但在特定的情况下，如果是为特定目的的暂时分离，则应认为是对人身的侵害。

3. 加害行为与损害结果之间存在因果关系。通常情况下，身体受到侵害时的因果关系认定比较简单，在特殊情况下，因果关系的认定需要认真考虑，如受害人特殊体质时因果关系的认定等。

4. 行为人主观上通常有过错。即行为人主观上既可故意也可以过失。

（三）公民死亡后身体权保护的特殊问题

公民死亡后的身体权是否还应受到法律保护，即尸体的保护问题是公民身体权保护的特殊问题。

1. 公民死亡后应当对其尸体予以法律保护。尸体作为丧失生命的人体物质形态，其本质在民法上表现为身体权客体在权利主体死亡后的延续利益，身体权的客体即身体利益不仅包括这种延续利益，还包括先期利益，即胎儿利益。先期身体利益、延续身体利益与身体权的客体本体身体利益在时间上相互衔接、先后相序，构成完整的身体利益。法律在公民死亡后仍然对其尸体予以保护的法律依据是人身权的延伸保护理论，对尸体进行保护同样是维护公民人身利益和人格尊严的必要手段，确保公民身体权和身体法益不受任何侵犯。

2. 对尸体法律保护的方法。

（1）确认合法利用尸体的行为。尸体可以进行有限制的合法利用，但由于尸体与死亡公民的人格利益和其近亲属的人格利益包括社会道德利益都密切相关，对尸体的利用必须严格按照法律规定进行。一般认为以下行为属于合法利用尸体的行为：一是公民生前立有遗嘱捐献其身体或身体一部分用于科学研究和医学事业的；二是依照法律对尸体进行利用的，如为侦破案件、查清死因等目的使用的；三是经近亲属同意使用的。

（2）确认侵害尸体的侵权行为。侵害尸体的侵权行为主要包括：第一，非法损害尸体。此行为以故意为主观要件。第二，非法利用尸体。此行为包括未经死者遗嘱授权或死者近亲属同意擅自利用尸体的行为，也包括超出约定使用范围的利用行为。第三，其他侵害尸体的行为。如盗墓毁尸、非法陈列他人尸体、错误火化他人尸体等。

三、侵害健康权的民事责任

（一）健康权

健康权，是指自然人以其身体生理机能的正常运作和功能的正常发挥为内容的人格权。健康不仅指生理方面的健康，也包括心理健康。就该定义而言，健康权以人身各组成部分机能的运作和功能的正常发挥为内容，此与身体权以身体各组成部分的完整性是不同的。当然，健康权与身体权密切联系，通常情况下，对健康权的侵害往往也会对当事人的身体权构成侵害。在司法实践中，如果侵权行为既侵害了他人的身体权，又导致健康权受到损害，则以认定健康权损害为宜，毕竟生理机能和器官等的功能的正常发挥是身体完整性的目的。健康权的内容主要包括：

1. 健康维护权。健康维护权主要有以下两方面权能：

首先，健康保持权。自然人可以通过参加各种体育活动和社会生活，使自己的身心健康水平保持在完好的状态，当身体器官发生病变，机能出现不正常时，有权及时就医使健康恢复，任何人无权限制或干涉。

其次，司法保护请求权。当自然人的健康权受到不法侵害时，受害人享有司法保护请求权。

2. 劳动能力保有、利用和发展权。劳动能力是自然人从事创造物质财富和精神财富活动的脑力和体力的总和，是自然人健康权中一项基本的人格利益。对于自己的劳动能力，所有自然人都有保有、利用及发展的权利，当这些权利受到不法侵害时，受害人可以请求司法保护。

3. 健康利益支配权。民事主体是否享有健康利益的支配权，这个问题与民事主体是否享有生命利益支配权的理论意义是一样的。健康利益支配权，是指自然人有权支配自己的健康利益，换言之，即自然人有权利放弃健康或使自己的健康情况故意恶化。无论是从社会伦理道德还是人类进步的角度观察，自然人放弃健康的行为都是不文明的，不仅会损及个人利益，而且对人类社会发展的整体利益也会造成损失，并会影响社会的善良风俗秩序，因此，传统民法理论不仅不承认自然人享有健康利益支配权，对那些故意恶化自己健康状况的行为，如吸毒等还会施以强制性治疗,对于拒绝接受治疗的其他病患如自杀未遂的残疾人士,医务部门出于人道主义考虑实施强制治疗的,法律并不予以禁止。

但是,对于某些特殊场合中的健康利益支配权则不应一概否定。如各项体育竞技运动、拳击、赛车、登山等,如果经常参加这些比赛活动,不仅会对健康造成损害,严重的甚至可能危及生命。在从事这些运动时,民事主体必须做出承诺:当主办单位、运动场馆等负责安全设施的部门依法实施了一定保护措施之后,运动员的健康受损,不追究他人的责任。由于至今体育界并未取消这些竞技项目,因此参加这些运动并做出承诺的民事主体可以认为行使了其健康利益支配权。除此之外,在舍己救人、见义勇为情况下舍弃自己健康利益的行为同样属于行使健康利益支配权的情形,法律应予以认可。

(二) 侵害健康权民事责任的构成要件

侵害健康权,是指非法损害他人身体组织的完整和内部器官机能正常运转的行为,如殴打、食物中毒、环境污染等。值得注意的是,侵害健康权的行为,既可以通过作为的方式实现,也可能以不作为的形式表现出来,如《民法通则》第125条、第126条规定的地下施工未设明显标志和安全措施、建筑物及其他设施及建筑物上的悬挂物、搁置物致人健康损害等。

侵害健康权民事责任的构成与侵害身体权责任的构成基本一致,只是在损害后果上有所不同。侵害健康权表现为造成人身器官功能的正常发挥受到损害,具体包括:身体损伤(临时性的或者永久性的)、残疾及劳动能力丧失或减损、患有疾病、精神损害、财产损害(医疗费等)。

《民法通则》将以上三种权利合称为生命健康权,对侵害生命健康权的,可根据行为的性质、情节、危害程度,分别追究民事责任、行政责任、刑事责任。其中民事责任包括:赔偿医疗费、误工费、交通费、住宿费、伤残者生活补助费、丧葬费、死者生前扶养人必要的生活补助费及精神损害赔偿费。

第三节 侵害姓名权、肖像权的民事责任

一、侵害姓名权的民事责任

(一) 姓名权

姓名是自然人之间相互区别的文字符号。由姓和名两部分组成。其中,姓氏

表明家族系统，名则表明姓名持有人本人。在法律意义上，姓名不仅是公民特定化的社会标志，也是自然人维持其法律人格所必不可少的要素。自然人正是通过自己的姓名享有权利和承担义务，并与他人区别为相互独立的民事主体。姓名包括正式姓名，也包括笔名、乳名、曾用名甚至包括能够在一定范围内特指的某人的绰号等。

姓名权是公民决定、使用和依照规定改变自己姓名，并排除他人干涉或非法使用的权利。姓名权的内容包括：

1. **姓名决定权**。自然人有决定自己姓名的权利，任何人无权干涉。对于姓的选择，我国《婚姻法》第 22 条规定："子女可以随父姓，也可以随母姓。"此规定实际上也暗含了子女既可以不随父姓，可以不随母姓。对于名的选择，自然人可以自由决定自己的正式名，也可以决定自己的艺名、别名、化名、字、号等代表自己的姓名符号。

2. **姓名变更权**。民事主体有权利按照有关规定改变自己的正式姓名而不受他人干涉的权利。由于自然人最初的姓名并非由本人确定，当自然人意识到姓名对于自己的影响时，有权利在符合法律规定的前提下按照自己的意愿更改姓名。

3. **姓名使用权**。自然人有决定使用或不使用自己姓名、使用何种形式的姓名的权利。姓名使用权实际上是一种姓名使用的决定权，这种决定权可以是积极的，即当民事主体决定使用自己姓名的时候，有权依照其自由意志决定使用何种类型的姓名；这种决定权也可以是消极的，民事主体有权在法律允许的范围内决定不使用自己的姓名。

值得注意的是，民事主体在行使自己的姓名决定权的时候，应符合法律规定，对于法律规定必须使用正式姓名的场合，如房屋产权登记和银行存款时，就不能使用任意姓名而必须使用正式姓名。

由于民事主体往往处于多重法律关系当中，更改姓名不仅会关系到当事人利益，也会牵涉到他人利益甚至社会利益，各国一般都对自然人更改姓名的权利做出了一定限制，如我国《户口登记条例》第 18 条规定："未满十八周岁的公民要由本人的父母、收养人向户口登记机关申请登记变更。十八周岁以上的公民要由本人向户口登记机关申请变更登记。"

（二）侵害姓名权民事责任的构成要件

侵害姓名权，是指加害人故意或过失干涉他人决定或改变其姓名的自由、滥用或假冒他人姓名等侵权行为。侵害姓名权民事责任的构成要件包括：

1. **行为违法**。侵害姓名权的行为包括对他人姓名的干涉、盗用和假冒，以及不正当使用他人姓名等。如父母尤其是养父母对子女姓氏的干预，为达到非法目的而假冒他人实施非法活动等，也包括假冒他人侵害权利人其他利益的行为，如冒充他人上大学，使他人丧失接受高等教育甚至丧失了工作的机会等。在实际生活中也经常出现不正确使用他人姓名的侵权类型，如故意将自己的宠物取名与自己有过节的人的姓名，或者将与自己有矛盾的人的姓名全部都安在自己所写文艺作品的反面人物身上等；有时负有标明他人姓名义务的人，没有依法标明，也可以构成侵权。如在出版或使用他人作品时未标明作者姓名等。上述行为都具备违法性。缺乏违法性的行为不能构成侵权，如父母为未成年人取姓名的行为、不具有非法目的的使用与他人相同姓名的行为、公安机关对于使用有伤风化的字词作姓名时不予登记或变更的行为等。

2. 损害事实。侵害他人姓名权的行为必须造成了当事人的损害。如使他人不能按照自己的意愿取自己所喜欢的姓名、因他人的不正确使用姓名导致心理痛苦等，侵害姓名权的后果大多为非财产性损害，在特定的情况下也会形成财产损害，如在广告或产品中使用他人姓名所引起的顾客误解情况等。

3. 因果关系。受害人的损害是侵权行为人的违法行为所导致的，非因侵害姓名权行为所引起的损害不得要求行为人承担。而关于因果关系的认定，适用一般侵权责任中因果关系的认定标准。

4. 侵权行为人主观上有过错。侵害姓名权的行为的归责原则为过错责任。

我国《民法通则》第99条规定："公民享有姓名权，有权决定、使用和依照规定改变自己的姓名，禁止他人干涉、盗用、假冒。"

二、侵害肖像权的民事责任

（一）肖像权

肖像，是指以一定的物质形式再现出来的自然人的形象。形式如绘画、照相、雕塑、录影、录像等。在法律意义上，肖像是自然人基于精神活动而产生的人格利益，与姓名权一样，肖像属于标表型人格利益，姓名为文字符号，肖像则为形象标志。肖像应当包括公民的整体外貌形象，但最主要的是其面部形象。

肖像权，是指自然人对自己的肖像所享有的制作、使用并排除他人干涉的权利。肖像权的内容包括：

1. 肖像制作权。肖像制作权是指权利人有权利决定是否制作、以何种手段制作自己肖像的权利。肖像权人可以根据自己的需要或他人、社会需要，在法律允许的范围内，通过任何形式由自己或由他人制作自己的肖像，任何人无权干涉，同时，肖像权人有权禁止他人非法制作自己的肖像。

2. 肖像使用权。肖像使用权是肖像权人对于自己肖像利用价值的专有支配权。肖像权人有权利决定是否使用、如何使用、由何人使用自己的肖像，未经肖像权人同意，他人不得使用其肖像（此处的使用并不以营利为限），否则就是对肖像专有使用权的侵害。

3. 维护肖像完整权。

肖像权人有权在自己的肖像受到恶意毁损、玷污、丑化时，请求行为人停止侵害，并赔偿损失，从而维护自己肖像的完整。

（二）侵害肖像权的构成要件

侵害肖像权，是指加害人故意或过失未经许可使用他人肖像或侮辱性使用他人肖像的侵权行为。

作为一般侵权行为，侵害肖像权应当具备侵权行为的四个构成要件，即侵害行为、损害后果、侵害行为与损害后果之间的因果关系和加害人的过错。《民法通则》第100条规定了"不得以营利为目的使用公民的肖像"。一般认为，以营利为目的利用他人肖像显然构成侵害肖像权，但某些情形即使不以营利为目的，出于保护自然人肖像权和人格尊严考虑，也通常应当被认为是侵害肖像权的行为。

1. 未经许可而制作或使用他人肖像。此处的"制作和使用"包括一切再现自然人肖像的造型艺术形式，而使用不限于商业上的利用，一切对权利人肖像的公布、陈列、复制、销售等行为均在此列。获授权使用他人肖像时，必须严格限定在被许可的范围内，超出范围的使用仍然构成对肖像权的侵害。

2. 无正当理由。未经许可使用或制作他人肖像，如有正当理由，即可以阻却违法性。肖像权使用的正当理由可以归纳为以下几种情况：

（1）在新闻报道中使用相关人物的肖像，使观众、读者了解、认识事实真相等符合社会公众利益的行为不构成侵害被曝光者的肖像权。

（2）国家机关为执行公务或为国家利益举办特定活动使用公民的肖像。如公安机关在通缉令中使用被通缉者的肖像。

（3）为记载或宣传特定公众活动使用参与者的肖像。

（4）基于科研和教育目的在一定程度和一定范围内使用他人肖像的。如为医学试验、法医学教学在课堂上向学员展示病人或者接受法医鉴定的受害人的肖像。

(5) 为肖像人自身的利益使用其肖像。如在寻人启事中使用失踪人的肖像等。

侵害肖像权的民事责任方式包括停止侵害、消除影响、赔礼道歉、赔偿损失。其中前三种为非财产性的责任方式。由于肖像权本身即包含了财产利益，因而在计算赔偿额度时不仅要注意非财产利益的损害赔偿，还应注意财产利益的损害赔偿。

第四节 侵害隐私权、名誉权和荣誉权的民事责任

一、侵害隐私权的民事责任

(一) 隐私权

隐私，又称作私隐或私生活，是指不愿告人或不为人知的私人信息。在我国立法及司法实践中曾惯用"阴私"一词，但事实上阴私仅指有关人体或性关系方面的秘密，并不能足以概括隐私的全部内容。

法律意义上的隐私权，是指自然人享有的对其个人的、与公共利益无关的个人信息、私人活动和私有领域进行支配的具体人格权。隐私权的法律特征包括：主体的特定性、内容的秘密性、可放弃性、范围的限定性及保护范围受公共利益的限制。

隐私权是一个受时间和文化因素影响制约的概念，不同的文化和历史传统往往对隐私权的内容有着不同的理解。通常隐私权应包括以下内容：

1. 个人生活安宁权。民事主体有权利依照自己的意志安排自己的生活，不受他人干涉、破坏或支配。权利人有权对信息保密和私生活安宁予以追求和维持，禁止任何个人和组织非法披露他人隐私和侵扰个人私生活。个人生活安宁权包括权利主体可以自主决定参加或不参加某些与社会利益无关的事务和活动，有权使自己的住宅和私生活不受非法的监听、监视、摄影等。保障民事主体的个人生活安宁权是维护权利主体人格尊严最为重要的内容之一，也是隐私权制度重要的组成部分。

2. 个人生活信息的保密权。凡是与公共利益无关的信息，权利人都有权进行隐匿，不让人知。对于国家机关和社会组织掌握的个人信息，在不违背社会公

共利益的前提下，权利人有权要求其妥善保有这些隐私信息，不得随意修改、公开或丢失。

3. 个人通信秘密权。保障个人通信安全已经成为隐私权的一项重要内容。个人通信秘密权就是指权利主体有权对个人信件、电报、电传、电话、传真等通信内容以及谈话内容加以保密，禁止他人非法窃听或窃取，对他人非法侵害其个人通信秘密权的行为有权请求司法保护。

4. 个人隐私利用权。隐私利用权是指权利人对于自己的隐私进行积极利用，以满足自己精神和物质等方面需要的权利。隐私的利用包括两个方面：一是允许他人收集个人资料，并对该个人资料享有知情、更正和删除的权利。二是利用个人隐私，其中既包括权利人自己的利用，如自己撰写传记、利用自己的形象或形体进行摄影或绘画等，也包括允许他人利用个人隐私，例如，向他人披露自己的经历，允许他人整理出版等。

随着人格权商品化的发展，目前，权利人可以授权他人使用自己的隐私，从而获取合理的报酬。但对于隐私的利用在法律上仍有一定的限制，不能认为凡是个人的隐私，其主体就可以随意利用。例如，利用自己的身体隐秘部位制作淫秽复制品或披露自己不道德的性生活等利用隐私牟利的行为，如果这些行为违反了法律和公共道德就应予以禁止。

（二）侵害隐私权的构成要件

侵害隐私权，是指加害人故意或过失不法侵害他人私生活安宁或私生活秘密（私人信息）的侵权行为。侵害隐私权的构成要件：

1. 侵害隐私权的行为。侵害隐私权的行为并不以公开场合为要件，即使是在非公开场合作出某种行为，也可能构成对他人隐私权的侵害。如侵入侵扰、监听监视、窥视、刺探、搜查、干扰等侵害隐私权的行为，都不必在公开场所进行，加害人通常秘密进行，无第三人知晓，也没有向第三人传播有关内容，只要受害人能够证明其侵害行为之存在，就可以认定为侵害隐私权的行为。非法披露、公开或宣扬他人的隐私资料，一般要求于公开场合为之。

2. 损害后果。侵害他人隐私权，其主要损害后果是精神损害，即导致受害人精神痛苦，包括情绪低落、焦虑不安、羞愧等。

3. 因果关系。侵害隐私权的行为与损害后果之间直接的因果关系是比较容易认定的。需要注意的是，在侵害隐私权的侵权案件中，往往出现一因多果和多因一果的情形。

4. 过错。侵害隐私权的行为属于过错侵权行为，过错是加害人承担侵权责任的要件之一。行为人既可能是基于过失侵害他人的隐私权，也可能是基于故意而侵害他人的隐私权。应当指出的是，故意侵害他人隐私权，主观动机恶劣，如果加害人不听劝告，公然违反法律规定侵害他人隐私权的，应当承担更为严厉的民事责任。

（三）侵害隐私权的抗辩事由

1. 受害人同意。受害人同意，是指受害人同意将自己的部分或者全部隐私向他人开放，包括：（1）同意他人介入自己的纯粹私生活范围，不再要求他人尊重自己的私生活安宁；（2）将自己的私人信息向他人披露并同意他人予以传播、宣扬或者公开。他人在受害人同意的范围和限度内介入其私生活领域或者公开其私人信息，不构成对其隐私权的侵害。

2. 对公众人物隐私权的限制。公众人物，是指在社会生活中广为人知的社会成员。为了社会政治、公共利益以及公众兴趣之需要，法律往往对公众人物的隐私权作必要的限制，在一些情形下，行为人表面上似乎侵害了公众人物的隐私权，也不认为其行为具有违法性，因此，行为人不承担侵害隐私权的民事责任。

3. 对知情权的保护。知情权是隐私权发展过程中出现的一个必然产物，是公民对与自己有关的事务（如自己的档案材料）或者有兴趣的事务（如社会新闻）以及公共事务接近和了解的权利。它包括知政权、社会知情权与个人信息知情权。公民的知情权要求与隐私权要求无疑存在冲突，法律需要对两者进行协调。行为人在权利协调原则下正确行使自己的知情权，是对于侵害他人隐私权的侵权责任的抗辩事由。

二、侵害名誉权的民事责任

（一）名誉权

名誉是特定主体人格价值的一种社会评价。评价的内容包括主体的思想、道德、作风、能力、才干、品格和其他素质等，因被评价主体为公民和法人而各有不同。名誉权是公民和法人对其名誉享有的保有和维护的具体人格权。其内容包括：

1. 名誉保有权。民事主体对于自己的名誉有权利保持，使其不降低、不丧失，并在知悉自己的名誉处于不佳状态时，可以以自己的实际行动进行改善。

2. 名誉维护权。这是名誉权中最重要的一项内容。对于权利主体之外的任何人都是义务主体，负有不得侵害他人名誉权的义务，当权利人的名誉权受到侵害时，有权请求司法机关予以保护，并对侵权人予以制裁，也可以要求司法机关责令侵权人赔偿自己遭受的损失。

3. 名誉利益支配权。名誉权人有权利支配自己的名誉利益。权利主体可以利用自己的良好名誉与他人进行政治、文化等广泛交往，从而获得更好的社会评价和经济利益。但这种支配权并非是无限制的，名誉权人不得随意抛弃、转让自己的名誉，也不得由继承人继承。

4. 死者名誉的法律保护。死者的名誉是死者生前所获得的社会评价。由于自然人死亡后其名誉并不会马上消失，因此，法律对于死者名誉也会予以保护。一般当死者名誉受到侵害时，应由其近亲属提起诉讼，如果无近亲属，而侵害死者名誉权的行为又给社会和国家带来损害的，可以由检察机关提起诉讼。

（二）侵害名誉权的构成要件

侵害名誉权，是指加害人故意或过失以侮辱、诽谤等方式破坏受害人名誉，使其社会评价降低和出现精神损害的侵权行为。其构成要件包括：

1. 侵害名誉权的行为。侵害名誉权的行为是行为人因故意或者过失而积极作为，非法侵害他人名誉权，造成他人损害，依法应当承担相应民事责任的行为。侵害名誉权的行为表现为加害人积极的违法行为。只有行为人作出了某种积极的行为（如侮辱、诽谤）才可能构成侵害名誉权，任何消极的不作为行为都不可能构成对他人名誉或名誉权的侵害。侮辱和诽谤是我国民事法律确认的两种侵害名誉权的行为的基本类型。侮辱，是指使用暴力或者其他方式，贬损他人人格尊严进而使他人社会评价降低的行为。诽谤，是指向第三人传播不利于受害人名誉之虚伪事实的行为。

2. 损害事实。侵害名誉权导致损害事实，包括以下三个方面：第一，使受害人的社会评价降低。第二，侵害他人名誉权造成受害人之精神损害。第三，附带的财产损害。这些附带出现的财产损害主要包括：（1）受害人为了治疗严重精神损害而支出的医疗费用、咨询费用；（2）受害人因为名誉权受到损害，可得的收入之减少或者丧失；（3）受害人为了维护自己的名誉权，针对加害人的侵权行为而澄清事实和进行诉讼所支付的必要费用。

3. 过错。名誉侵权的侵权行为人主观上一定要有过错，只有加害人主观上有过错，并在客观上造成了对他人名誉的毁损，加害人才承担名誉侵权的法律责任。民事行为的过错包括故意和过失两种。

4. 因果关系。加害人的侵害行为与受害人所受的损害之间的因果关系，是侵害名誉权的构成要件之一。只有这种因果关系存在，加害人的行为才可能构成对他人名誉权的侵害，否则就不构成对他人名誉权的侵害。

（三）侵害名誉权的抗辩事由

1. 依法对国家机关工作人员的批评，对其失职行为的申诉、控诉和检举。这是我国《宪法》赋予公民的正当的民主权利行使行为。

2. 人大代表、政协委员在会议上的发言，属于依法履行职务行为，当事人有豁免权。

3. 党政机关对干部职工所作的与其工作有关的评价。

4. 正当的舆论监督。我国目前的司法实践中，在言论自由（最主要表现为新闻自由）与私权利益的权衡中似乎更倾向于对私权利益的保护。

5. 受害人同意。

6. 第三人过错。

7. 其他符合法律和道德的行为，如消费者对某产品质量或服务质量进行的批评、评论等，当然也不构成侵权。

三、侵害荣誉权的民事责任

（一）荣誉权

荣誉是特定主体在社会活动中由于其突出表现而被政府、单位、社会团体所给予的积极的正式评价。荣誉权，是指民事主体对其所获得的荣誉及其利益所享有的保持、支配的基本人格权。荣誉权的内容包括：

1. 荣誉的获得权。包括获得荣誉的权利和获得因荣誉所生利益的权利。

2. 荣誉保持权。荣誉保持权是以保持荣誉为客体的权利。此处的荣誉仅指荣誉本身，包括各种荣誉称号，如劳动模范、战斗英雄、先进个人以及其他各种奖励、表彰等，而非由荣誉带来的利益。民事主体有权保有这种积极评价，禁止他人非法干涉。

3. 荣誉利益支配权。荣誉利益包括由荣誉所带来的精神利益和物质利益。首先，荣誉权人的精神利益是荣誉权人因获得荣誉而享有的尊敬、敬仰、崇拜、荣耀、满足等精神待遇和精神感受。对这些精神利益进行自主支配，是荣誉权的具体内容，权利人享有和支配无需他人同意。其次，当荣誉本身带有物质利益时，权利人对于未获得的利益享有获得权，对于已经获得的利益享有支配权。

(二) 侵害荣誉权的构成要件

侵害荣誉权，是指加害人非法侵害他人荣誉权，造成他人损害的行为。侵害荣誉权的构成要件：必须具备违法行为、损害事实、因果关系、主观过错四个必备要件。

1. 侵害荣誉权的违法行为，是行为人对荣誉权人的荣誉及其利益造成损害的作为和不作为。常见的侵害荣誉权的违法行为包括：一是非法剥夺他人荣誉，二是非法侵占他人荣誉，三是严重诋毁他人所获荣誉、严重侵害荣誉精神利益的行为，四是拒发权利人应得的物质利益，五是侵害荣誉物质利益的行为，六是侵害死者荣誉利益的行为。

2. 损害事实，是指违法行为侵害荣誉权，造成荣誉的损害和荣誉精神利益遭受损害。荣誉的损害往往导致财产利益的损害，如荣誉权的物质利益获得权和支配权受到损害的事实。

3. 侵害荣誉权的因果关系，要求侵害荣誉权的损害事实必须是由侵害荣誉权的违法行为所引起的。

4. 主观过错，侵权人的故意、过失均可构成侵害荣誉权侵权责任。

在实践中，荣誉权和名誉权联系密切，主要表现为对公民荣誉权的侵害将直接影响到社会对公民评价的降低。在这种情况下，侵权人虽对名誉权造成了侵害，但由于其直接侵犯的是荣誉权，此实务中一般按照侵害荣誉权处理。

实训测试

一、单项选择题

1. 甲为摄影家乙充当模特，双方未对照片的发表和使用作出约定。后乙将甲的裸体照片以人体艺术照的形式出版发行，致使甲受到亲朋好友的指责。对此，下列说法是正确的是：（　　）（2005 年司法考试卷三第 19 题）

A. 乙发表照片侵犯了甲的隐私权
B. 乙发表照片已取得甲的默示同意，不构成侵权
C. 甲是照片的合作作者，乙发表照片应向其支付报酬
D. 乙是照片的著作权人，出版发行该照片是合法行使著作权的行为

2. 甲为著名演艺明星，某日跳楼自杀，自杀原因不明，引起群众猜疑。甲留有遗嘱，将其财产全部赠与其男友乙。在甲自杀后第 3 年，乙将自己和甲恋爱

3年的信函交由报社连载,并且获得巨额的报酬。该连载引起了社会对甲生前的私生活的强烈关注,群众议论纷纷,使得甲的家人承受着巨大的心理压力。本案中,乙侵犯了甲的何种权益?（　　）①

　　A. 乙侵犯了甲的名誉权

　　B. 乙侵犯了甲的隐私权

　　C. 乙侵犯了甲的发表权

　　D. 乙的行为合法,没有侵犯甲的任何利益

3. 朴某系知名美容专家。某医院未经朴某同意,将其作为医院美容专家在医院网站上使用了朴某照片和简介,且将朴某名字和简介错误地安在了其他专家的照片旁。下列哪一说法是正确的?（　　）（2009年司法考试卷三第24题）

　　A. 医院未侵犯朴某的姓名权

　　B. 医院未侵犯朴某的肖像权

　　C. 医院侵犯了朴某的肖像权和姓名权

　　D. 医院侵犯了朴某的荣誉权

4. 某媒体未征得艾滋病孤儿小兰的同意,发表了一篇关于小兰的报道,将其真实姓名、照片和患病经历公之于众。报道发表后,隐去真实身份开始正常生活的小兰再次受到歧视和排斥。下列哪一选项是正确的?（　　）（2007年司法考试卷三第22题）

　　A. 该媒体的行为不构成侵权　　B. 该媒体侵犯了小兰的健康权

　　C. 该媒体侵犯了小兰的姓名权　　D. 该媒体侵犯了小兰的隐私权

5. 某市国土局一名前局长、两名前副局长和一名干部因贪污终审被判有罪。薛某在当地晚报上发表一篇报道,题为"市国土局成了贪污局",内容为上述四人已被法院查明的主要犯罪事实。该国土局、一名未涉案的副局长、被判缓刑的前局长均以自己名誉权被侵害为由起诉薛某,要求赔偿精神损害。下列哪种说法是正确的?（　　）（2006年司法考试卷三第13题）

　　A. 三原告的诉讼主张均能够成立

　　B. 国土局的诉讼主张成立,副局长及前局长的诉讼主张不能成立

　　C. 国土局及副局长的诉讼主张成立,前局长的诉讼主张不能成立

　　D. 三原告的诉讼主张均不能成立

6. 甲在某酒店就餐,邻座乙、丙因喝酒发生争吵,继而动手打斗,酒店保

---

① 刘智慧:《2010司法考试侵权责任法深度辅导与命题前瞻》,中国法制出版社2010年版,第114~115页。

安见状未出面制止。乙拿起酒瓶向丙砸去,丙躲闪,结果甲头部被砸伤。甲的医疗费应当由谁承担?( )(2006年司法考试卷三第14题)

A. 由乙承担,酒店无责任

B. 由酒店承担,但酒店可向乙追偿

C. 由乙承担,酒店承担补充赔偿责任

D. 由乙和酒店承担连带赔偿责任

7. 王某13岁,为初中一年级学生,在校期间被进入校园无理取闹的流氓李某打伤,共花去医药费9000元。本案中,该医药费应由( )承担。

A. 李某

B. 主要由李某承担,学校若未尽到管理职责,应承担相应的补充责任

C. 学校

D. 主要由学校承担,李某若有过错,应承担与其过错相应的赔偿责任

8. 某电视演员因一儿童电视剧而出名,某公司未经该演员许可将印有其表演形象的宣传海报大量用于玩具、书包、文具等儿童产品的包装和装潢上。对该公司的行为应如何定性?( )(2005年司法考试卷三第18题)

A. 侵犯了制片者的发表权   B. 侵犯了该演员的表演者权

C. 侵犯了该演员的肖像权   D. 侵犯了该演员的复制权

9. 某"二人转"明星请某摄影爱好者为其拍摄个人写真,摄影爱好者未经该明星同意将其照片卖给崇拜该明星的广告商,广告商未经该明星、摄影爱好者同意将该明星照片刊印在广告单上。对此,下列哪一选项是正确的?( )(2010年司法考试卷三第22题)

A. 照片的著作权属于该明星,但由摄影爱好者行使

B. 广告商侵犯了该明星的肖像权

C. 广告商侵犯了该明星的名誉权

D. 摄影爱好者卖照片给广告商,不构成侵权

10. 赵某系全国知名演员,张某经多次整容后外形酷似赵某,此后多次参加营利性模仿秀表演,承接并拍摄了一些商业广告。下列哪一选项是正确的?( )(2008年司法考试卷三第15题)

A. 张某故意整容成赵某外形的行为侵害了赵某的肖像权

B. 张某整容后参加营利性模仿秀表演侵害了赵某的肖像权

C. 张某整容后承接并拍摄商业广告的行为侵害了赵某的名誉权

D. 张某的行为不构成对赵某人格权的侵害

二、多项选择题

1. 张某旅游时抱着当地一小女孩拍摄了一张照片，并将照片放在自己的博客中，后来发现该照片被用在某杂志的封面，并配以"母女情深"的文字说明。张某并未结婚，朋友看到杂志后纷纷询问张某，熟人对此也议论纷纷，张某深受困扰。下列哪些说法是正确的？（　　）（2008年司法考试卷三第61题）

A. 杂志社侵害了张某的肖像权
B. 杂志社侵害了张某的名誉权
C. 杂志社侵害了张某的隐私权
D. 张某有权向杂志社要求精神损害赔偿

2. 李某与黄某未婚同居生子，取名黄小某。后李某和黄某分手，分别建立了家庭。黄小某长大后，进入演艺界，成为一名当红歌星。星星报社专职记者吴某（工作关系在报社）探知这一消息后，撰写文章将黄小某系私生子的事实公开报道，给黄小某造成极大痛苦。下列哪些选项是正确的？（　　）（2008年四川司法考试卷三第66题）

A. 该报道侵害了黄小某的隐私权
B. 该报道侵害了黄小某的荣誉权
C. 吴某应对黄小某承担侵权责任
D. 星星报社应对黄小某承担侵权责任

3. 某影楼与甲约定："影楼为甲免费拍写真集，甲允许影楼使用其中一张照片作为影楼的橱窗广告。"后甲发现自己的照片被用在一种性药品广告上。经查，制药公司是从该影楼花500元买到该照片的。下列说法哪些是正确的？（　　）（2004年司法考试卷三第62题）

A. 某影楼侵害了甲的肖像权
B. 某影楼享有甲写真照片的版权
C. 某影楼的行为构成违约
D. 制药公司的行为侵害了甲的隐私权

4. 甲于2008年5月跳楼死亡。乙因与甲生前素来不和，遂到处散布甲是因为赌博欠下巨额高利贷无法偿还而自杀身亡，在社会上造成了较恶劣的影响。甲之子欲向法院起诉，要求追究乙的侵权责任。下列哪一选项是错误的？（　　）

A. 甲已经死亡，不再具有民事主体资格，因而乙的行为不构成侵权
B. 乙的行为侵害了甲的名誉，依法应当承担侵权责任
C. 只有甲的配偶有权代表甲对乙提起诉讼

D. 只有甲的子女有权对乙提起诉讼

5. 某医院在一次优生优育的图片展览中。展出了某一性病患者的照片,并在说明中用推断性的语言表述该患者系性生活不检点所致。患者眼部被遮,也未署名,但有些观众仍能辨认出该患者是谁。患者得知这一情况后投河自尽。为此患者配偶向法院提起诉讼,状告医院。问医院这一行为侵害了患者哪些权利?( )

    A. 生命权   B. 肖像权   C. 名誉权   D. 隐私权

6. 甲追求大学生乙,遭乙拒绝,便怀恨在心。编造乙当坐台小姐经常卖淫的谣言,并将其贴在A网上。小报编辑丙看到该文章后,便以《大学生坐台卖淫》为题,在该小报上刊登此文,使乙在学校名誉扫地,身心遭到摧残,乙便将甲、丙、A网站和小报报社告上法庭,对此下列表述正确的有:( )

A. 甲、丙、A网站和报社均为侵权人

B. A网站以乙未曾向其指出侵权事实而主张侵权抗辩,能够成立

C. 甲、丙、A网站和报社,应承担连带责任

D. 乙的精神损害赔偿请求应予支持

7. 女青年牛某因在一档电视相亲节目中言词犀利而受到观众关注,一时应者如云。有网民对其发动"人肉搜索",在相关网站首次披露牛某的曾用名、儿时相片、家庭背景、恋爱史等信息,并有人在网站上捏造牛某曾与某明星有染的情节。关于网民的行为,下列哪些说法是正确的?( )(2010年司法考试卷三第68题)

A. 侵害牛某的姓名权   B. 侵害牛某的肖像权

C. 侵害牛某的隐私权   D. 侵害牛某的名誉权

三、判断题

1. 某旅行社欧洲十日游,出发前发现一名旅客有发烧症状,此旅客坚持出游,旅行社便未加阻止,在途中该旅客被诊断为甲型流感,其他旅客倍加恐慌,整个行程不欢。回国后,其他旅客认为旅行社对此有重大过失,可以违约为由请求法院判决旅行社退回旅游费用,并请求精神损害赔偿。( )

2. 某婚纱摄影店未经当事人甲乙同意即将甲乙的婚纱照片置于店堂作为广告,甲乙有权以侵害肖像权为由主张精神损害赔偿。( )

3. 自然人和法人都享有名誉权和荣誉权。( )

4. 某报社在一篇新闻报道中披露未成年人甲是乙的私生子,致使甲备受同学的嘲讽和奚落,精神痛苦,所以自残左手无名指,给甲的学习和生活造成重大

影响。该报社侵害了甲的身体权和名誉权。(　　)

5. 死者名誉受保护，但不具有名誉权。(　　)

四、案例题

1. 2000年10月17日，网蛙公司和网易公司联手推出了"国内歌坛十大丑星评选活动"，发布了含臧天朔等歌手在内的"十大丑星"候选人的照片、文字介绍以及评选结果和相关评论。在举办上述评选活动时，主办方不仅未征得臧天朔本人的同意，还未经臧的同意使用了其三张照片，又在臧天朔的相片下加配了调侃性文字。在11月公布的评选结果中，臧天朔以16911的票数名列"国内歌坛十大丑星"的第三名。

臧天朔遂向北京市朝阳区人民法院起诉，认为二被告组织的"评丑"行为，不仅严重损害了原告作为一个普通公民应享有的平等、独立的人格权利，也破坏了其健康向上的职业歌手形象，使原告的社会评价降低，已构成对其人格权和名誉权的侵害。被告为提高其网站知名度，谋取企业无形资产的增加，未经同意使用其照片，已构成对原告肖像权的侵害。因此，原告要求二被告停止侵害，并在有关媒体上公开赔礼道歉、消除影响，赔偿因此给原告造成的经济损失65万元，承担原告为此案支付的律师费10万元和公证费1500元。

问：本案中网蛙公司和网易公司的行为是否构成侵权？如果存在侵权，侵犯了臧天朔的哪些权利？人民法院会如何判决？

2. 韩某、谢某、许某是同一宿舍同学。夏天，韩某、谢某想剃头，约许某一起剃，许某拒绝。韩、谢两人遂在剃完头之后，趁夜晚许某熟睡之际，将许某的头发剪掉。许某气愤，在向校保卫处控告未得到解决的情况下，向当地法院起诉，追究韩某、谢某的侵权责任。[①]

问：韩某、谢某的行为是否侵犯了许某的权利，如果构成侵权，侵害了许某的哪些权利？

3. 刘女士由于肥胖，听朋友说某医疗美容诊所做的"去脂减肥"有效果，就慕名来到该医疗美容诊所，听了该诊所医生的介绍，决定去脂减肥，于是与美容诊所对吸脂手术的价钱作了约定，刘女士交付了押金100元，第二天就按约定进行了吸脂手术，并付费2800元。手术后刘女士一直有疼痛、浑身麻木等不良症状。住院20多天，2009年10月15日出院，半年多了她的肚子仍然高低不平，局部仍然麻木。

---

① 王利明：《中国民法案例与学理研究（总则篇）》，法律出版社1998年版，第22页。

问：美容诊所的行为是否属于侵权？如果属于侵权，侵犯了刘女士的何种权利？

4. 女青年甲在好友乙的陪同下到医院作人工流产手术。手术中，乙看见甲躺在手术架上，下身赤裸，处于昏迷状态。医学院的见习医生在旁边观看流产过程。术后，乙问甲对见习医生观看流产一事是否知道并同意，甲说不知此事，也没表示过同意。后找主治医生理论未达成一致，故起诉。[1]

问：教学实习医院是否可以擅自组织实习医生观摩涉及患者隐私的诊疗过程？是否构成对患者权利的侵犯？侵犯了患者的什么权利？

实训测试参考答案及解析

一、单项选择题

1. A

【解析】本题中，甲只同意做模特而没有同意将照片出版发行，此同意必须明示，否则即侵害甲的隐私权、肖像权。故 A 项正确，B 项错误。甲并不是著作权人，不是照片的合作作者，因为甲并没有参与创造活动本身，故 C 项说法错误。乙虽然是照片的著作权人，但行使著作权不得侵害他人在先权利，而本题中乙未经许可将照片出版发行的行为就会构成对甲的隐私权、肖像权的侵犯，故 D 项说法不正确。

2. B

【解析】（1）名誉是社会对特定自然人的道德、能力或者其他品质的评价，隐私是自然人的私人信息、私生活空间等，本题给定信息不能认定涉及甲的名誉的降低，故可以排除 A 项。(2)《侵权责任法》第 2 条的规定，侵害民事主体的人身、财产民事权益，应当承担侵权责任。《精神损害赔偿解释》第 3 条规定："自然人死亡后，其近亲属因下列侵权行为遭受精神痛苦，向人民法院起诉请求赔偿精神损害的，人民法院应当依法予以受理：……非法披露、利用死者隐私，或者以违反社会公共利益、社会公德的其他方式侵害死者隐私……"由此可知乙的行为不合法，侵犯了甲的隐私。故 B 项说法正确，排除 D 项。(3) 信件是受著作权法保护的作品，但依《著作权法实施条例》第 17 条的规定，作者生前未发表的作品，如果作者未明确表示不发表，作者死亡后 50 年内，其发表权可由继承人或者受遗赠人行使；没有继承人又无受遗赠人的，由作品原件的所有人

---

[1] 张新宝：《侵权行为法》，浙江大学出版社 2008 年版，第 144~145 页。

行使。由此可知 C 项说法错误。

3. C

【解析】《民法通则》第 99 条规定，公民享有姓名权，有权决定、使用和依照规定改变自己的姓名，禁止他人干涉、盗用、假冒。《民通意见》第 141 条规定，盗用、假冒他人姓名、名称造成损害的，应当认定为侵犯姓名权、名称权的行为。本题中，某医院盗用了朴某的姓名，属于对朴某姓名权的侵犯。因此，A 项错误。《民通意见》第 139 条规定，以营利为目的，未经公民同意利用其肖像做广告、商标、装饰橱窗等，应当认定为侵犯公民肖像权的行为。本题中，某医院以营利为目的，擅自用朴某的肖像在网站上为自己做宣传的行为侵犯了朴某的肖像权。因此，B 项错误。《民法通则》第 102 条规定，公民、法人享有荣誉权，禁止非法剥夺公民、法人的荣誉称号。本题中，某医院并没有对朴某的荣誉称号进行非法剥夺等行为，不构成对朴某荣誉权的侵犯。因此，D 项错误。综合 A、B 两项的解释可知，某医院既侵犯了朴某的姓名权，也侵犯了朴某的肖像权。因此，C 项正确。

4. D

【解析】健康权是自然人依法享有的以保持其身体生理机能的正常运作和功能的正常发挥为内容的人格权。本题中媒体对小兰的报道并未侵害到小兰的健康，因此 B 项错误。姓名权是自然人依法享有的决定、使用、改变自己姓名并排除他人侵害的权利。《民法通则》第 99 条第 1 款规定："公民享有姓名权，有权决定、使用和依照规定改变自己的姓名，禁止他人干涉、盗用、假冒。"本题中媒体的行为不构成"干涉、盗用、假冒"，未侵犯小兰的姓名权，因此 C 项错误。隐私权是自然人不愿公开或让他人知悉个人秘密的权利。媒体公开报道了小兰的隐私，对其造成了较大的损害，构成了对其隐私权的侵犯。因此 A 项错误，D 项正确。

5. D

【解析】公民、法人的名誉权受到侵害，可以要求侵权人承担侵权责任。对于自然人而言，其名誉权受到侵害造成精神损害的，可以要求精神损害赔偿。而法人则没有精神损害的存在，所以其名誉权受到侵害也不得要求精神损害赔偿。我国《民法通则》第 101 条规定："公民、法人享有名誉权，公民的人格尊严受法律保护，禁止用侮辱、诽谤等方式损害公民、法人的名誉。"薛某在当地晚报上发表一篇报到，内容是法院查明的犯罪事实，这种行为是公民正常行使言论自由权，不属于侮辱和诽谤，所以不构成侵犯名誉权。其将题目定为："市国土局成了贪污局"有不妥之处，市国土局可以要求其变更题目或赔礼道歉、消除影

第六章 侵害人身权的民事责任

响，但没有请求精神损害赔偿的权利。所以 ABC 三个选项都是错误的，D 选项是正确的。

6. C

【解析】本题中，乙投掷酒瓶将甲砸伤属于侵害他人健康权的行为。而酒店负有保障客人安全用餐的义务，其保安看见乙、丙两人打斗而不制止，结果出现了乙扔酒瓶伤人的情况。所以酒店应当负担不作为的责任。故 A 项是错误的；酒店不是第一责任人，B 项认为酒店承担责任后可向乙追偿是错误的；C 项将乙作为第一责任人，酒店没有尽到保护义务，在乙无力承担责任的时候承担补充责任是正确的。D 项将乙和酒店看成是共同侵权是不正确的，因为乙和酒店并没有共同侵权的意思联络，让两者承担连带责任是错误的。

7. B

【解析】《侵权责任法》第 40 条规定："无民事行为能力人或者限制民事行为能力人在幼儿园、学校或者其他教育机构学习、生活期间，受到幼儿园、学校或者其他教育机构以外的人员人身损害的，由侵权人承担侵权责任；幼儿园、学校或者其他教育机构未尽到管理职责的，承担相应的补充责任。"由该规定可知，B 为正确选项。

8. C

【解析】本题中，"某电视演员因一儿童电视剧而出名"，可以确认该电视剧已经发表，故选项 A 的说法错误。同时根据著作权法的规定，对于电影作品而言，演员作为表演者享有署名权及获得报酬的权利，其他权利都应当属于制片者。因此 B 项、D 项的说法亦是错误的，C 项正确。

9. B

【解析】根据《著作权法》第 17 条的规定，受委托创作的作品，著作权的归属由委托人和受托人通过合同约定。合同未作明确约定或者没有订立合同的，著作权属于受托人。本题中，该明星聘请摄影爱好者为其拍摄个人写真，双方对著作权的归属并没有约定，故该照片的著作权属于受托人即该摄影爱好者，A 项错误。广告商未经该明星同意将其照片刊登在广告上，根据《民法通则》第 100 条的规定，属于对被摄影者肖像权的侵害。故 B 项正确。根据《民法通则》第 101 条的规定，构成侵犯名誉权的行为为用侮辱、诽谤等方式损害公民、法人的名誉，本题并不存在这些情形，故 C 项错误。根据《民法通则》第 100 条的规定，公民享有肖像权，未经本人同意，不得以营利为目的使用公民的肖像。该摄影爱好者未经该明星同意，即为了营利的目的将该照片出卖，侵犯了明星的肖像权。故 D 项错误。

10. D

【解析】《民法通则》第 100 条规定，公民享有肖像权，未经本人同意，不得以营利为目的使用公民的肖像。本题中，张某无论是整容与表演使用的都是自己的肖像，而没有直接或间接地使用赵某的肖像，因此，不构成对赵某肖像权的侵害，故 AB 项错误；名誉权，是指公民或法人对自己在社会生活中所获得的社会评价，依法享有的不可侵犯的权利。本案中，张某在承接并拍摄商业广告时，并未使用赵某的名义，也并未对赵某在品德、才干、信誉等在社会中所获得的社会评价造成侵害，因此，也不构成侵犯赵某名誉权，故 C 项错误，D 项正确。

二、多项选择题

1. ABD

【解析】《民法通则》第 100 条规定，公民享有肖像权，未经本人同意，不得以营利为目的使用公民的肖像。第 101 条规定，公民、法人享有名誉权，公民的人格尊严受法律保护，禁止用侮辱、诽谤等方式损害公民、法人的名誉。本题中，杂志社以营利为目的使用了张某的肖像，侵害了张某的肖像权，故 A 项说法正确；张某是未婚女子，却被配以"母女情深"的文字说明，且受到熟人对她的纷纷议论，其名誉权也受到了侵害，故 B 项说法正确；至于隐私权，是指自然人享有的对其个人的、与公共利益无关的个人信息、私人活动和私有领域进行支配的权利。杂志社的行为并未对张某的隐私进行侵害，故 C 项错误；依《侵权责任法》第 22 条规定，侵害他人人身权益，造成他人严重精神损害的，被侵权人可以请求精神损害赔偿。《精神损害赔偿解释》第 1 条规定，自然人因下列人格权利遭受非法侵害，向人民法院起诉请求赔偿精神损害的，人民法院应当依法予以受理：(1) 生命权、健康权、身体权；(2) 姓名权、肖像权、名誉权、荣誉权；(3) 人格尊严权、人身自由权。违反社会公共利益、社会公德侵害他人隐私或者其他人格利益，受害人以侵权为由向人民法院起诉请求赔偿精神损害的，人民法院应当依法予以受理。D 项正确。

2. AD

【解析】隐私权又称个人生活秘密权，是指公民不愿公开或让他人知悉个人秘密的权利。虽然我国法律现在还未明确规定隐私权为一项具体的人格权，但是《民通意见》第 140 条规定，以书面、口头等形式宣扬他人的隐私，或者捏造事实公然丑化他人人格，以及用侮辱、诽谤等方式损害他人名誉，造成一定影响的，应当认定为侵害公民名誉权的行为。《精神损害赔偿解释》则进一步将隐私权从名誉权中分离出来作为一项独立的人格权予以保护。本题中，吴某（工作

第六章 侵害人身权的民事责任

关系在报社）将黄小某的私人信息公开报道，虽然是事实，没有进行捏造，但是其属于黄小某的隐私，吴某的行为侵犯了黄小某的隐私权，A项说法正确；《人身损害赔偿解释》第8条规定，法人或者其他组织的法定代表人、负责人以及工作人员，在执行职务中致人损害的，依照《民法通则》第121条的规定，由该法人或者其他组织承担民事责任。上述人员实施与职务无关的行为致人损害的，应当由行为人承担赔偿责任。吴某将黄小某的个人信息公开属于执行职务，应当由报社承担责任，C项说法错误，D项说法正确；荣誉权，是指公民、法人或其他组织所享有的，因自己的突出贡献或特殊劳动成果而获得光荣称号或其他荣誉的权利。本题中吴某的行为并未侵犯黄小某的荣誉权，B项说法错误。

3. ABC

【解析】《民法通则》第100条规定，公民享有肖像权，未经本人同意，不得以营利为目的使用公民的肖像。据此，某影楼未经甲本人同意，将甲的照片卖给制药厂的行为侵害了甲的肖像权。故A项正确；根据著作权法的规定，版权即属于创作作品的人。故B项正确；某影楼将甲的照片用在一种性药品广告上，违反了与甲的约定，因此构成违约。故C项正确；隐私权是公民不愿公开或让他人知悉个人秘密的权利。甲允许影楼使用其中一张照片作为影楼的橱窗广告，这张照片已公开。故D项错误。

4. ACD

【解析】名誉是社会对一个民事主体的信用、声望、品德、才干等方面的评价。《精神损害赔偿解释》第3条规定："自然人死亡后，其近亲属因下列侵权行为遭受精神痛苦，向人民法院起诉请求赔偿精神损害的，人民法院应当依法予以受理：（一）以侮辱、诽谤、贬损、丑化或者违反社会公共利益、社会公德的其他方式，侵害死者姓名、肖像、名誉、荣誉……"。本题中，乙的行为侵害了甲的名誉，依法应当承担侵权责任，故A项错误，B项正确。因乙的侵权行为遭受精神痛苦的甲的近亲属均可提起诉讼，包括配偶、父母、子女，故CD项错误。

5. CD

【解析】本案中，患者死亡是由于自己投河自尽导致的，不是医院导致的，A项不选。《民法通则》第100条规定："公民享有肖像权，未经本人同意，不得以营利为目的使用公民的肖像。"《民通意见》第139条规定："以营利为目的，未经公民同意利用其肖像做广告、商标、装饰橱窗等，应当认定为侵犯公民肖像权的行为。"医院的图片展览非营利行为，B不选。《民通意见》第140条规定："以书面、口头等形式宣扬他人的隐私，或者捏造事实公然丑化他人人格，以及用侮辱、诽谤等方式损害他人名誉，造成一定影响的，应当认定为侵害

119

公民名誉权的行为。"医院展出该患者的照片,将其患性病的消息公之于众,侵犯了隐私权,而且医院在说明中推断其性生活不检点,侵犯了名誉权。

6. BD

【解析】甲编造乙当坐台小姐经常卖淫的谣言,并将其贴在A网上,侵害了乙的名誉权,甲为侵权人。丙的行为为职务行为,丙不为侵权行为人,小报报社为侵权行为人。小报报社未经核实便在小报报纸上刊登此文,侵害了乙的名誉权。故A项错误。A网站作为网络运营商,只有在权利人指出侵权事实以后不停止侵害才构成侵权,因权利人乙未向A网站指出侵权事实,因此A不构成侵权人。对于乙的名誉侵权,本题中侵权人为甲和小报报社,A网站以乙未曾向其指出侵权事实而主张抗辩能够成立。故B项正确。小报报社刊登此文后,使乙身心遭到摧残,造成的后果严重,乙的精神损害赔偿请求应予支持。D项正确。至于甲与小报报社之间应否承担连带责任,答案是否定的,因为甲与小报报社不存在共同的意思联络。C项错误。本题选项为BD。

7. CD

【解析】在本题中,并不存在干涉、盗用、假冒牛某姓名的情形,因此,网民的行为并没有侵犯牛某的姓名权。故A项错误。根据《民法通则》第100条的规定,构成侵犯公民肖像权必须是以营利为目的使用公民的肖像,本题中的网民并没有该目的,故不构成对牛某肖像权的侵害。故B项错误。隐私权,是指自然人享有的私人生活安宁与私人信息秘密依法受到保护,不被他人非法侵扰、知悉、收集、利用和公开的一种人格权,《侵权责任法》第2条经将隐私权作为一个独立的人格权加以保护。本题中,网民收集和公开的私人信息,构成了对牛某隐私权的侵害。故C项正确。有人在网站上捏造牛某曾与某明星有染的情节,属于捏造事实公然丑化他人人格的行为,应当认定为侵害公民名誉权的行为。故D项正确。

三、判断题

1. ×

【解析】以违约为由不可以主张精神损害赔偿,只有侵权才能主张精神损害赔偿。

2. √

【解析】《侵权责任法》第22条规定:"侵害他人人身权益,造成他人严重精神损害的,被侵权人可以请求精神损害赔偿。"结合《人身损害赔偿解释》的规定,侵害肖像权可以主张精神损害赔偿。

3. √

【解析】名誉权是自然人和法人对其名誉享有的保有和维护的具体人格权。对自然人来说包括：品德、道德、作风、才能等，对法人来说信用、生产能力、经营状况等都属于名誉。荣誉是特定主体在社会活动中由于其突出表现而被政府、单位、社会团体所给予的积极的正式评价。自然人和法人均可被授予荣誉称号。

4. ×

【解析】本案中不管报社是否是如实报道，均侵犯了甲的隐私权。根据《民通意见》第140条的规定，按照侵犯名誉权处理。甲的身体受到伤害是甲自己的行为造成的，而不是报社行为，故报社没有侵犯身体权。

5. √

【解析】名誉权是民事主体享有的一项具体人格权，死者不是民事主体，但死者名誉应该受保护。

四、案例题

1.【解析】被告的行为构成侵权。侵犯了原告的人格权、肖像权和名誉权。本案中二被告未经原告本人同意，擅自使用其相片并加以不恰当的文字介绍已侵犯了原告的肖像权和人格权。网站组织的这种评选活动，致使原告遭到了广大网民的随意攻击，使原告的个人名誉受损，严重侵犯了原告的合法权益，给原告造成重大经济损失和精神损失。

最终人民法院判决原告停止侵害，并在各自的网站上发布赔礼道歉声明；两被告共赔偿臧天朔经济损失人民币1500元、共同赔偿臧天朔人格权受到侵害的精神抚慰金人民币1万元、肖像权受到侵害的精神抚慰金人民币1万元。

2.【解析】韩某、谢某的行为侵犯了许某的权利。侵害了许某的身体权。身体权，是指自然人以其肢体、器官以及其他组织体的完整性为内容的人格权利。头发是身体的附属部分，属于身体权保护的范围，本案中，韩某、谢某的行为侵犯了许某身体权，并造成许某身体组织完整性损害后果。

3.【解析】美容诊所属于侵权。侵犯了刘女士的健康权和身体权。美容诊所的去脂减肥吸脂手术使刘女士手术后肚子高低不平，局部麻木，对其生理机能造成了一定的损害，因此侵犯了刘女士的健康权；同时，对刘女士的组织器官及其身体组织的完整性也造成了损害，因此也侵犯了刘女士的身体权。

4.【解析】不可以。医院构成侵权，侵犯了患者的隐私权。教学医院为完成教学任务可以采取某些特定的方法，但这种教学方法必须以合法为前提，即必须取得患者的同意。医院可以通过经济补偿等手段事先征得患者同意，也可以通过先进技术模拟诊疗过程，以达到教学的目的。在医院与患者的关系中，医院并不享有向包括见习医生在内的无关人员公开患者隐私的权利。而且，我国的教学实习医院与大学医学教育之间，也并非完全是无偿的服务关系和纯粹的公益性质。即使是纯粹的公益活动，也不能以损害他人的合法权利为代价。因此，尽管医疗行政机关确定某些医院负有教学实习的义务，但该义务仅及于教学医院一方，对患者来说，却没有法律效力，即患者并不负有放弃自己的隐私权满足教学医院进行教学的义务，教学医院与见习学生之间、教学医院与患者之间是两个不同的法律关系，受不同法律规范的约束。教学医院的教学活动侵犯患者隐私的，仍应承担相应的法律责任。

第七章　对他人行为致人损害的侵权责任

【本章导读】

对他人行为致人损害的侵权责任，又称为替代责任，属于间接侵权责任，是由不直接实施侵权行为的关系人承担法律后果的一种侵权行为。法律不仅规定了自己对自己的侵权行为承担责任，同时规定了对他人行为致人损害的所应承担的替代责任。对他人行为致人损害的民事责任的责任基础在于责任人与致害人之间一般存在特定关系，如隶属、雇佣、监护等。基于权利义务的一致性和社会公平的理念，以及从责任人有对行为人的支配、控制能力等方面，确定由管理者、雇主和监护人等承担责任是合理的。该类责任的主要特征是致害人与责任人分离，责任人不是直接实施侵害行为的人。对他人行为致人损害的侵权责任主要包括国家机关责任、法人责任和其他社会组织的责任、雇主责任和监护人责任。本章的重点在于雇主责任和监护人责任，要掌握其责任成立的基础、归责标准和免责事由；对于国家机关责任则须注意行政法性质的国家赔偿与私法性质的民事损害赔偿的区别，以及在侵权行为法中的适用范围等。随着实际生活中学生在校园被伤害或伤害他人纠纷的增多，也应结合法人责任和监护人责任对此给予必要的关注。

【导引案例】

案情介绍：

被告刘某雇佣甲、乙两名外地人为她家收割水稻。当天下午3时许，被告与两名雇工一起拉一辆装有稻谷和打稻机的板车回家，拉到村头的桥上，下坡时，因在前面拉车的雇工甲没有控制好车头，被告与另一雇工乙在后面也没能拖住车尾，致使板车滑坡失控，快速撞向桥头，板车前脚撞中了在亭内乘凉的原告孙某腹部，致原告当场休克，被送往医院抢救，经住院治疗三个月痊愈，共花医疗费5万元。为此原告孙某向法院起诉，要求被告刘某及甲、乙两名雇工承担赔偿责任。[①] 问题：

（1）本案应该由谁承担责任？

（2）损害主要由被告的雇工甲操作错误造成的，雇工甲是否应一并承担责

---

① 张新宝：《侵权行为法》，浙江大学出版社2008年版，第241页。

任？为什么？

分析提示：

（1）应该由雇主刘某承担责任。

（2）不需要。本案中虽然损害主要由被告的雇工操作错误造成的，而根据《侵权责任法》第35条规定，个人之间形成劳务关系；提供劳务一方因劳务造成他人损害的，由接受劳务一方承担侵权责任。《人身损害赔偿解释》第9条规定："雇员在从事雇佣活动中致人损害的，雇主应当承担赔偿责任；雇员因故意或者重大过失致人损害的，应当与雇主承担连带赔偿责任。雇主承担连带赔偿责任的，可以向雇员追偿。"所谓具有故意或者重大过失，主要是指雇员对其行为后果毫不顾及，对他人的利益极不尊重。根据本案的事实，难以认定雇员存在故意或重大过失，且雇主在后面也没能拖住车尾，也存在一定过错。因此，应该由雇主刘某单独承担赔偿责任，而无须雇员承担连带赔偿责任。

第一节 国家机关责任

一、国家机关责任的概念

国家机关责任，是指国家机关或者国家机关工作人员，在执行职务中侵犯他人合法权益并造成损害所应承担的责任。这种侵权责任，在国外的立法例中称为"公务侵权责任"。

国家机关责任涉及行政法性质的国家赔偿和私法性质的民事赔偿。我国在1995年《国家赔偿法》出台前，对于国家机关或其工作人员的职务行为所造成的损害一律适用《民法通则》的规定，即"国家机关或者国家机关工作人员在执行职务中，侵犯公民、法人的合法权益造成损害的，应当承担民事责任"。其并没有区分行政赔偿和民事赔偿。自1989年《行政诉讼法》颁布实施后，行政赔偿制度首先独立出来，到《国家赔偿法》颁布后确定国家赔偿的范围为行政赔偿和司法赔偿，即行政机关和司法机关在执行公权力的过程中侵害他人合法权益时适用国家赔偿，而在进行法律赋予其职责之外的行为时，如造成他人损害则适用民事赔偿。在我国司法实践中，《国家赔偿法》没有规定的内容，仍可适用《民法通则》的规定。

应当注意，国家赔偿与民事赔偿毕竟不同，《国家赔偿法》是以《宪法》而非以《民法通则》为根据而制定的,国家赔偿在性质上属于行政法制度,国家赔偿的范围应以法律规定为标准,不能以结果上是否对受害人有利为标准而任意扩大国家赔偿的范围;对国家机关或其工作人员的所有侵害行为不加区别地全部适用民事赔偿也不正确。在民事责任范围内,国家机关对其工作人员的侵权行为所承担的责任属于替代责任。

二、国家机关责任的构成要件

1. 侵权行为主体要件。行为主体是国家机关或国家机关工作人员。国家机关不仅包括权力机关、行政机关、审判机关、检察机关和军事机关。而且受委托行使国家权力的机关或公民,也被视为国家机关及国家机关工作人员。

(1) 行政机关及其工作人员。根据《国家赔偿法》的规定,此处的行政机关为广义的行政机关,包括:国务院、国务院所属各部、委、办、局、署;省(自治区、直辖市)人民政府及其所属的厅、局、委、办等机关和派出机构;自治州人民政府及所属局、委、办等机关;市、县人民政府及所属局、委、办等机关;市辖区人民政府及其所属局、委、办等机关以及街道办事处;乡、镇人民政府及其所属的办事机关。

在我国,有关组织在取得法律、法规授权的情况下,也可以行使行政权力。如共青团、工会、妇联等群众团体以及证监会等事业单位在行使法律、法规授予的行政权力时,如果违法造成损害,应当适用国家赔偿责任。

所谓行政机关工作人员,是指在上述行政机关担任公职、从事公务的人员,包括正式任命或聘用的人员及临时雇佣或特别委托的人员。该机构中的工勤人员、临时雇佣人员等原则上不会行使行政权力,不宜理解为行政机关工作人员。

(2) 司法机关及其工作人员。根据《国家赔偿法》的规定,此处的司法机关是指行使侦查、检察、审判、监狱管理职权的机关,包括各级公安机关、国家安全机关、监狱管理机关、最高人民法院、最高人民检察院和地方各级人民法院、人民检察院。上述司法机关根据工作需要设置的派出机构也是该司法机关的一部分。司法机关工作人员,是指在上述司法机关担任公职、从事公务的人员,包括正式任命或聘用的人员及临时雇佣或特别委托的人员。

2. 侵权行为要件。

(1) 致害行为必须是执行职务的行为。国家机关的行为包括两种,一种是行使民事权利,参与民事法律关系进行的民事行为,此时国家机关的身份为民法上的国家机关法人,与其行为的相对人法律地位平等;另一种是作为国家权力的行使者所进行的公法上的行为，包括行政管理、行政处罚等行政行为、审判行为、侦查行为等。此时国家机关与相对人处于一种命令与服从的关系。国家机关因前一种行为造成他人损害的，应当承担一般民事责任，后一种损害才承担国家赔偿责任。即只有以国家名义、行使国家权力的行为才为执行职务的行为。

国家机关工作人员的行为也有两种情况，其执行本单位职务行为时为国家机关工作人员，其从事职务范围以外的行为时为一般民事主体。因此，对国家机关工作人员的行为也要区分职务行为和一般民事行为。国家机关工作人员从事与行使职务行为无关的活动致人损害的行为不属于此范围。如何认定国家机关工作人员的个人行为和职务行为？一般认为，这种区分应以行为的外观为标准，只要行为从外观上看可以认为属于社会观念上执行职务的范畴即可。一般来说，国家机关工作人员使用警械等特定工具的行为、在上班时间于工作地点进行的行为等，可以认为是职务行为。如利用职务之便，实现个人目的的行为等。另外，职务行为不仅应当包括直接执行职务的行为，如警察搜查嫌疑人身体，还包括与执行职务有关的行为，如为查清真相进行的逼供、诱供行为等。

（2）致害行为必须是违法行使职权的行为。常见类型有四种：①执行职务的方法或手段违法。如刑讯逼供致人死亡；②职务行为本身的危险性。如击毙逃犯误伤无辜；③职务行为执行人员的过错。如遗失依法查封的财产；④怠于执行职务。

3. 损害结果要件。损害结果，是指国家机关及其工作人员违法行使职权，侵犯了公民、法人或者其他组织的合法权益所造成的既定的客观损害。有损害，才有赔偿。并且，损害结果只有具备以下特征，才可以获得国家赔偿：①合法权益的损害具有现实性，即已经发生的、现实的，而不是未来的、主观臆想的；②损害必须针对合法权益而言，违法的利益不受法律保护，不引起国家赔偿；③损害必须是直接损害，而不包括间接损害。

4. 职务侵权行为与损害结果之间具有因果关系。认定职务侵权行为与损害结果之间具有因果关系需从两方面考虑：一是直接加害人的行为与损害之间的因果关系。即直接加害人的违法行为与公民、法人或者其他组织的合法权益受到损害结果之间必须有必然的、内在的、本质的联系。二是负有赔偿义务的机关与直接加害人之间的关系。即要求直接加害人与国家机关有特定的关系，包括其工作人员，也包括受国家机关委托的人员。

三、国家机关责任的承担

《民法通则》第121条规定:"国家机关或者国家机关工作人员在执行职务中,侵犯公民、法人的合法权益造成损害的,应当承担民事责任。"《民通意见》第152条对此作了进一步的明确规定,即国家机关应当承担民事责任。据此,国家机关或者国家机关工作人员在执行职务中,侵犯公民、法人的合法权益造成损害的,由国家机关承担民事责任。但具体在承担民事责任时,一般先由赔偿义务机关承担,然后赔偿义务机关可代表国家责令有故意或重大过失的国家工作人员、受委托的组织或个人承担部分相应的责任。赔偿义务机关包括:(1)行政机关和法律法规授权的组织;(2)行使国家侦查、检察、审判、监狱管理职权的机关。

国家机关或其工作人员执行职务致人损害的侵权责任,适用无过错原则归责,即受害人只需举证证明存在侵害行为和损害事实及二者之间的因果关系,而国家机关不能证明其有免责事由的即构成侵权责任。值得注意的是,现行法关于国家机关和国家机关工作人员的侵权责任,除《民法通则》第121条外,还有《行政诉讼法》第67条规定和《国家赔偿法》第2条规定。在适用中的先后顺序为:《国家赔偿法》第2条,《行政诉讼法》第67条,《民法通则》第121条。

另外,法人或者其他组织的法定代表人、负责人以及工作人员,在执行职务中致人损害的,依照《民法通则》第121条的规定,由该法人或者其他组织承担民事责任。上述人员实施与职务无关的行为致人损害的,应当由行为人承担赔偿责任。属于《国家赔偿法》赔偿事由的,依照《国家赔偿法》的规定处理。

第二节 法人和其他社会组织的侵权责任

一、法人和其他社会组织的侵权责任的概念

法人和其他社会组织的侵权责任,是指法人或其他社会组织的法定代表人、负责人以及工作人员在履行职务时侵害他人合法权益而由该法人或社会组织承担的民事责任。

现代侵权法中,专家侵权责任越来越受到关注。所谓的专家责任,是指具有

特别知识和技能的专业人员在履行专业职能的过程（执业）中给他人造成损害所应承担的民事责任。如律师侵权责任、会计师侵权责任、医师的侵权责任和建筑师侵权责任等。由于各专家都依附于某个法人或其他社会组织，其行为应属于法人或其他社会组织的职务行为。对于该行为造成他人损害的，可以适用法律有关法人或其他社会组织侵权责任的规定。

我国《民法通则》并未对法人和其他社会组织的职务侵权作出明确规定，而只是在其第43条概括规定："企业法人对它的法定代表人和其他工作人员的经营活动，承担民事责任。"在司法实践中，法人或其他社会组织承担的侵权责任一般适用《民法通则》第121条有关国家机关责任的规定。我国《行政诉讼法》实施后国家行政赔偿从民事赔偿中分离出去，而《国家赔偿法》颁布后，又将司法赔偿和行政赔偿合并为国家赔偿。2003年12月《人身损害赔偿解释》将法人和其他社会组织的工作人员的侵权行为又独立成条与国家机关责任并列，而且还规定了雇主责任，以调整以临时性用工为主的雇佣关系中的雇员职务侵权纠纷。这样在我国就形成了国家赔偿责任、法人和其他社会组织工作人员的职务侵权责任，以及短期用工侵权责任。

二、法人和其他社会组织的侵权责任构成要件

1. 须有法人或其他社会组织工作人员执行职务的行为。法人作为一个社会组织，其一切活动都只能通过法人的法定代表人、负责人以及工作人员去具体实施，由他们代表法人表达法人的意志、进行民事活动。如果法人或者其他组织的法定代表人、负责人以及工作人员在执行职务的过程中，其行为致人损害，就需要由法人承担责任，而不是由实施具体侵权行为的人承担侵权责任，这可认为是一种替代责任。但是法人承担责任的前提是该侵权行为是"执行职务"的行为。执行职务之外的行为造成他人损害的，法人不承担侵权责任。

2. 执行职务的行为造成他人损害。有损害就有救济，这是侵权责任法的基本理念。法人侵权责任的构成也须有损害事实，该损害包括物质损害，也包括精神损害；包括已经产生的，也包括将要产生的损害。

3. 执行职务的行为与损害后果具有因果关系。构成法人责任，要求职务行为和损害后果具有因果关系。因果关系中的"原因"是法人或者其他组织的法定代表人、负责人以及工作人员执行职务的行为，"结果"是受害人遭受的人身和财产损害。只有在执行职务的行为与损害之间有因果关系，法人才承担责任。

4. 法人工作人员须有过错。法人侵权责任须以其工作人员实施职务行为时

有过错为要件,并不要求承担侵权责任的法人有过错,对法人自身而言其为无过错责任。法人在选任、监督和管理上的过失,只是法人与其工作人员内部责任划分时的依据。需要注意的是,法人责任的构成并非在任何情况下都需要求其工作人员有过错。法人工作人员从事高度危险作业等适用无过错责任原则的职务行为时,应以法律对其具体所从事行为的规定来判断是否需过错要件。

第三节 雇 主 责 任

一、雇主责任的概念和特征

(一) 雇主责任的概念

雇主责任,是指雇主对受雇人在执行雇佣活动中致人损害,依法所应当承担的赔偿责任。雇主责任涉及三方面主体,即雇主、雇员和受害人,其中雇主与雇员之间是雇佣关系,雇员是造成受害人损害的具体行为人,雇主则是法律规定的对受害人承担责任的责任人。雇主责任是典型的替代责任。

(二) 雇主责任的特征

1. 雇主责任是一种替代责任。雇主责任不是针对雇主自己实施的侵害行为,而是对雇员的侵权行为承担责任,属于替代责任。

2. 雇佣人与致害人有特定的关系(如雇佣、隶属、选任、指示、监督、管理)。雇佣人与受雇人之间的特定关系表现为三个方面:(1)特定的人身关系,即受雇人在受雇期间,其行为受雇佣人意志的支配与约束。(2)特定的因果关系,损害事实虽系受雇人直接造成,但雇佣人对受雇人选任不当、疏于监督、管理等,是损害事实得以发生的主要原因。(3)特定的利益关系,受雇人在受雇期间所实施的行为,直接为雇佣人创造经济利益以及其他物质利益,雇佣人承受这种利益,受雇人据此得到报酬。[①]

3. 致害人从事雇佣活动或执行职务的行为。即雇员应该在从事雇主指示的任务或者履行自己的职务过程中致人损害。

[①] 王利明、杨立新:《侵权行为法》,法律出版社1996年版,第258页。

4. 雇员行为构成侵权。雇员的行为不构成侵权，雇主自然也无从替代其承担责任。

二、雇主责任的构成要件

1. 雇主与雇员之间存在雇佣关系。这是确定雇主责任的前提，是否有雇佣关系最主要的是看其与受雇人之间有没有事实上的雇佣关系。实践中判断雇佣关系：一是双方有无雇佣合同（口头的或书面的）；二是受雇人有无报酬；三是受雇人有无提供劳务；四是受雇人是否受雇佣人监督。其中最重要的是后两项内容，它决定着事实上雇佣合同关系的存在与否。

2. 须有第三人受损害的事实。雇主责任以雇员行为造成他人损害为前提，第三人没有损害的，雇主自然也无承担责任之理。如果雇佣行为仅造成雇员损害的，则属于工伤事故责任。第三人受损害可以是财产损害，也可以是人身损害。

3. 须执行雇佣行为造成的损害。一般而言，执行雇佣行为，是指雇主所命令或委托的行为，也包括为执行该行为所必要的其他行为。关于是否为雇佣行为，应以行为的外在表现形态为标准，如外观上为执行职务的范围，其范围又是雇主可监督的范围，则不问雇佣人或受雇人的意思如何，均为执行雇佣行为，而且该执行雇佣行为是否违法也在所不问。

依最高人民法院的司法解释，我国认定雇佣行为的范围包括：从事雇主授权或者指示范围内的生产经营活动或者其他劳务活动，也包括超出授权范围，但其表现形式是履行职务或与履行职务有内在联系的活动。如雇员在工作场所一边工作、一边抽烟导致放置在工作场所的第三人财物毁损，就应认定为属于执行职务行为而致人损害。

4. 雇员的行为必须是应当承担侵权责任的行为。雇员从事雇佣活动本身并不构成雇主的侵权责任，只有在雇员的行为侵权并造成他人损害时，雇主才可能承担雇主责任。雇员的行为是否为应当承担侵权责任的行为，是指是否符合某类侵权责任的构成要件。如果是一般侵权行为，应当有加害行为、损害、因果关系和过错四个要件；如果是无过错侵权行为，也需要有加害行为、损害和因果关系三个要件。只有在雇员的行为应当承担侵权责任的行为时，雇主才承担雇主责任。

三、雇主责任的承担

《侵权责任法》第34条第1款规定：用人单位的工作人员因执行工作任务

造成他人损害的，由用人单位承担侵权责任。该条第 2 款规定：劳务派遣期间，被派遣的工作人员因执行工作任务造成他人损害的，由接受劳务派遣的用工单位承担侵权责任；劳务派遣单位有过错的，承担相应的补充责任。"用人单位"指的是与劳动者形成劳动关系的主体，在劳动者为完成劳动工作而造成他人人身或财产损害的，由用人单位承担赔偿责任。在"劳务派遣"中，与劳动者形成劳动关系的事实上是"派遣单位"，但所完成的工作则是由接受劳务派遣的单位收益，因此本条第 2 款规定了在此种情况下，由接受派遣的单位承担侵权责任，派遣单位仅在其有过错时承担补充责任。第 35 条规定：个人之间形成劳务关系，提供劳务一方因劳务造成他人损害的，由接受劳务一方承担侵权责任。提供劳务一方因劳务自己受到损害的，根据双方各自的过错承担相应的责任。

雇主责任自然是雇主承担的责任，但是在雇员故意或有重大过失时，仍然要求雇主独立承担责任则有失公平。从法律规定雇主责任的目的看是为保护受害人的利益，如果使直接实施侵权行为的人承担责任也能达到这一目的时，法律就没有必要进行限制。依据我国最高人民法院《关于审理人身损害赔偿案件适用法律若干问题的解释》，"雇员因故意或者重大过失致人损害的，应当与雇主承担连带赔偿责任。雇主承担连带赔偿责任的，可以向雇员追偿"。因此并非在任何情况下，雇员的行为都由雇主承担法律后果。其实，雇主向有过错雇员的追偿，可以依据合同，也可以依据法律规定。当然依据最高人民法院的司法解释，在雇员故意或有重大过失时，雇主虽然并不能完全免除责任，但是与雇员没有过错时承担的替代责任毕竟不同，雇主此时与雇员承担的是连带责任，只不过何为"重大过失"并无统一标准。

四、义务帮工致人损害的民事责任

（一）义务帮工致人损害的民事责任概述

义务帮工致人损害的民事责任，是指帮工人在从事帮工活动中致人损害，而应由被帮工人承担民事责任的情形。帮工作为一种互助行为，在实际生活中是普遍存在的，因帮工而导致他人或帮工人自己损害的情况也难免发生。

国外多数情况下并不区分帮工与雇佣，在最高人民法院颁布《人身损害赔偿解释》之前，我国法律也没有区别帮工和雇佣关系，在司法实践中，帮工致人损害责任与雇佣人责任相同。而事实上，帮工与雇佣劳动存在许多差异，这种差异足以导致法律责任之不同。所以《人身损害赔偿解释》将义务帮工致损害的责任与雇佣人责任分别予以规定，该解释第13条规定："为他人无偿提供劳务的帮工人，在从事帮工活动中致人损害的，被帮工人应当承担赔偿责任。被帮工人明确拒绝帮工的，不承担赔偿责任。帮工人存在故意或者重大过失，赔偿权利人请求帮工人和被帮工人承担连带责任的，人民法院应予支持。"依据该规定，义务帮工致人损害的民事责任分三种情况：①帮工人没有过错或仅存在一般过错时，由被帮工人承担赔偿责任；②帮工人对损害的发生存在故意或重大过失时，帮工人和被帮工人可能承担连带责任；③在被帮工人明确拒绝帮工时，帮工人造成的损害由帮工人自己承担。

（二）义务帮工与雇佣劳动的区别

1. 帮工人与被帮工人之间没有雇佣关系。他们之间不存在劳动合同关系，也不能认定为事实上的雇佣劳动关系，帮工系帮工人主动实施，被帮工人仅为默许。

2. 帮工人的行为是无偿的，即所谓"义务帮工"，而雇佣劳动中，给付劳动报酬是雇佣合同的当然内容。

3. 在法律后果中，被帮工人如果明确拒绝帮工，则对帮工人造成的损害不承担责任，而且受害人如仅诉请帮工人承担责任时，被帮工人也不承担责任。在雇佣劳动中，雇主责任是一定的，不能免除。

（三）义务帮工致人损害民事责任的构成

除一般侵权责任构成要件外，义务帮工致人损害的责任构成还须符合以下要件：

1. 帮工人与被帮工人之间存在帮工关系，该帮工关系以事实存在为标准；

2. 致害行为须发生在帮工活动中，为帮工事务所导致；

3. 帮工人的行为依法应承担侵权责任。因被帮工人承担的责任属于替代责任，这就要求帮工人的行为必须构成侵权并应承担责任。

（四）义务帮工致人损害的责任承担

义务帮工致人损害的情况可以分为两种：

一是帮工人造成他人损害。依据前述司法解释，根据具体情况分别由被帮工人独立承担、帮工人自己承担和帮工人与被帮工人承担连带责任。被帮工人承担责任适用无过错责任，而帮工人一般承担过错责任。

二是在帮工过程中，帮工人自己受到的损害。如果帮工人在帮工活动中人身受到损害，被帮工人应当承担赔偿责任；如果被帮工人明确拒绝帮工，则不承担赔偿责任，但损害毕竟是为被帮工人利益所造成，所以可以根据公平责任原则，由被帮工人在受益范围内予以适当补偿。

第四节 监护人责任

一、监护人责任概念和特征

（一）监护人责任概念

监护人责任，是指无行为能力或限制行为能力的被监护人致他人损害，而由其监护人承担相应法律后果的侵权责任。

（二）监护人责任的特征

1. 它是特殊侵权责任。在我国侵权责任法上，监护人责任实行无过错责任原则，属于特殊侵权责任。也正是因为这一原因，其被立法者通过类型化的方式特别地加以规定。

2. 它是无过错责任。我国侵权责任法对监护人的责任采取无过错责任原则，即使监护人没有过错也要承担责任。

3. 它以被监护人实施了不法的侵害行为为前提。监护人承担责任的前提是被监护人（包括限制民事行为能力人和无民事行为能力人）实施了不法的侵害行为。

4. 它是一种典型的替代责任。监护人责任属于对他人行为的责任，其责任基础是监护关系的存在。当然，这一判断是以我国对监护人责任采取无过错责任为基础的，如果监护人责任是普通的过错责任或过错推定责任，则其就属于对自己行为的责任。

二、监护人责任的构成要件

（一）被监护人实施了侵权行为

被监护人实施的侵权行为可以是作为，也可以是不作为。当然，被监护人的不作为要认定为侵权行为，必须以作为义务的存在为前提。就监护人责任来说，被监护人的作为义务往往是基于先前行为而产生的,因为被监护人作为未成年人或精神病人,法律上往往不对其规定义务;而基于合同产生作为义务的情形也较少,因为其不具有完全的行为能力,不仅订立合同比较困难,而且实践中也较少订立合同。

(二) 受害人遭受了损害

侵权责任的承担必须以损害的发生为要件,即"无损害即无赔偿"原则。监护人承担责任也必须以损害的存在为前提,而且必须是第三人遭受了损害。具体说来,该要件包括两方面内容:一是损害实际发生,可以是财产损害,也可以是人身损害;二是受害人是第三人。在监护人责任领域,受害人必须是第三人,此处所说的第三人,是指除了被监护人和监护人以外的所有人,包括被监护人的兄弟姐妹等。如果被监护人造成了监护人本身的损害,此时,监护人不能依据《侵权责任法》第 32 条的规定请求赔偿。此时,就可能适用过错责任的一般条款,即依照《侵权责任法》第 6 条第 1 款的规定来确定被监护人的责任。不过,考虑到我国法上被监护人不具有侵权责任能力,所以,被监护人的过错无法认定,也就不能承担过错责任。

(三) 被监护人的行为与损害之间存在因果关系

因果关系,是行为与损害之间存在的引起与被引起的关系。监护人责任的要件之一就是,被监护人的行为与损害之间存在因果关系。

(四) 被监护人的侵权行为具有违法性

违法性是指法秩序对特定行为所作的无价值判断。《侵权责任法》第 6 条第 1 款规定:行为人因过错侵害他人民事权益,应当承担侵权责任。此处的"侵害"有违法的含义。

三、监护人责任的承担

《侵权责任法》第 32 条第 1 款规定:"无民事行为能力人、限制民事行为能力人造成他人损害的,由监护人承担侵权责任。监护人尽到监护责任的,可以减轻其侵权责任。"该条第 2 款规定:"有财产的无民事行为能力人、限制民事行为能力人造成他人损害的,从本人财产中支付赔偿费用。不足部分,由监护人赔偿。"《民法通则》第 133 条第 2 款也有相应的规定。可知,被监护人致人损害的民事行为应由其监护人承担。但在处理具体问题时应注意以下规则：

1. 一般情况下监护人民事责任的承担。主要有三种情况：（1）如果无民事行为能力人或限制民事行为能力人没有财产，其损害后果完全由监护人承担；（2）如果无民事行为能力人或限制民事行为能力人有个人财产，对于其造成的损害后果，应从本人财产中支付赔偿费用；（3）如果无民事行为能力人或限制民事行为能力人有一定数额的财产，但不足以支付赔偿费用，其不足部分，监护人承担。

2. 未成年人父母离婚情况下民事责任的承担。对此，《民通意见》第158条规定："夫妻离婚后，未成年子女侵害他人权益的，同该子女共同生活的一方应当承担民事责任；如果独立承担民事责任确有困难的，可以责令未与该子女共同生活的一方共同承担民事责任。"

3. 监护人不明确时民事责任的承担。《民通意见》第159条规定："被监护人造成他人损害的，有明确的监护人时，由监护人承担民事责任；监护人不明确的，由顺序在前的有监护能力的人承担民事责任。"

4. 负有一定监护职责的单位民事责任的承担。主要指幼儿园、学校、精神病院的民事责任承担问题。《侵权责任法》第38条规定："无民事行为能力人在幼儿园、学校或者其他教育机构学习、生活期间受到人身损害的，幼儿园、学校或者其他教育机构应当承担责任，但能够证明尽到教育、管理职责的，不承担责任。"此条对该教育、管理机构适用的是过错推定。该法第39条规定："限制民事行为能力人在学校或者其他教育机构学习、生活期间受到人身损害，学校或者其他教育机构未尽到教育、管理职责的，应当承担责任。"此条在对于限制民事行为能力人的保护中，教育、管理机构承担的是过错责任。该法第40条规定："无民事行为能力人或者限制民事行为能力人在幼儿园、学校或者其他教育机构学习、生活期间，受到幼儿园、学校或者其他教育机构以外的人员人身损害的，由侵权人承担侵权责任；幼儿园、学校或者其他教育机构未尽到管理职责的，承担相应的补充责任。"对于该机构而言其本质也属于过错责任。《民通意见》第160条和《人身损害赔偿解释》第7条也有相关规定。

5. 监护职责委托他人后民事责任的承担。《民通意见》第22条规定："监护人可以将监护职责部分或者全部委托给他人。因被监护人的侵权行为需要承担民事责任的，应当由监护人承担，但另有约定的除外；被委托人确有过错的，负连带责任。"可见，在委托监护的情形下，首先应当看当事人之间是否有约定，有约定时从约定。如果没有约定责任承担，则应当由监护人承担责任。但受托人确有过错的，监护人和受托人承担连带责任。在对受害人承担民事责任后，监护人和受委托人按照各自的过错大小分担责任。

6. 侵权行为人年龄在18周岁左右时民事责任的承担。对于侵权行为人接近18周岁的,应区分三种情况承担民事责任:(1)如果侵权行为人已满16周岁,不满18周岁,以自己的劳动收入为主要生活来源的,应由行为人自己承担民事责任。(2)如果"侵权行为发生时行为人不满十八周岁,在诉讼时已满十八周岁,并有经济能力的,应当承担民事责任"。若"行为人没有经济能力的,应当由原监护人承担民事责任"[①]。(3)如果"行为人致人损害时年满十八周岁的,应当由本人承担民事责任;没有经济收入的,由抚养人垫付;垫付有困难的也可以判决或者调解延期给付"。

7. 无民事行为能力人在他人教唆、帮助下实施侵权行为时民事责任的承担。无民事行为能力人在他人教唆、帮助下实施侵权行为从而给他人造成损害的,由教唆人、帮助人承担民事责任,监护人不承担民事责任。[②]

8. 限制民事行为能力人在他人教唆、帮助下实施侵权行为时民事责任的承担。限制民事行为能力人在他人教唆、帮助下实施侵权行为从而给他人造成损害的,由监护人和教唆人、帮助人共同承担民事责任,但教唆人、帮助人应当承担主要的民事责任。[③]

9. 完全民事行为能力人突发精神病致人损害时民事责任的承担。过去没有精神病的成年人,突发精神病时致人损害的,由本人承担民事责任。《侵权责任法》第33条规定:"完全民事行为能力人对自己的行为暂时没有意识或者失去控制造成他人损害有过错的,应当承担侵权责任;没有过错的,根据行为人的经济状况对受害人适当补偿。""完全民事行为能力人因醉酒、滥用麻醉药品或者精神药品对自己的行为暂时没有意识或者失去控制造成他人损害的,应当承担侵权责任。"在"对自己的行为暂时没有意识或者失去控制"的情况下,侵权行为人有过错的承担赔偿责任,没有过错的仅承担适当补偿责任。如侵权行为人在"梦游"状态下实施侵权行为,被侵权人如不能证明侵权行为人有过错,则不能要求其承担赔偿责任,仅能要求其给予适当补偿。在因"醉酒、滥用麻醉药品或者精神药品"而使得侵权行为人的意识失去控制的情况下,不能因其意识失去控制而免除或者减轻其侵权责任。

---

① 《民法通则》第161条。
② 《民通意见》第48条。
③ 《民通意见》第48条。

第七章 对他人行为致人损害的侵权责任

实训测试

一、单项选择题

1. 甲在乙承包的水库游泳，乙的雇工丙、丁误以为甲在偷鱼苗将甲打伤。下列哪一说法是正确的？（　　）（2009年司法考试卷三第22题）

   A. 乙、丙、丁应承担连带责任
   B. 丙、丁应先赔偿甲的损失，再向乙追偿
   C. 只能由丙、丁承担连带责任
   D. 只能由乙承担赔偿责任

2. 甲搬家公司指派员工郭某为徐某搬家，郭某担心人手不够，请同乡蒙某帮忙。搬家途中，因郭某忘记拴上车厢挡板，蒙某从车上坠地受伤。下列哪一选项是正确的？（　　）（2007年司法考试卷三第20题）

   A. 应由郭某承担赔偿责任
   B. 应由甲公司承担赔偿责任
   C. 应由甲公司与郭某承担连带责任
   D. 应由甲公司与徐某承担连带责任

3. 小学生小杰和小涛在学校发生打斗，在场老师陈某未予制止。小杰踢中小涛腹部，致其脾脏破裂。下列哪一选项是正确的？（　　）（2007年司法考试卷三第24题）

   A. 陈某未尽职责义务，应由陈某承担赔偿责任
   B. 小杰父母的监护责任已转移到学校，应由学校承担赔偿责任
   C. 学校和小杰父母均有过错，应由学校和小杰父母承担连带赔偿责任
   D. 学校存在过错，应承担与其过错相应的补充赔偿责任

4. 高中生钱某于1980年9月2日出生。1998年6月1日在校将同学李某打伤，致其花去医药费2000元。钱某毕业后进入一家炼钢厂工作。1999年2月，李某起诉要求钱某赔偿医药费。该民事责任应由谁承担？（　　）（2002年司法考试卷三第5题）

   A. 钱某承担，因钱某诉讼时已满18周岁，且有经济能力
   B. 钱某之父承担，因钱某在侵权行为发生时未满18周岁，没有经济能力
   C. 主要由钱某之父承担，钱某适当赔偿
   D. 主要由钱某承担，钱某之父适当赔偿

5. 村民李某为了盖房子，雇请了张某作为泥瓦工。一日，张某在工作过程中，不慎将手中的工具刀从二楼外墙上掉下，恰好将在路边玩耍的王某的儿子（9岁）王甲砸中，王甲因此花费医疗费1万元。为该医药费的承担，当事人发生争议。下列表述正确的是：（ ）

　　A. 应由王某承担，因其未尽监护职责

　　B. 应由李某承担，因其为雇主

　　C. 应由张某承担，因其为致害人

　　D. 应由李某和张某承担连带责任

6. 春光路幼儿园组织小朋友到郊野公园踏青，到达目的地后，由该公园的专职辅导员照管小朋友在草地上玩耍，老师们则到旁边的小木屋里开会。活动快结束时，一小女孩被玩具飞机扎伤脸部，花去医药费若干。谁的飞机已经无法查证。对此，下列说法正确的是：（ ）

　　A. 幼儿园不应承担责任，因为玩耍时的照管义务已经转移给郊野公园

　　B. 幼儿园应该承担无过错责任

　　C. 幼儿园应承担过错责任

　　D. 幼儿园不应承担责任，因为损害结果是由玩飞机的人造成的

7. 甲是乙运输公司的雇员，乙派甲承担一批货物的长途运输任务。由于途经甲的老家，甲便想顺路回家看看。在回家途中，因车速过快与丙驾驶的轿车相撞，造成丙车毁人伤。丙的损失应由谁承担？（ ）（2008年四川司法考试卷三第17题）

　　A. 乙承担主要责任，甲承担补充责任　　　　　B. 甲

　　C. 甲、乙承担连带责任，乙赔偿后向甲追偿　　D. 乙

8. 甲为父亲祝寿宴请亲友，请乙帮忙买酒，乙骑摩托车回村途中被货车撞成重伤，公安部门认定货车司机丙承担全部责任。经查：丙无赔偿能力。丁为货车车主，该货车一年前被盗，未买任何保险。关于乙人身损害的赔偿责任承担，下列哪一选项是正确的？（ ）（2010年司法考试卷三第24题）

　　A. 甲承担全部赔偿责任　　　　B. 甲予以适当补偿

　　C. 丁承担全部赔偿责任　　　　D. 丁予以适当补偿

二、多项选择题

1. 某机关法定代表人甲安排驾驶员乙开车执行公务，乙以身体不适为由拒绝。甲遂临时安排丙出车，丙在途中将行人丁撞成重伤。有关部门认定丙和丁对事故的发生承担同等责任。关于丁人身损害赔偿责任的承担，下列哪些表述是错

误的？（　　）（2009 年司法考试卷三第 69 题）

　　A. 甲用人不当应当承担部分赔偿责任
　　B. 乙不服从领导安排应当承担部分赔偿责任
　　C. 丙有过错应当承担部分赔偿责任
　　D. 该机关应当承担全部赔偿责任

　　2. 小牛在从甲小学放学回家的路上，将石块扔向路上正常行驶的出租车，致使乘客张某受伤，张某经治疗后脸上仍留下一块大伤疤。出租车为乙公司所有。下列哪些选项是错误的？（　　）（2008 年司法考试卷三第 64 题）

　　A. 张某有权要求乙公司赔偿医药费及精神损害
　　B. 甲小学和乙公司应向张某承担连带赔偿责任
　　C. 张某有权要求甲小学赔偿医疗费及精神损害
　　D. 张某有权要求小牛的监护人赔偿医疗费及精神损害

　　3. 丁某在自家后院种植了葡萄，并垒起围墙。谭某（12 岁）和马某（10 岁）爬上围墙攀摘葡萄，在争抢中谭某将马某挤下围墙，围墙上松动的石头将马某砸伤。下列哪些选项是正确的？（　　）（2007 年司法考试卷三第 64 题）

　　A. 丁某应当承担赔偿责任
　　B. 谭某的监护人应当承担民事责任
　　C. 马某自己有过失，应当减轻赔偿人的赔偿责任
　　D. 本案应适用特殊侵权规则

　　4. 小甲 6 岁，父母离异，由其母抚养并与之共同生活。某日，小甲在幼儿园午餐时与小朋友小乙发生打斗，在场的带班老师丙未及时制止。小甲将小乙推倒在地，造成骨折，花去医药费 3000 元。小乙的父母欲以小甲的父母、幼儿园及丙为被告，要求赔偿。下列表述哪些是正确的？（　　）（2004 年司法考试卷三第 60 题）

　　A. 小甲之母应承担赔偿责任　　B. 小甲之父应承担连带赔偿责任
　　C. 幼儿园应给予适当赔偿　　D. 丙应承担连带责任

　　5. 甲、乙均为 1989 年 6 月 30 日出生，2007 年初甲参加工作，乙在高中读书。2007 年 5 月 31 日甲、乙与丙发生口角，且将丙打伤。丙住院两个月康复，并于 2007 年 8 月 1 日向法院起诉，要求甲、乙赔偿医疗费一万元，本案中，丙的医疗费应该由谁来承担？（　　）

　　A. 甲　　　　B. 乙　　　　C. 甲的父母　　　　D. 乙的父母

　　6. 张某系某市邮政局职工，一日，张某在负责运送邮件的过程中，被王某驾驶的大货车撞上，张某受重伤。经查，张某系正常行驶，王某因疲劳驾驶，致

使货车失控,应对本次交通事故负全责。王某驾驶的货车隶属某县运输公司。下列表述中正确的有:(　　)

A. 张某有权请求王某赔偿其全部损失
B. 张某有权请求某县运输公司赔偿其全部损失
C. 张某有权请求工伤保险赔偿
D. 张某有权同时主张工伤保险赔偿和交通事故赔偿

7. 甲乙丙(均系未成年人)某日一起到所住楼房的15层电梯间的走廊里玩耍。玩耍过程中,三人拿了走廊中的三个啤酒瓶,一起从电梯间破损的窗户往下扔。住在底层的丁恰好怀抱2岁的儿子戊走出楼房。其中一个酒瓶正砸在戊的头上,致使其当场昏迷。丁立即将其送至医院,但抢救无效,于第三日死亡。因无法认定是谁造成损害,故就损害赔偿发生纠纷。下列表述正确的有:(　　)

A. 戊之死亡的责任应由甲乙丙三人的监护人负连带责任
B. 戊住院期间支付的费用应当予以赔偿
C. 戊死亡的丧葬费用不应赔偿
D. 丁有权主张精神损害赔偿

8. 孙某系一精神病人,其丈夫将其送往精神病院治疗。某日,孙某见到一名病患者掉入水池,奋力将精神病患者救出。孙某见病患者浑身湿透,遂将其带到锅炉房推其靠在火炉上,意欲使其在炉旁将衣服烤干。但因火炉温度过高,该名患者被烫伤,后被医院发现,才将其救下。该名患者为治烫伤花去医药费1000元。就该患者所受损害发生争执,下列说法不正确的是:(　　)

A. 孙某将病患者从水池中救起属于无因管理
B. 孙某为限制行为能力人,因此他的行为是侵权行为而非无因管理
C. 孙某在住院治疗,因此其监护人不需承担责任
D. 精神病院应承担适当赔偿责任

9. 甲向朋友乙抱怨自己果园的苹果经常被人偷吃。乙给甲出主意说:"你在果园四周挖几个陷阱,杀一儆百,看谁还敢偷?"甲于是在果园四周挖了四个陷阱,并对陷阱予以伪装。几天后,给丙家帮忙收割麦子的丁挑麦路过该果园时,因尿急欲到甲的果园中小解,结果掉入陷阱中造成左脚骨折。关于丁所受的伤害,下列表述正确的是:(　　)

A. 丁有权要求甲承担全部赔偿责任
B. 丁有权要求乙承担全部赔偿责任
C. 丁有权要求丙承担全部赔偿责任
D. 甲、乙、丙应当承担连带赔偿责任

10. 甲公司为劳务派遣单位，根据合同约定向乙公司派遣搬运工。搬运工丙脾气暴躁常与人争吵，乙公司要求甲公司更换丙或对其教育管理，甲公司不予理会。一天，乙公司安排丙为顾客丁免费搬运电视机，丙与丁发生激烈争吵故意摔坏电视机。下列哪些说法是错误的？（　　）（2010年司法考试卷三第70题）

A. 甲公司和乙公司承担连带赔偿责任
B. 甲公司承担赔偿责任，乙公司承担补充责任
C. 甲公司和丙承担连带赔偿责任
D. 丙承担赔偿责任，甲公司承担补充责任

三、判断题

1. 教唆、帮助无民事行为能力人、限制民事行为能力人实施侵权行为的，应当承担侵权责任；该无民事行为能力人、限制民事行为能力人的监护人未尽到监护责任的，应当承担相应的责任。（　　）

2. 完全民事行为能力人对自己的行为暂时没有意识或者失去控制造成他人损害的，不论有无过错都应当承担侵权责任。（　　）

3. 完全民事行为能力人因醉酒、滥用麻醉药品或者精神药品对自己的行为暂时没有意识或者失去控制造成他人损害的，应当承担侵权责任。（　　）

4. 用人单位的工作人员因执行工作任务造成他人损害的，由用人单位和该工作人员承担连带侵权责任。（　　）

5. 劳务派遣期间，被派遣的工作人员因执行工作任务造成他人损害的，由接受劳务派遣的用工单位承担侵权责任；劳务派遣单位有过错的，承担相应的补充责任。（　　）

6. 个人之间形成劳务关系，提供劳务一方因劳务造成他人或自己损害的，由接受劳务一方承担侵权责任。（　　）

7. 无民事行为能力人或限制民事行为能力人在幼儿园、学校或者其他教育机构学习、生活期间受到人身损害的，幼儿园、学校或者其他教育机构未尽到教育、管理职责的，应当承担责任。适用的都是过错责任原则。（　　）

四、案例题

1. 某石料厂业主刘某因石料厂需焊接安装碎石机筛子，与有电焊工特种作业证的马某达成口头协议。原材料由刘某提供，完工后刘某支付费用3500元。马某承接业务后，雇佣没有取得电焊工特种作业证的李某为其工作，每日报酬25元。一日，李某接电焊机电线时，触电倒地，经抢救无效死亡。死者李某的

侵权责任法理论与实训

亲属向法院提起诉讼,请求判令刘某、马某赔偿经济损失。①

问:刘某是否应承担赔偿责任?马某是否应当承担责任?为什么?

2. 2009年12月的一个下午,幼儿园的小朋友在老师带领下,排好队准备到学校大门口等待家长们来接。队伍行进中,走在后面的小琪认为小宇走得太慢,就从后面推了小宇一下,小宇回头正想打不料小琪一挡,正好打在小琪的左眼睛上。老师听到小琪的哭声马上制止,对小宇进行了批评。小琪到家后眼睛疼痛难忍,其父母将小琪送到医院,花去医疗费5000元,小琪的左眼睛视力降低,经法医鉴定已构成七级伤残。

问:小琪受到伤害,应该由谁承担责任?为什么?

3. 孙某系某国家机关的现职干部,在一次执行公务过程中,发现与其有宿怨的陈某在其办公大楼里排队等待办理证照。孙某遂唆使实习生对陈某故意找茬,百般刁难,故意在陈某材料齐全的情况下,令其往返多次才为其办理证照,致使陈某遭受经济损失千余元。陈某遂将该国家机关告上法庭,要求赔礼道歉并赔偿损失。法院经审理查明事实后,判决该国家机关对陈某的损失承担相应的赔偿责任。②

问:本案中,孙某属于"公报私仇"的行为,但法院为何要判由其所在机关承担责任呢?

实训测试参考答案及解析

一、单项选择题

1. A

【解析】《人身损害赔偿解释》第9条第1款规定,雇员在从事雇佣活动中致人损害的,雇主应当承担赔偿责任;雇员因故意或者重大过失致人损害的,应当与雇主承担连带赔偿责任。雇主承担连带赔偿责任的,可以向雇员追偿。本题中,甲在乙承包的水库中游泳,与偷鱼苗的行为有很明显的区别,只要丙、丁稍微注意一下,或是询问一下,则不会造成此种误解。因此,丙、丁的行为存在重大过失,给甲造成的损害应该与乙一起承担连带赔偿责任。

2. C

---

① 张新宝:《侵权行为法》,浙江大学出版社2008年版,第241页。
② 张新宝:《侵权行为法》,浙江大学出版社2008年版,第241页。

【解析】《人身损害赔偿解释》第9条规定，雇员在从事雇佣活动中致人损害的，雇主应当承担赔偿责任；雇员因故意或者重大过失致人损害的，应当与雇主承担连带赔偿责任。雇主承担连带赔偿责任的，可以向雇员追偿。本题中，郭某作为甲公司的雇员，在从事搬家活动中致人损害的，应该由甲公司承担赔偿责任；但是因为郭某本身也有重大过失，所以应该和甲公司一起承担连带责任，答案C项正确。

3. D

【解析】陈某只是学校的一名老师，属于法人的工作人员，如果陈某未尽到自己的职责造成了学生的损害，应由学校而不是陈某对该学生承担责任。因此A项错误。《侵权责任法》第32条规定："无民事行为能力人、限制民事行为能力人造成他人损害的，由监护人承担侵权责任。监护人尽到监护责任的，可以减轻其侵权责任。"小杰的父母是小杰的法定监护人，理应对小杰的侵权行为承担责任。小杰在学校上学并不意味着监护职责的转移。因此B项错误。《侵权责任法》第40条规定："无民事行为能力人或者限制民事行为能力人在幼儿园、学校或者其他教育机构学习、生活期间，受到幼儿园、学校或者其他教育机构以外的人员人身损害的，由侵权人承担侵权责任；幼儿园、学校或者其他教育机构未尽到管理职责的，承担相应的补充责任。"可见，学校的责任并非连带责任，C项错误，D项正确。

4. A

【解析】《民通意见》第161条第1款："侵权行为发生时行为人不满18周岁，在诉讼时已满18周岁，并有经济能力的，应当承担民事责任；行为人没有经济能力的，应当由原监护人承担民事责任。"本题中，钱某虽然在校将同学李某打伤时不满18周岁，但到李某起诉要求钱某赔偿医药费时已满18周岁，已是完全民事行为能力人，且有劳动收入。因此，依法该民事责任应由钱某自己承担。

5. B

【解析】《人身损害赔偿解释》第9条："雇员在从事雇佣活动中致人损害的，雇主应当承担赔偿责任；雇员因故意或者重大过失致人损害的，应当与雇主承担连带赔偿责任。雇主承担连带赔偿责任的，可以向雇员追偿。"本题雇员张某从事雇佣活动致人损害，并且不存在故意、过失，应由雇主李某承担责任。

6. C

【解析】依《侵权责任法》第38条规定："无民事行为能力人在幼儿园、学校或者其他教育机构学习、生活期间受到人身损害的，幼儿园、学校或者其他教育机构应当承担责任,但能够证明尽到教育、管理职责的,不承担责任。"B项不正确,C项正确。《侵权责任法》第40条规定:"无民事行为能力人或者限制民事行为能力人在幼儿园、学校或者其他教育机构学习、生活期间,受到幼儿园、学校或者其他教育机构以外的人员人身损害的,由侵权人承担侵权责任;幼儿园、学校或者其他教育机构未尽到管理职责的,承担相应的补充责任。"故A项、D项不正确。

7. C

【解析】《人身损害赔偿解释》第9条规定,雇员在从事雇佣活动中致人损害的,雇主应当承担赔偿责任;雇员因故意或者重大过失致人损害的,应当与雇主承担连带赔偿责任。雇主承担连带赔偿责任的,可以向雇员追偿。前款所称"从事雇佣活动",是指从事雇主授权或者指示范围内的生产经营活动或者其他劳务活动。雇员的行为超出授权范围,但其表现形式是履行职务或者与履行职务有内在联系的,应当认定为"从事雇佣活动"。本题中,甲在履行长途运输任务中顺路回家的行为超出了乙公司的授权范围,但其表现形式与履行运输职务之间是有内在联系的,应认定为甲是在"从事雇佣活动",因此乙公司应对丙承担因车祸所造成损失的赔偿责任,而车祸的发生是因为甲车速过快导致,表明甲主观上具有重大过失,因此,甲应当与乙公司承担连带赔偿责任,乙公司赔偿后,可向甲追偿。故C项正确。

8. B

【解析】甲乙之间属于帮工人与被帮工人的关系。根据《人身损害赔偿解释》第14条的规定,帮工人因第三人侵权遭受人身损害的,由第三人承担赔偿责任。第三人不能确定或者没有赔偿能力的,可以由被帮工人予以适当补偿。本题中,帮工人乙遭受的人身损害是由第三人丙的行为造成的,应当由丙承担赔偿责任,但是,由于丙没有赔偿能力,所以可以由被帮工人即甲予以适当补偿。故B项正确,A项错误。该车在一年前被盗,属于被盗的机动车,根据《侵权责任法》第52条的规定,由盗窃人承担赔偿责任。丁作为登记的货车车主,不应当承担责任。故C、D项错误。

二、多项选择题

1. ABCD

【解析】《人身损害赔偿解释》第8条第1款规定:"法人或者其他组织的法定代表人、负责人以及工作人员,在执行职务中致人损害的,依照民法通则第一百二十一条的规定,由该法人或者其他组织承担民事责任。"本案中,丙是在执

第七章 对他人行为致人损害的侵权责任

行职务过程中将丁撞伤，应由该机关单位对丁的损害承担赔偿责任，甲、乙、丙不需要承担赔偿责任。因此，ABC错误。另外，经有关部门认定，丙和丁对事故的发生承担同等责任，即丙的机关仅需要承担全部责任的一半，而非全部责任，另一半由受害人丁自负。因此，D项错误。

2. ABC

【解析】《人身损害赔偿解释》第7条规定："对未成年人依法负有教育、管理、保护义务的学校、幼儿园或者其他教育机构，未尽职责范围内的相关义务致使未成年人遭受人身损害，或者未成年人致他人人身损害的，应当承担与其过错相应的赔偿责任。"本题中，小牛的侵权行为发生在放学回家的路上，因此，甲小学没有过错不承担责任，B、C的说法错误。另外，因出租车是在正常行驶，所以乙公司不承担责任，A的说法错误；《侵权责任法》第32条规定："无民事行为能力人、限制民事行为能力人造成他人损害的，由监护人承担民事责任。监护人尽到监护责任的，可以减轻其侵权责任。"由此，张某有权要求小牛的监护人承担医疗费。根据《精神损害赔偿解释》第1条规定："自然人因生命权、健康权、身体权遭受非法侵害，向人民法院起诉请求赔偿精神损害的，人民法院应当依法予以受理。"由此，张某有权要求小牛的监护人赔偿精神损害，D的说法正确。

3. BCD

【解析】《民法通则》第133条第1款规定："无民事行为能力人、限制民事行为能力人造成他人损害的，由监护人承担民事责任。监护人尽了监护责任的，可以适当减轻他的民事责任。"故B项正确。第131条规定："受害人对于损害的发生也有过错的，可以减轻侵害人的民事责任。"故C项正确。本题适用无过错责任原则，属于特殊侵权规则，所以D项也是正确的。丁既没有过错，也没有违法，不构成侵权，所以不需要承担责任，A项是错误的。故正确答案是BCD。

4. AC

【解析】《民通意见》第158条规定："夫妻离婚后，未成年子女侵害他人权益的，同该子女共同生活的一方应当承担民事责任；如果独立承担民事责任确有困难的，可以责令未与该子女共同生活的一方共同承担民事责任。"故A对B错。《人身损害赔偿解释》第7条规定："对未成年人负有教育、管理、保护义务的学校、幼儿园或者其他教育机构，未尽职责范围内的相关义务致使未成年人遭受人身损害，或者未成年人致他人人身损害的，应当承担与其过错相应的赔偿责任。"故C项正确，丙只是学校的一名老师，属于法人的工作人员，如果丙未

侵权责任法理论与实训

尽到自己的职责造成了学生的损害,应由学校而不是丙对该学生承担责任。因此 D 项错误。

5. AD

【解析】《民通意见》第 161 条规定:"侵权行为发生时行为人不满十八周岁,在诉讼时已满十八周岁,并有经济能力的,应当承担民事责任;行为人没有经济能力的,应当由原监护人承担民事责任。行为人致人损害时年满十八周岁的,应当由本人承担民事责任;没有经济收入的,由扶养人垫付,垫付有困难的,也可以判决或者调解延期给付。"

6. BCD

【解析】王某的运输行为属于职务行为,在运输过程中造成事故,对他人造成侵害,应由其隶属的某县运输公司赔偿张某损失。因此 A 项错误,B 项正确。张某与市邮政局系劳动合同关系,《人身损害赔偿解释》第 12 条规定:"依法应当参加工伤保险统筹的用人单位的劳动者,因工伤事故遭受人身损害,劳动者或者其近亲属向人民法院起诉请求用人单位承担民事赔偿责任的,告知其按《工伤保险条例》的规定处理。因用人单位以外的第三人侵权造成劳动者人身损害,赔偿权利人请求第三人承担民事赔偿责任的,人民法院应予支持。"张某有权请求工伤保险赔偿,也可以同时主张交通事故赔偿。因此,C、D 项正确。

7. ABD

【解析】《侵权责任法》第 10 条规定:"二人以上实施危及他人人身、财产安全的行为,其中一人或者数人的行为造成他人损害,能够确定具体侵权人的,由侵权人承担责任;不能确定具体侵权人的,行为人承担连带责任。"本题中甲、乙、丙共同实施危及他人人身安全的行为并造成损害后果,不能确定实际侵害行为人,行为人承担连带责任。《侵权责任法》第 32 条规定:"无民事行为能力人、限制民事行为能力人造成他人损害的,由监护人承担侵权责任。"甲、乙、丙均为未成年人,所以应由监护人承担连带赔偿责任。A 项正确。根据《人身损害赔偿解释》第 17 条的规定,戊住院期间支付的费用、死亡的丧葬费均应当予以赔偿,B 项正确,C 项错误。另据《精神损害赔偿解释》第 7 条规定,自然人因侵权行为致死,死者的配偶、父母和子女向人民法院起诉请求赔偿精神损害的,列其配偶、父母和子女为原告。丁为死者父母,有权要求精神损害赔偿,D 项正确。

8. BC

【解析】无因管理,是指没有法定或者约定的原因,为避免他人利益受损而为其管理事务的行为。无因管理系事实行为,不以管理人具有意思能力为必要,

146

故孙某虽然是精神病人,但其将掉入水池的病患者救出的行为应为无因管理行为,故 A 项正确,B 项错误。孙某将患者靠在火炉上的行为构成侵权行为,该行为应由其监护人承担赔偿责任,故 C 项错误。张某是在精神病院接受治疗的过程中单独实施侵权行为的,精神病院没有尽到监督和管理职责,对病患受侵害存在过错,故应承担适当赔偿责任,D 选项正确。本题答案为 BC。

9. AB

【解析】《侵权责任法》第 9 条规定:教唆、帮助他人实施侵权行为的,应当与行为人承担连带责任。故 A 项、B 项正确,帮工人在帮工过程中因第三人的侵害对被帮工人不享有损害赔偿请求权。故 C 项、D 项错误。

10. ABCD

【解析】《侵权责任法》第 34 条第 2 款的规定:"劳务派遣期间,被派遣的工作人员因执行工作任务造成他人损害的,由接受劳务派遣的用工单位承担侵权责任;劳务派遣单位有过错的,承担相应的补充责任。"本题中,丙作为被派遣人员在执行工作任务时造成他人损害,由接受劳务派遣的用工单位乙公司承担侵权责任。乙公司要求甲公司更换丙或对其教育管理,甲公司不予理会。因此,劳务派遣单位甲也有过错,应当承担相应的补充责任。因此,四个选项的表述都是错误的。故本题答案为 ABCD。

三、判断题

1. √

【解析】《侵权责任法》第 9 条第 2 款规定:"教唆、帮助无民事行为能力人、限制民事行为能力人实施侵权行为的,应当承担侵权责任;该无民事行为能力人、限制民事行为能力人的监护人未尽到监护责任的,应当承担相应的责任。"

2. ×

【解析】《侵权责任法》第 33 条第 1 款规定:"完全民事行为能力人对自己的行为暂时没有意识或者失去控制造成他人损害有过错的,应当承担侵权责任;没有过错的,根据行为人的经济状况对受害人适当补偿。"

3. √

【解析】《侵权责任法》第 33 条第 2 款规定:"完全民事行为能力人因醉酒、滥用麻醉药品或者精神药品对自己的行为暂时没有意识或者失去控制造成他人损害的,应当承担侵权责任。"

4. ×

【解析】《侵权责任法》第34条第1款规定:"用人单位的工作人员因执行工作任务造成他人损害的,由用人单位承担侵权责任。"

5. √

【解析】《侵权责任法》第34条第2款规定:"劳务派遣期间,被派遣的工作人员因执行工作任务造成他人损害的,由接受劳务派遣的用工单位承担侵权责任;劳务派遣单位有过错的,承担相应的补充责任。"

6. ×

【解析】《侵权责任法》第35条规定:"个人之间形成劳务关系,提供劳务一方因劳务造成他人损害的,由接受劳务一方承担侵权责任。提供劳务一方因劳务自己受到损害的,根据双方各自的过错承担相应的责任。"

7. ×

【解析】《侵权责任法》第38条规定:"无民事行为能力人在幼儿园、学校或者其他教育机构学习、生活期间受到人身损害的,幼儿园、学校或者其他教育机构应当承担责任,但能够证明尽到教育、管理职责的,不承担责任。"可知在此类侵权行为中,教育、管理机构适用的是"过错推定"。而《侵权责任法》第39条规定:"限制民事行为能力人在学校或者其他教育机构学习、生活期间受到人身损害,学校或者其他教育机构未尽到教育、管理职责的,应当承担责任。"可知在此类侵权行为中,教育、管理机构承担的是过错责任。

四、案例题

1.【解析】刘某不应承担赔偿责任。马某应承担一定赔偿责任。因为刘某与马某之间形成的是加工承揽合同,承揽人只是按照定作人的标准来完成一定的工作,而不需要接受来自定作人具体的支配、指示。因此,定作人原则上不对承揽人在完成相关工作过程中给自己或第三人造成的损害承担责任。马某作为承揽人,在承接业务后,雇佣没有取得电焊工特种作业证的李某为其工作,李某接电焊机电线时,触电死亡。根据《侵权责任法》第35条规定:"个人之间形成劳务关系,提供劳务一方因劳务造成他人损害的,由接受劳务一方承担侵权责任。"提供劳务一方因劳务自己受到损害的,根据双方各自的过错承担相应的责任。马某作为雇主雇佣没有取得电焊工特种作业证的李某为其工作,具有过错,马某应承担一定责任,而与定作人的刘某没有关系,刘某不应对李某的死亡承担赔偿责任。李某明知自己没有电焊工特种作业证而接受雇佣也存在一定过错,也应承担与其过错相应的责任。

2.【解析】应该由小宇的父母和学校承担责任。本案既涉及监护人的责任,也涉及幼儿园的责任。对小琪受的伤害,承担责任的主体比较复杂。小琪被小宇打伤并落下残疾的事实客观存在,造成这一结果的原因是多重的。首先,小宇打伤原告小琪,是造成事故的直接原因,应承担主要责任,因为小宇是未成年人,故由其法定监护人承担相应的赔偿责任。幼儿园在对学生管理中,未充分尽到管理职责,确保学生的人身安全,致使未成年人遭受人身损害,存在一定的过错,故应当承担与其过错相应的赔偿责任;同时,由于小琪先推小宇引起事端,对伤害的形式也有一定过错,故根据混合过错,应酌情减轻小宇父母及幼儿园的赔偿责任。

3.【解析】根据《民法通则》第121条的规定:"国家机关或者国家机关工作人员在执行职务中,侵犯公民、法人的合法权益造成损害的,应当承担民事责任。"该条表明国家机关法人的侵权责任并不以主观过错为构成要件,只要其在执行职务过程中实施了不当行为,侵犯了相对人的合法权益,造成了实际的损害后果,就构成了职务侵权。当然,行为人有故意或者重大过失的,单位在对外承担赔偿责任后,可向行为人追偿。如《国家赔偿法》第14条规定:"赔偿义务机关赔偿损失后,应当责令有故意或者重大过失的工作人员或者受委托的组织或者个人承担部分或者全部赔偿费用。对有故意或者重大过失的责任人员,有关机关应当依法给予行政处分;构成犯罪的,应当依法追究刑事责任。"虽然孙某的行为是典型的"公报私仇"的行为,但其指使实习生伤害陈某的行为与执行职务有内在的关联,因此法院判决孙某所在单位赔偿责任。

第八章　物件致人损害的侵权责任

【本章导读】

　　物件致人损害是一种特殊侵权行为。对于物件致人损害责任，从国内外来看，都没有绝对对应的概念。从法制史的角度来看，物件致人损害并不是一个新生事物，早在罗马法时代，就有类似的损害赔偿责任了。我国《侵权责任法》也没有作直接的定义。

　　所谓物件致人损害责任，是指管领物件的人未尽适当注意义务，致使物件造成他人损害，应当承担责任的情形。我国《侵权责任法》关于物件损害责任的规定，属于一个大杂项，将几种具体的物件致人损害责任放在了一起。从立法来看，并没有一个统一的责任性质的规定。对物件致人损害责任进行仔细分析，需要注意的是：首先，物件致人损害，是指损害来自于物而非人的直接行为。其次，物件致人损害，并不排除损害事件的发生，具有人的不作为因素或者自然因素的介入。最后，物件致人损害，强调的是管理人行为的不当或者疏忽管理，而并非物件本身具有危害性。

　　本章结合我国《侵权责任法》第 5 章、第 10 章、第 11 章的规定，将"饲养动物致人损害的责任、建筑物致人损害的责任、地面施工致人损害的责任、产品责任"等内容概括在内作详细介绍。

【导引案例】

　　案情介绍：

　　石某从某商品批发店购买了 40 箱啤酒，并且用卡车将啤酒拉回家中。当石某卸货至第 36 箱时，其中一瓶啤酒突然爆炸，致使石某右眼球受伤，后因医治无效，石某右眼失明。由于石某在运输和搬动啤酒的过程中没有任何过错，于是他向某商品批发店要求赔偿，但商店称啤酒瓶的爆炸可能是由于厂家生产时因质量不合格而致，自己并没有过错，因此要石某向厂家索赔，石某遂诉至法院。**问题：**

　　（1）生产厂家能满足石某的诉讼请求吗？为什么？

　　（2）石某能否直接向该出售啤酒的商品批发店请求赔偿？为什么？

　　分析提示：

　　（1）生产厂家能满足石某的诉讼请求。我国《侵权责任法》第 44 条规定："因运输者、仓储者等第三人的过错使产品存在缺陷，造成他人损害的，产品的生产者、销售者赔偿后,有权向第三人追偿。"《民法通则》第121条规定:"因产品质量不合格造成他人财产、人身损害的,产品制造者、销售者应当依法承担民事责任。运输者、仓储者对此负有责任的,产品制造者、销售者有权要求赔偿损失。"本案中,石某在运输中没有过错,但由于酒瓶爆炸而受伤,此种情况属于因产品质量不合格而引起的无过错侵权责任,而不是运输者的过错责任。因此,石某向生产厂家索赔,生产厂家能满足石某的诉讼请求,承担侵权责任。

(2)石某能直接向该出售啤酒的商品批发店请求赔偿。我国《侵权责任法》第43条规定:"因产品存在缺陷造成损害的,被侵权人可以向产品的生产者请求赔偿,也可以向产品的销售者请求赔偿。产品缺陷由生产者造成的,销售者赔偿后,有权向生产者追偿。因销售者的过错使产品存在缺陷的,生产者赔偿后,有权向销售者追偿。"由此可见,石某也可以直接向该出售啤酒的商品批发店请求赔偿。商品批发店赔偿后,产品缺陷责任属于生产厂家的,出售啤酒的商品批发店还可以向生产厂家追偿。

第一节 饲养动物致人损害责任

一、饲养动物致人损害责任的概念和特征

饲养动物损害责任,是指饲养的动物造成他人损害,动物的饲养人或者管理人所应承担的侵权责任。其特征如下:

1. 侵权损害后果不是行为人的行为所致,而是动物所致,因而是物件致人损害责任;

2. 对损害后果承担责任的是动物的所有人或者占有人,因而是典型的对物的替代责任。

二、饲养动物致人损害的归责原则

对饲养动物致人损害适用无过错责任的归责原则或者严格责任的归责原则,是基本潮流。依我国法律规定,对动物并未作类型区别,凡动物致人损害的民事责任一律适用无过错责任原则。动物即便是经驯化而被饲养的,对周围人伤害的危险性也是存在的。我国《侵权责任法》第78条规定:"饲养的动物造成他人

损害的，动物饲养人或者管理人应当承担侵权责任，但能够证明损害是因被侵权人故意或者重大过失造成的，可以不承担或者减轻责任。"饲养动物致人损害责任原则上为无过错责任。我国《侵权责任法》第81条规定："动物园的动物造成他人损害的，动物园应当承担侵权责任，但能够证明尽到管理职责的，不承担责任。"可见，动物园的动物致人损害的侵权责任实行过错责任原则，且实行过错推定方式认定动物园的过错。

三、饲养动物致人损害责任的构成要件

我国《侵权责任法》第78条规定："饲养的动物造成他人损害的，动物饲养人或者管理人应当承担侵权责任，但能够证明损害是因被侵权人故意或者重大过失造成的，可以不承担或者减轻责任。"这条规定确立了动物致人损害责任的一般构成要件。

（一）致人损害的必须是饲养的动物

所谓饲养的动物，是指处于特定的人管理控制下的动物，至于动物的种类属于家禽、家畜还是野兽或是昆虫，以及是否合法豢养等在所不问。处于野生状态下的或自然保护区内的动物不属于"饲养动物"范围。这样，饲养的动物既包括人工饲养的家畜、家禽、宠物等动物，也包括人工驯养的野兽、爬行类动物等。至于逃逸期间的饲养动物，一般也属饲养动物，如果回复其野生状态，则不包括在内。处于野生状态的动物不属于饲养的动物。国家森林公园的动物虽然处于半野生状态，但因国家投资，并经营管理，允许游人观赏，应当视为饲养的动物。

（二）必须有动物致人损害事实

所谓动物致害，是指基于动物自身对人类存在危险而使人受到的侵害，此损害的发生有时是动物自身主动攻击造成，也可以是因外界刺激而使其危险实现，但不包括人为唆使或故意挑逗动物所引起的损害。因唆使动物造成他人损害的应属于唆使人的一般侵权行为，此时的动物只是加害人的工具而已。第三人或受害人故意挑逗动物导致动物致人损害的，饲养人或管理人不承担责任，而应由有过错的第三人或受害人承担。另外需要注意的是：动物致人损害有时是明显的，有时则是潜伏性的，如狂犬病等。而且动物致人损害通常表现为物质性人格权的损害，有时也会造成受害人的精神损害。

因此，动物致害强调动物基于自身的独立动作致人损害并且造成损害后果，产生了动物致害责任。这里的损害既包括财产损害，也包括人身损害。

（三）动物的侵害与损害后果之间存在因果关系

受害人的损害必须是动物所致，否则动物的饲养人或管理人无承担责任的理由。在我国虽然受害人无须举证动物的饲养人或管理人在动物致人损害案件中的过错，但对因果关系尚有举证义务。在司法实践中，动物致人损害的认定包括动物的直接伤害情形，也包括因动物的动作而受到的损害，如因狼犬的突然猛吠而惊吓跌伤等也属于动物侵害所导致的损害。

综上所述，构成饲养动物致人损害的民事责任，不以被告的过错为要件，但饲养的动物致人损害的事实和损害结果之间的因果关系确是至关重要的。并且动物加害与损害事实之间的因果关系除直接因果关系外，还存在间接因果关系。例如，受惊之马撞翻路旁车辆，而车辆倒塌砸坏他人货物，就属间接因果关系。

四、动物致人损害的责任主体

我国《侵权法》延续了《民法通则》的做法，采取了饲养人或管理人的提法。因为饲养人或管理人为动物的实际控制人，一般也是利益获得者，也最能控制动物造成的危险。动物的饲养人是指动物的所有人，动物的管理人是指对动物进行实际控制和管束的人。遗弃、逃逸的动物在遗弃、逃逸期间造成他人损害的，由原动物饲养人或者管理人承担侵权责任。

如果动物致害是由于受害人的故意或者重大过失造成的，则动物饲养人或管理人可以不承担或者减轻责任。被侵权人是否存在故意或者重大过失，应当由饲养人或者管理人承担举证责任。被侵权人的故意或者重大过失也成为饲养动物损害责任的抗辩事由之一。

五、动物致人损害责任的承担

（一）违反管理规定饲养动物致害责任

违反管理规定的饲养动物致害责任，是指动物饲养人或管理人违反管理规定，未对动物采取安全措施造成他人损害，应承担的侵权责任。违反管理规定的饲养动物致害责任，应当适用侵权责任的一般规则。《侵权责任法》第79条规定:"违反管理规定,未对动物采取安全措施造成他人损害的,动物饲养人或者管理人应当承担侵权责任。"该条就确立了这一特殊的动物致害责任类型。

(二) 禁止饲养的危险动物致害责任

禁止饲养的危险动物致害责任,是指禁止饲养的危险动物造成他人损害,动物饲养人或管理人应当承担的侵权责任。《侵权责任法》第80条规定:"禁止饲养的烈性犬等危险动物造成他人损害的,动物饲养人或者管理人应当承担侵权责任。"该条确立了这一特殊的饲养动物致害责任类型,它具有的特点是:第一,它是特殊类型的饲养动物致害责任。第二,它是无过错责任。《侵权责任法》第80条的条文表述中没有"过错"等字样,显然属于无过错责任。第三,它是更为严格的无过错责任。因为禁止饲养的危险动物的特殊危险性,要求饲养人或管理人承担更重的责任。

(三) 动物园的动物致害责任

动物园的动物致害责任,是指动物园的动物造成他人损害,动物园应当承担的侵权责任。《侵权责任法》第81条规定:"动物园的动物造成他人损害的,动物园应当承担侵权责任,但能够证明尽到管理职责的,不承担责任。"该条确立了特殊的饲养动物致害责任类型。此种责任的特点在于:第一,它是特殊类型的主体承担的侵权责任。此种责任的主体是动物园,它通常是政府设立的,也有少数是私人设立的。第二,它是过错推定责任。与其他的饲养动物致害责任不同,动物园责任的归责原则不同,采过错责任原则,同时实行举证责任倒置。第三,它属于自己责任。与其他的饲养动物致害责任不同,动物园是就其自己的行为承担责任,确切地说,是就自己没有尽到管理职责(即作为义务)承担责任,属于不作为侵权的责任。第四,它具有与一般的安全保障义务相同的法理。动物园承担责任的基础是保有危险动产即动物。动物园承担侵权责任时,应当适用侵权责任的一般规则。就责任主体来说,就是动物园。

(四) 遗弃或逃逸动物致害责任

遗弃或逃逸动物致害的责任,是指动物在遗弃或逃逸期间造成他人损害,原动物饲养人或者管理人应当承担的侵权责任。我国《侵权责任法》第82条规定:"遗弃、逃逸的动物在遗弃、逃逸期间造成他人损害的,由原动物饲养人或者管理人承担侵权责任。"该条是新增加的规定,它借鉴了《法国民法典》第1385条的规定,吸收了我国学界的理论研究成果。

这种责任的特点在于：第一，它是饲养动物致害责任的特殊形态。在动物逃逸或被遗弃的情况下，其已经超出了饲养人或管理人的控制范围。第二，它原则上是无过错责任。我国《侵权责任法》第 82 条没有要求"过错"或类似的要件，所以，其应当解释为采取无过错责任原则。但是，也会有例外。比如被遗弃或逃逸的动物是动物园的动物，就需要考虑适用过错责任原则并实行举证责任倒置。第三，它是以保障公众安全为目标的责任。动物被遗弃或逃逸，加剧了动物危险，更需要动物饲养人或管理人承担无过错责任，从而避免给社会公众带来威胁。第四，它是适用于所有类型动物的责任。动物被遗弃或逃逸，可能是动物园的动物，也可能是禁止饲养的危险动物，还可能是其他动物。所以，《侵权责任法》第 82 条是可以普遍适用于各种类型动物的规定。

（五）因第三人过错导致动物致害责任

因第三人过错导致动物致害责任，是指因第三人的过错致使动物造成他人损害，动物饲养人或管理人应当承担的侵权责任。也是饲养动物损害责任的抗辩事由之一。

我国《侵权责任法》第 83 条规定："因第三人的过错致使动物造成他人损害的，被侵权人可以向动物饲养人或者管理人请求赔偿，也可以向第三人请求赔偿。动物饲养人或者管理人赔偿后，有权向第三人追偿。"该条确立了因第三人过错导致动物致害责任。

其特点在于：第一，它是动物饲养人或管理人的责任。第二，它是特殊类型的饲养动物致害责任。因第三人过错导致动物致害，涉及第三人与动物饲养人或管理人之间的关系，所以，法律上针对其作出了特别的规定。第三，它是可以适用于所有类型动物的责任。因第三人的过错而导致的动物致害责任制度，可以适用于任何类型的动物。动物园的动物、禁止饲养的危险动物、遗弃或逃逸的动物以及其他动物，都可以因第三人的过错而导致他人损害。第四，它原则上是无过错责任。因第三人过错导致动物致害责任的归责原则要取决于该动物的具体类型，它原则上是无过错责任。但是，我国法律上动物园的动物致害是过错推定责任。即因第三人的过错而导致的动物园动物致害，动物园承担的也应当是过错推定责任。

当然，根据《侵权责任法》第 83 条的规定，被侵权人可以向动物饲养人或者管理人请求赔偿，也可以向第三人请求赔偿。动物饲养人或者管理人赔偿后，有权向第三人追偿。

第二节 建筑物致人损害的责任

一、建筑物致人损害责任概念和特征

建筑物致人损害责任,是指因建筑物、其他构造物存在设计、施工或维护上的缺陷以及管理上的过失,造成他人人身或财产损害所应承担的民事责任。建筑物致人损害的民事责任也是非常古老的侵权类型。其特征如下:

1. 建筑物致人损害的民事责任并非包括所有不动产致人损害,而仅指建筑物或其附属物以及其上的搁置物、悬挂物;

2. 该损害是因建筑物本身有缺陷并倒塌而造成的,并非指建筑物造成的所有损害,如建筑物在被拆除过程中对他人造成的损害,建筑物对他人通风、采光的损害等。该倒塌不仅指建筑物倾倒或搁置物、悬挂物的坠落、脱落,也包括建筑物地面的塌陷等;

3. 建筑物致人损害责任适用过错推定责任原则;

4. 关于建筑物致人损害的责任主体,各国立法规定是有差异的。在我国,建筑物致人损害的责任主体通常是所有者,或者是对建筑物有管理义务的人。

二、建筑物致人损害责任的归责原则

我国《侵权责任法》第85条规定:"建筑物、构筑物或者其他设施及其搁置物、悬挂物发生脱落、坠落造成他人损害,所有人、管理人或者使用人不能证明自己没有过错的,应当承担侵权责任。所有人、管理人或者使用人赔偿后,有其他责任人的,有权向其他责任人追偿。"在我国,依据《民法通则》第126条的规定,建筑物致人损害的责任承担,"能够证明自己没有过错的除外"。最高人民法院《关于民事诉讼证据的若干规定》第4条也规定:"建筑物或者其他设施以及建筑物上的搁置物、悬挂物发生倒塌、脱落、坠落致人损害的侵权诉讼,由所有人或者管理人对其无过错承担举证责任。"我国《侵权责任法》第86条规定:"建筑物、构筑物或者其他设施倒塌造成他人损害的,由建设单位与施工单位承担连带责任。建设单位、施工单位赔偿后,有其他责任人的,有权向其他责任人追偿。"

这说明建筑物致人损害的责任在我国适用过错推定原则，即在该类侵权行为中，受害人无须举证所有人或管理人有过错，只需证明损害与建筑物等倒塌、建筑物上的搁置物、悬挂物脱落、坠落等具有因果关系即可，而所有人或管理人如果不能证明自己没有过错，就必须承担民事责任。过错推定原则免除了受害人在对方有过错方面的举证责任，对于受害人无疑是十分有利的。在建筑物致人损害责任中适用过错推定的主要是因为受害人往往很难证明建筑物的所有人或管理人在建筑物的设计、施工以及维护管理方面存在的过错。

三、建筑物致人损害责任的构成要件

（一）必须因建筑物致人损害

建筑物致人损害的具体形态包括：建筑物的倒塌或设施的脱落、建筑物上的搁置物或悬挂物的坠落等。如果是从建筑物内抛出的物品致人损害的，不属于建筑物致人损害。建筑物致人损害必须是因建筑物在设计、施工或者管理过程中存在缺陷而导致的倒塌或者物品的脱落。建筑物致人损害责任中的建筑物并非仅指房屋，在我国，根据最高人民法院《人身损害赔偿解释》的规定，建筑物也不限于房屋，还包括其他因人工建造而处于地面的构筑物。关于构筑物，我国学者解释为：在地上建设的非供人们在内进行生产和社会活动的场所。因此该司法解释将道路、桥梁、隧道等人工建造的构筑物因维护、管理瑕疵致人损害、堆放物品滚落、滑落或倒塌致人损害，甚至是树木的倾倒、折断或果实坠落等致人损害等都扩张解释为适用有关建筑物致人损害的法律规定。

（二）受害人的损害与建筑物的塌落有因果关系

损害是由建筑物的塌落或建筑物上的搁置物、悬挂物的坠落等造成。该类因果关系的认定与一般侵权因果关系的认定相同。

（三）建筑物的所有人或管理人不能证明自己没有过错

根据我国法律规定，建筑物致人损害的责任适用过错推定原则。一旦建筑物的塌落致人损害就推定其所有人或管理人有过错，并使其承担相应的责任，除非他能证明自己没有过错。

第三节 地面施工致人损害的责任

一、地面施工致人损害责任概念和特征

地面施工致人损害的责任，是指在公共场所、道旁或通道上挖坑、修缮安装地下设施等，没有设置明显标志和采取安全措施而造成他人损害所应承担的民事责任。

公共场所、道路或通道是人们经常聚集、活动和通行的地方，在这些地方施工对于人们的生命、财产安全构成一定的危险，只是该种危险还未达到高度危险程度，因此施工人只要尽到应有的谨慎和勤勉，损害的发生就会避免。因此我国《侵权责任法》第91条规定："在公共场所、道路上挖坑、修缮安装地下设施等，没有设置明显标志和采取安全措施造成他人损害的，施工人应当承担侵权责任。"地面施工致人损害责任的特征如下。

1. 致损场所特定。地面施工通常是指在地平面或是地表下，致人损害场所为工作现场并且是在公共场所或道旁、通道上的地下工作现场，区别于建筑物致人损害责任。

2. 责任人是"施工人"。这是指具体实施工程的人，除独立承包人外，实践中如以某一具体人为名义的施工，之后转包或分包给他人的，仍以名义施工人为责任人。

3. 归责原则特别。地面施工致人损害的归责原则问题，理论上一直存有争论。我国《民法通则》第125条的规定采用的是过错责任，没有设置明显标志和采取安全措施本身就说明其有过错，故应当承担责任，如果施工人能证明尽了上述义务，就证明他没有过错，对造成的损害就不承担责任，这是典型的过错责任。

二、地面施工致人损害责任的构成要件

（一）施工必须在公共场所、道路或通道上

这些地方均为公共活动、通行区域，在此施工尤其是地下实施的工程具有相

当的危险性。

(二) 施工人未设置明显标志和采取安全措施

未履行上述义务的，构成不作为的违法行为。依据法律的规定，"设置明显标志"和"采取安全措施"应同时具备，而不能认为仅有其中一项即可免责。实践中，应以其所设置的标志和采取的安全措施符合相关要求，以及能为社会一般人所注意为标准。

(三) 受害人因施工物造成人身或财产损害

施工人设置安全标志和采取安全措施注意义务的违反与受害人所受损害两者之间须有因果关系。

(四) 不存在免责事由

如果施工人能够证明自己设置了明显的标志，也采取了符合要求的安全措施，就应免除其赔偿责任。如果受害人无视警示"标志"和"安全措施"或者由于受害人的过错导致"标志"和"安全措施"不能发挥作用，施工人自然也无责任可言；而如果是第三人的过错造成警示"标志"和"安全措施"不能发挥功能并导致损害发生的，一般不能直接免除施工人的责任，施工人在承担责任后，可以向有过错的第三人追偿。因为法律规定施工人须设置明显标志和采取安全措施的目的就在于使其持续发挥作用，施工人有义务保障这些措施的功能正常发挥。

三、其他物件致人损害责任的承担

从我国《侵权责任法》第 87 条至第 90 条规定来看，其他物件致人损害责任的承担主体分别为："从建筑物中抛掷物品或者从建筑物上坠落的物品造成他人损害，难以确定具体侵权人的，除能够证明自己不是侵权人外，由可能加害的建筑物使用人给予补偿。""堆放物倒塌造成他人损害，由不能证明自己没有过错的堆放人承担侵权责任。""在公共道路上堆放、倾倒、遗撒妨碍通行的物品造成他人损害的，由有关单位或者个人承担侵权责任。""因林木折断造成他人损害，由不能证明自己没有过错的林木的所有人或者管理人承担侵权责任。"

第四节 产品责任

一、产品责任的概念

我国《侵权责任法》规定的产品责任，又称产品侵权责任，是指产品的生产者、销售者因其生产的产品、出售的产品造成他人人身、该产品以外的其他财产损害而依法应承担的赔偿责任。即产品在消费过程中因缺陷造成他人在缺陷产品以外的人身或财产损害，产品制造者、销售者所应承担的民事责任。广义上的产品责任还包括因产品质量不合格所引起的不适当履行合同的责任，即违约责任。这里的产品责任仅指侵权的产品责任，而不包括违约的产品责任。

二、产品责任的归责原则

产品责任的归责原则是确定产品责任归属的准则，是要求行为人承担产品责任的根据、标准和理由。关于产品责任的归责原则，大体经历了一个由过错责任到无过错责任或严格责任的演进过程。产品责任的归责原则就是指产品损害事故发生后，法律是应以行为人的主观过错还是以发生的客观损害事实作为价值判断标准，从而确定行为人是否承担赔偿责任和承担怎样的赔偿责任。

从我国有关法律规定分析，《民法通则》、《产品质量法》以及最高人民法院的司法解释都指明缺陷产品造成他人损害的，由产品的制造者、销售者承担责任；运输者、仓储者对造成产品缺陷有过错时，承担了责任的生产者、销售者可以向运输者和仓储者追偿。制造者和销售者不能以自己没有过错主张免责，所以产品的制造者和销售者的责任是无过错责任。对有过错的运输者、仓储者而言，缺陷产品的受害人并不能直接提出赔偿请求，而是在产品的制造者、销售者承担责任后，由制造者、销售者向其提出追偿请求，所以有过错的运输者、仓储者属于另外的法律关系当事人，严格来讲其责任也非特殊侵权责任，即并非产品责任的本质内容。以运输者、仓储者承担责任的性质来界定产品责任的归责原则为过错责任是不合适的。

我国《侵权责任法》第41条规定："因产品存在缺陷造成他人损害的，生产者应当承担侵权责任。"生产者的产品责任实行无过错责任原则，只要产品存在缺陷造成他人损害的,除了法定可以减轻或者免除责任事由外,不论缺陷产品的生产者主观上有无过错,都应当承担侵权责任。我国《侵权责任法》第42条规定:"因销售者的过错使产品存在缺陷,造成他人损害的,销售者应当承担侵权责任。销售者不能指明缺陷产品的生产者也不能指明缺陷产品的供货者的,销售者应当承担侵权责任。"销售者的产品责任实行过错责任原则,即销售者承担责任的前提是存在过错。由此可见,产品缺陷致人损害的侵权行为适用无过错归责原则。产品的生产者和销售者之间承担的是连带责任。

三、产品责任的构成要件

(一) 产品存在缺陷

产品缺陷是构成产品责任的首要条件,可以说,没有产品缺陷,就无所谓产品责任。《侵权责任法》没有对产品缺陷作出定义性的规定。实践中可以我国《产品质量法》第46条关于缺陷的规定为标准判断产品是否为缺陷产品。我国《产品质量法》的规定从法律上确立了判断产品是否存在缺陷的基本标准。

1. 产品。产品,是指经过加工、制作,用于销售的物品。该定义的意义是,产品指的是动产物,而不包括土地、房屋等不动产物,当然建筑房屋的材料属于产品;产品须是经过加工制作的,未加工的初级农产品或猎获物不属于产品。

2. 缺陷。根据我国《产品质量法》第46条的规定,缺陷是指产品存在危及人身、他人财产安全的不合理的危险;产品有保障人体健康和人身、财产安全的国家标准、行业标准的,是指不符合该标准。所谓不合理危险被认为是一般标准,是指人们通常无法预料到的危险或不具备人们所期望的安全性。任何产品都具有危险性,合理的危险不能认为是产品缺陷,因此造成的损害只能由其自己承受或由有过错的人承担,如过量饮酒致酒精中毒则不得要求酒的制造者或销售者承担责任。所谓"不符合该标准"被认为是法定标准,但是该法定标准与第46条前一句的一般标准是什么关系,有人认为对于产品缺陷的认定,有法定标准的适用法定标准,没有法定标准的适用一般标准。然而问题是产品符合国家标准或行业标准是否就不存在缺陷了呢?答案当然是否定的,法定标准属于国家规定的强制标准,产品的制造者、销售者应该知道该标准,该标准也是以现有的技术水平能够达到的,因此产品不符合该标准是不允许流通的,否则制造者或销售者则是有过错的,也是违法的。进而言之,如果"法定标准"为缺陷的认定标准,就会使产品责任变为过错责任;所以对于所谓"法定标准"应该理解为,如果不符合该标准，则该产品一定属于缺陷产品；如果仅符合"法定标准"但存在"不合理危险"，仍应认定为缺陷产品。

（二）存在缺陷产品造成受害人损害的事实

与其他侵权责任一样，产品责任也必须有损害事实存在。缺陷产品造成受害人损害的事实，是指缺陷产品的使用人或者第三人因缺陷产品造成损害的客观存在。损害事实包括人身损害、财产损害。人身损害包括致人死亡和致人伤残。

我国《侵权责任法》第41条明确规定："因产品存在缺陷造成他人损害的，生产者应当承担侵权责任。"本条的财产损害，既包括缺陷产品以外的其他财产的损害，也包括缺陷产品本身的损害。

（三）缺陷产品与损害事实之间存在因果关系

产品责任中的因果关系，是指产品的缺陷与受害人损害事实之间存在引起与被引起的关系。产品缺陷是造成受害人损害的原因，受害人受到损害的事实是由于缺陷产品导致的结果，即受害人的损害是由于产品缺陷造成的，两者有直接的因果关系。即当事人人身或财产的损害是由于缺陷产品造成的，否则产品的制造者、销售者不承担责任。因果关系的确定依一般因果关系的确定方式，考虑到产品本身的特殊性，产品的生产者就法律规定的免责事由承担举证责任，其中包括因果关系要件占产品责任的复杂性决定了使受害人承担较重的因果关系存在的证明义务是不公平的。

产品具有缺陷、缺陷产品造成受害人损害、缺陷产品与损害事实之间存在因果关系三个条件须同时具备，生产者方可承担产品责任。

四、产品责任的承担

（一）产品责任的承担主体

我国《侵权责任法》第43条规定："因产品存在缺陷造成损害的，被侵权人可以向产品的生产者请求赔偿，也可以向产品的销售者请求赔偿。产品缺陷由生产者造成的，销售者赔偿后，有权向生产者追偿。因销售者的过错使产品存在缺陷的，生产者赔偿后，有权向销售者追偿。"我国《侵权责任法》第44条规定："因运输者、仓储者等第三人的过错使产品存在缺陷，造成他人损害的，产品的生产者、销售者赔偿后,有权向第三人追偿。"可见,产品责任的承担主体主要是产品的生产者和销售者。受害人享有选择权,其既可以向生产者请求赔偿,也可以向销售者请求赔偿。如果产品的缺陷是由第三人的过错造成的,比如运输者或仓储者的原因造成产品缺陷的,运输者、仓储者应当承担侵权责任。

(二) 产品责任的承担方式

我国《侵权责任法》第45条规定:"因产品缺陷危及他人人身、财产安全的,被侵权人有权请求生产者、销售者承担排除妨碍、消除危险等侵权责任。"产品责任的承担方式主要是损害赔偿,如果因产品缺陷危及他人人身、财产安全的,被侵权人有权请求生产者、销售者承担排除妨碍、消除危险等侵权责任。产品的生产者、销售者在产品投入流通后,仍然负有跟踪服务的义务。

我国《侵权责任法》第46条规定:"产品投入流通后发现存在缺陷的,生产者、销售者应当及时采取警示、召回等补救措施。未及时采取补救措施或者补救措施不力造成损害的,应当承担侵权责任。"警示是指对产品的有关危险或者产品的正确使用给予说明、提醒,提请使用者在使用该产品时注意已经存在的风险或可能存在的风险。产品召回是产品的生产者、销售者依法定程序,对其生产或者销售的缺陷产品以换货、退货、更换零部件等方式,及时消除或减少产品产生危害的行为。我国《食品安全法》第53条明确规定了食品召回制度。我国《侵权责任法》第46条明确规定了对产品投放市场进入流通领域发现产品的缺陷要采取警示、召回等补救措施。而且如果在产品投入流通后发现产品村子缺陷问题,而不及时采取补救措施或补救措施不力,都应当承担侵权责任。

对于恶意生产、销售缺陷产品导致严重后果的行为,我国《侵权责任法》规定了惩罚性赔偿制度。《侵权责任法》第47条规定:"明知产品存在缺陷仍然生产、销售,造成他人死亡或者健康严重损害的,被侵权人有权请求相应的惩罚性赔偿。"惩罚性赔偿是加害人给付受害人超过其实际损害数额的一种金钱赔偿,是一种集补偿、惩罚和遏制等功能为一体的赔偿制度。适用惩罚性赔偿的条件有三:一是侵权人具有主观故意,即明知是缺陷产品仍然生产或者销售;二是要造成严重损害的事实,即造成他人死亡或者健康受到严重损害;三是要有因果关系,即被侵权人的死亡或健康受到严重损害是因为侵权人生产或销售的缺陷产品造成的。这三个条件必须同时具备。

五、关于生产者免责情形

我国《侵权责任法》对生产者不承担责任或者减轻责任的情形未作具体规定。实践中是否免除或者减轻生产者产品责任要看其他法律的规定。需要注意的是，这里的法律仅指全国人大或者全国人大常委会制定的法律。从目前已经制定的法律看，对生产者免除产品责任作出明确规定的主要是《产品质量法》。

根据我国《产品质量法》第41条第2款的规定，产品的生产者在下列情况下，对受害人的赔偿请求可以提出抗辩：

1. 未将产品投入流通的。这里的投入流通并不仅限于买卖，应包括一切形式的产品移转，如出租、抵押、质押等。产品责任适用的范围是经由流通进入交换领域并最终到达消费者、使用者时所造成的损害。

2. 产品投入流通时，引起损害的缺陷尚不存在的。产品责任是指缺陷产品造成损害的责任，如果有充分的证据证明产品在投入流通时并无缺陷，则产品的制造者将不承担责任，其理由是产品的缺陷实际上是被法律推定而来的。

3. 将产品投入流通时的科学技术水平尚不能发现缺陷的存在的。此抗辩事由也被称为开发风险，为各国普遍承认。

产品的制造者、销售者能否以产品符合国家的或者行业的标准而主张抗辩，是值得研究的。根据我国《产品质量法》第46条的规定，产品有保障人体健康和人身、财产安全的国家标准、行业标准的，不符合该标准的即构成该法所称的缺陷。实际上，产品质量达不到国家标准、行业标准的，肯定属于缺陷产品。

实训测试

一、单项选择题

1. 赵某将一匹易受惊吓的马赠给李某，但未告知此马的习性。李某在用该马拉货的过程中，雷雨大作，马受惊狂奔，将行人王某撞伤。下列哪一选项是正确的？（　　）（2007年司法考试卷三第9题）

　　A. 由赵某承担全部责任
　　B. 由李某承担责任
　　C. 由赵某与李某承担连带责任
　　D. 由李某承担主要责任，赵某也应承担一定的责任

2. 一天夜晚，甲开车逆行迫使骑车人乙为躲避甲向右拐，跌入修路挖的坑里（负责修路的施工单位对该坑未设置保护措施），造成车毁人伤。对乙的损失应如何承担责任？（　　）（1999年律师考试卷二第12题）

  A. 只能由甲承担责任　　　　　　B. 只能由施工单位承担责任
  C. 甲和施工单位各自承担责任　　D. 甲和施工单位承担连带责任

3. 甲将数箱蜜蜂放在自家院中槐树下采蜜。在乙家帮忙筹办婚宴的丙在帮乙喂猪时忘关猪圈，猪冲入甲家院内，撞翻蜂箱，使来甲家串门的丁被蜇伤，经住院治疗后痊愈。下列哪一种说法是正确的？（　　）（2005年司法考试卷三第2题）

  A. 甲应对丁的医疗费用承担全部民事责任
  B. 乙应对丁的医疗费用承担全部民事责任
  C. 丙应对丁的医疗费用承担全部民事责任
  D. 乙和丙应对丁的医疗费用承担连带责任

4. 小女孩甲（八岁）与小男孩乙（十二岁）放学后常结伴回家。一日，甲对乙讲："听说我们回家途中的王家昨日买了一条狗，我们能否绕道回家？"乙答："不要怕！被狗咬了我负责。"后甲和乙路经王家同时被狗咬伤住院。该案赔偿责任应如何承担？（　　）（2003年司法考试卷三第2题）

  A. 甲和乙明知有恶犬而不绕道，应自行承担责任
  B. 乙自行承担责任，乙的家长和王家共同赔偿甲的损失
  C. 王家承担全部赔偿责任
  D. 甲、乙和王家均有过错，共同分担责任

5. 甲与同事丙路过一居民楼时，三楼乙家阳台上的花盆坠落，砸在甲的头上，致其脑震荡，共花费医疗费1万元。甲以乙为被告诉至法院要求赔偿，而乙否认甲受伤是自家花盆坠落所致。对这一争议事实，应由谁承担举证责任？（　　）（2003年司法考试卷三第21题）

  A. 甲承担举证责任　　　　　　B. 甲、乙均应承担举证责任
  C. 乙承担举证责任　　　　　　D. 丙作为证人承担举证责任

6. 大华商场委托飞达广告公司制作了一块宣传企业形象的广告牌，并由飞达公司负责安装在商场外墙。某日风大，广告牌被吹落砸伤过路人郑某。经查，广告牌的安装存在质量问题。关于郑某的损害，下列哪一选项是正确的？（　　）（2008年司法考试卷三第16题）

  A. 大华商场承担赔偿责任，飞达公司承担补充赔偿责任
  B. 飞达公司承担赔偿责任，大华商场承担补充赔偿责任

C. 大华商场承担赔偿责任，但其有权向飞达公司追偿

D. 飞达公司承担赔偿责任，大华商场不承担责任

7. 甲公司铺设管道，在路中挖一深坑，设置了路障和警示标志。乙驾车撞倒全部标志，致丙骑摩托车路经该地时避让不及而驶向人行道，造成丁轻伤。对丁的损失，下列哪一选项是正确的？（　　）（2007年司法考试卷三第18题）

　　A. 应由乙承担赔偿责任

　　B. 应由甲和乙共同承担赔偿责任

　　C. 应由乙和丙共同承担赔偿责任

　　D. 应由甲、乙和丙共同承担赔偿责任

8. 关于产品缺陷责任，下列哪一选项符合《产品质量法》的规定？（　　）（2008年司法考试卷三第25题）

　　A. 基于产品缺陷的更换、退货等义务属于合同责任，因产品缺陷致人损害的赔偿义务属于侵权责任

　　B. 产品缺陷责任的主体应当与受害者有合同关系

　　C. 产品缺陷责任一律适用过错责任原则

　　D. 产品质量缺陷责任一律适用举证责任倒置

9. 某动物园为了吸引游客，开展了"人狮合影"活动，将驯养好的狮子用固定的锁链锁在围栏上，游客可以自行凭其喜好在狮子上摆出多种姿势与狮子合影。甲与狮子合影并抚摸狮子头部金毛时，狮子突然挣脱锁链，咬伤甲，并抓破衣物，摔坏眼镜一副。对各方责任的表述，下列说法正确的是：（　　）

　　A. 动物园已经采取了防护措施，即尽到了管理职责，可以不承担责任

　　B. 驯兽师驯养狮子不合格，导致狮子咬人，应负主要责任

　　C. 狮子属于危险性动物，甲抚摸狮子的头部金毛，导致其被咬伤，甲存在过错，应自行承担责任

　　D. 动物园举办"人狮合影"活动，没有尽到管理职责，应当由其承担责任

10. 某大学生甲去水房打水。回来途中遇见两个学生乙、丙在踢足球，为了使热水瓶不被足球踢碎，甲便将热水瓶高高举起，由于热水瓶的质量问题导致热水瓶突然爆裂，热水将甲、乙、丙三人烫伤，就三人遭受的损害，下列哪些观点正确？（　　）

　　A. 甲可以向热水瓶的销售者、制造者要求承担损害赔偿责任

　　B. 甲也可以要求乙、丙承担损害赔偿责任

　　C. 乙、丙可以向热水瓶的销售者、制造者要求承担损害赔偿责任

　　D. 乙、丙可以向甲要求承担损害赔偿责任

二、多项选择题

1. 2002 年 5 月 8 日，王某骑车回家经过一工地时，掉入没有设置明显标志和采取安全措施的坑中，造成骨折。王某于同年 6 月 10 日找到建设项目的发包人和承包人要求赔偿，两单位相互推诿。同年 6 月 13 日，王某前往法院起诉，突遭台风袭击，中途返回。下列说法哪些是正确的？（　　）（2004 年司法考试卷三第 51 题）

A. 本案诉讼时效期间于 2003 年 6 月 10 日届满
B. 王某 6 月 13 日的行为引起诉讼时效中断
C. 发包人应承担民事责任
D. 承包人应承担民事责任

2. 某商场家电部一员工在布置展台时，一通电的取暖器石英管突然爆裂，致其受伤。后查明事故原因是由于厂家不慎将几台质检不合格商品包装出厂。该员工欲通过诉讼向商家索赔，但不知应以产品责任还是以产品质量瑕疵担保为由诉讼。下列关于两者区别的表述中哪些是正确的？（　　）（2002 年司法考试卷三第 34 题）

A. 前者需要有现实损害，后者不需要
B. 前者属于侵权行为，后者属于违约行为
C. 前者的责任承担形式主要是损害赔偿，后者则主要为修理、更换
D. 前者可以直接向法院起诉，后者一般先向合同相对人要求补救或赔偿

3. 张某经过一居民楼时，被楼上抛下的一个空啤酒瓶砸中头部，花去医疗费若干。关于此事的说法，错误的是：（　　）

A. 如果居住在该楼的李某能够证明自己当日外出，则不承担责任
B. 如果不能确定加害人，则应当由该楼喜欢饮酒的居民进行赔偿
C. 如果不能确定加害人，则由可能加害的该楼居民给予补偿
D. 本案实行过错推定责任

4. 李某赶着马车运货，某食品店开业燃放爆竹（该地并不禁止燃放爆竹），马受惊，带车向前狂奔，李某拉扯不住，眼看惊马向刚放学的小学生冲去，张某见状拦住惊马，但是被惊马踢伤。关于张某的损害，下列哪些选项是正确的？（　　）（2008 年司法考试四川卷三第 67 题）

A. 李某应承担赔偿责任
B. 李某和食品店应承担连带赔偿责任
C. 如李某无力赔偿，张某有权要求小学生的监护人适当补偿

D. 李某承担赔偿责任，食品店承担补充赔偿责任

5. 孙女士于2004年5月1日从某商场购买一套化妆品，使用后皮肤红肿出疹，就医不愈花费巨大。2005年4月，孙女士多次交涉无果将商场诉至法院。下列哪些说法是正确的？（   ）（2009年司法考试卷三第57题）

　　A. 孙女士可以要求商场承担违约责任

　　B. 孙女士可以要求商场承担侵权责任

　　C. 孙女士可以要求商场承担缔约过失责任

　　D. 孙女士可以要求撤销合同

6. 张三在超市购买一个玻璃花瓶，回家后发现花瓶上的花纹实际上是裂缝，花瓶漏水，并被花瓶的裂缝划伤，于是要求超市退货并赔偿损失。超市与生产商交涉，生产商称此类花瓶是专用于插装塑料花，裂缝是专门制作出来的，有特殊的美学效果，且裂缝不影响使用，拒绝承担责任。经查，消费者所述属实。下列答案中正确的有：（   ）

　　A. 超市应退换并赔偿损失

　　B. 超市在退换并赔偿损失后可以向生产商追偿

　　C. 超市无过错，不应当对此负责

　　D. 张三被花瓶裂缝划伤，可向生产商直接索赔

7. 甲乙二人同行，行至丙家门前，见丙所养的狗卧于门前。甲一时兴起，捡起石块击狗，狗蹿起咬人，甲急避之，乙却被狗咬伤。对于本案，下列说法正确的有：（   ）

　　A. 乙可以向养狗人丙请求赔偿

　　B. 乙可以向甲请求赔偿

　　C. 乙可以同时请求甲和丙承担连带赔偿责任

　　D. 乙应当自行承担部分损失

8. 某甲从甲商场买了一瓶乙厂生产的新鲜果汁饮料，喝后中毒住院，共花去住院费等共计1200元。经查，该饮料由甲商场委托丙公司运输，丙公司在运输时未采取冷藏措施，导致罐头有一定程度变质，运回后甲商场放在丁仓储公司储存，丁公司在仓储时亦未采取冷藏措施，致使罐头进一步变质。本案中，某甲可以向谁请求赔偿？（   ）

　　A. 甲商场　　　B. 乙厂　　　　C. 丙公司　　　　D 丁公司

9. 下列关于产品责任表述中哪些是正确的？（   ）（2002年司法考试卷三第46题）

　　A. 缺陷产品的生产者应对因该产品造成的他人人身、财产损害承担无过错

责任

B. 缺陷产品造成他人人身、财产损害的，该产品的销售者和生产者承担连带责任

C. 因缺陷产品造成损害要求赔偿的诉讼时效为 1 年

D. 销售者不能指明缺陷产品生产者的，生产者也不能指明其供货者的，应承担赔偿责任

三、判断题

1. 明知产品存在缺陷仍然生产、销售，造成他人死亡或者健康严重损害的，被侵权人有权请求相应的补偿性赔偿。（　　）

2. 缺陷产品的生产者应对因该产品造成的他人人身、财产损害承担无过错责任。（　　）

3. 因第三人的过错致使动物造成他人损害的，被侵权人应该向动物饲养人或者管理人请求赔偿。（　　）

4. 动物园的动物造成他人损害的，动物园应当承担侵权责任，但能够证明尽到管理职责的，不承担责任。（　　）

5. 建筑物、构筑物或者其他设施倒塌造成他人损害的，由建筑单位承担侵权责任。（　　）

6. 一日大风，某饭店楼上所挂的广告招牌，被风吹倒压伤一行人。应赔偿该行人损失的是饭店大楼的承建人。（　　）

四、案例题

1. 某大酒店在其店门口前设置了一块介绍本酒店各种菜肴的广告牌。广告牌高 2.5 米，宽 1.2 米，重达 12 公斤。一日下午，酒店所在地刮起七八级大风，此广告牌被大风刮倒，酒店服务员随即将广告牌靠墙立好，服务员走后不久，一阵大风将广告牌刮起达 2 米多高，广告牌随风沿街向南飘移 20 余米后下落，击中正向南行走的李某的头部，致其当即昏迷，路人急速送往医院治疗。李某共住院 10 天，医疗费用共计 5000 余元，误工费 2000 元。出院后，李某要求酒店赔偿，遭拒绝。于是，李某以酒店为被告起诉至法院，要求被告赔偿损失。问：本案应由谁承担责任？

2. 一日黄昏，在某住宅楼前，老李和老王正在下围棋，引得一群人围观，正杀得难解难分的时候，不知是谁突然从楼上扔下一个烟灰缸，恰巧砸中了老李的头部，老李顿时鲜血四溅，倒地昏迷。由于正值黄昏，住宅区内的路灯还未

开，所以大家四处观察，也没发现是谁家扔的，便急忙把老李送进医院治疗，老李在昏迷三天后苏醒，却留下了严重的后遗症，被鉴定为颅骨缺损伤残，损失医疗费等6万多元。大家气愤不已报了警，公安机关经过现场侦查，排除了一楼和二楼的住户往下扔烟灰缸的可能性，而三楼以上的住户中，只有朱家能够证明侵害发生当天，全家外出度假，不可能是侵权人，除朱家以外的住户均无法排除侵权嫌疑。老李的损失应由谁承担？

3. 甲、乙两家各有小院，隔墙而居，院墙高约两米。一天，甲家夫妇下田务农，将两周岁的儿子丙锁在自家的院子里玩。不巧，乙家的一只公鸡飞过院墙，将丙的左眼啄伤。甲家为此支出医药费近万元。对甲家所受的损失应如何承担？

实训测试参考答案及解析

一、单项选择题

1. B

【解析】《民法通则》第127条规定："饲养的动物造成他人损害的，动物饲养人或者管理人应当承担民事责任；由于受害人的过错造成损害的，动物饲养人或者管理人不承担民事责任；由于第三人的过错造成损害的，第三人应当承担民事责任。"可见，饲养动物造成他人损害的侵权行为的构成要件包括：（1）必须为饲养的动物造成损害，而非野生动物致人损害；（2）必须是动物独立动作造成的损害，不能受外人驱使；（3）必须没有免责的理由，即不是由受害人的过错或者第三人的过错造成。本题中，赵某将马送给李某，李某成为马的所有人，该马在拉货的过程中，由于雷雨大作，马受惊狂奔，将行人王某撞伤。由于该马属于饲养的动物，受惊又不是外人所为，而且并非第三人或者受害人的过错引起，因此，根据《民法通则》第127条的规定，李某应当承担王某的损失。

2. C

【解析】分析造成乙损失的原因有二：其一是甲的逆行，其二是施工单位的不当施工行为。甲逆行构成对乙的侵权行为，而B项认为甲逆行引起侵权行为并不承担责任，据此可以排除B。施工单位在公共场所施工而未设明显标志和采取安全措施，也构成侵权行为。据此排除A。本案中，甲与施工单位主观上对于乙的受伤都具有过失，但显然没有共同过错，也就是对造成乙的伤害并没有事前

第八章 物件致人损害的侵权责任

的意思联络。《侵权责任法》第12条规定:"二人以上分别实施侵权行为造成同一损害,能够确定责任大小的,各自承担相应的责任;难以确定责任大小的,平均承担赔偿责任。"甲与施工单位的行为仅仅具有间接联系,所以可以排除D。

3. B（现答案可以为AB）

【解析】《侵权责任法》第78条规定:饲养的动物造成他人损害的,动物饲养人或者管理人应当承担侵权责任,但能够证明损害是因被侵权人故意或者重大过失造成的,可以不承担或者减轻责任。该法第79条规定:违反管理规定,未对动物采取安全措施造成他人损害的,动物饲养人或者管理人应当承担侵权责任。由以上两个条文可见,饲养动物侵权采用无过错归责原则,法定的免责事由只有两个:受害人的故意与重大过失。

我国《侵权责任法》第83条规定:因第三人的过错致使动物造成他人损害的,被侵权人可以向动物饲养人或者管理人请求赔偿,也可以向第三人请求赔偿。动物饲养人或者管理人赔偿后,有权向第三人追偿。这一规定的意思有三:一是第三人过错并非饲养动物侵权责任的免责事由,而是由饲养人取得了对于第三人的追偿权;二是此处的饲养人与有过错的第三人之间对受害人成立了一个不真正连带之债,受害人可以任选其一请求赔偿而获得救济,但不可以将二人列为共同被告追究其连带责任;三是最终的责任人是第三人而非饲养人、管理人。本题中有两种饲养动物:蜜蜂与家猪,蜜蜂飞出蜇人是因为家猪冲入甲家院内撞翻了蜂箱,故蜜蜂的饲养人甲并不因此而得以免责,但猪的主人也要对受害人承担责任,并承担最终的责任。所以,乙对其家猪侵权承担责任。

另外,乙能否因为另外的第三人过错免责呢?这涉及乙、丙之间的法律关系。丙是帮工人,乙是被帮工人。《人身损害赔偿解释》第13条规定:为他人无偿提供劳务的帮工人,在从事帮工活动中致人损害的,被帮工人应当承担赔偿责任。被帮工人明确拒绝帮工的,不承担赔偿责任。帮工人存在故意或者重大过失,赔偿权利人请求帮工人和被帮工人承担连带责任的,人民法院应予以支持。本题中,既不存在乙拒绝帮工,也不存在丙有故意或者重大过失,虽然第三人丙有过失,但对其行为不应免责,而应根据其帮工人的身份转承责任于乙。

当时出题是依据《民法通则》第127条的规定而命题的。在该法第127条的规定中,第三人过错可以导致饲养人的完全免责;但《侵权责任法》第83条的规定改变了原先的规定,使得这道题很难有合适的选项。最精确的答案表述应当是:丁可以请求甲赔偿医疗费用,也可以请求乙赔偿医疗费用。从现行立法来看,本题A项也可以当选。

4. C

【解析】《侵权责任法》第78条规定："饲养的动物造成他人损害的，动物饲养人或者管理人应当承担侵权责任，但能够证明损害是因被侵权人故意或者重大过失造成的，可以不承担或者减轻责任。"该法第83条规定："因第三人的过错致使动物造成他人损害的，被侵权人可以向动物饲养人或者管理人请求赔偿，也可以向第三人请求赔偿。动物饲养人或者管理人赔偿后，有权向第三人追偿。"本题中，甲、乙受到损害都是由于王家的狗造成，因此王家应当承担民事责任，除非受害人甲、乙故意或者有重大过失或者第三人有过错。而本题中不能认为甲及其监护人对所受伤害有故意或者有重大过失，更不能认为乙及其监护人对甲所受损害有故意或者有重大过失，乙只是做了一般的表示，对动物侵权造成伤害并没有故意或者有重大过失。对这一事实进行正确的判断离不开生活常识。所以应选择C项。

5. A

【解析】根据我国《侵权责任法》第85条的规定，建筑物或者其他设施以及建筑物上的搁置物、悬挂物发生倒塌、脱落、坠落致人损害的侵权诉讼，所有人、管理人或者使用人不能证明自己没有过错的，应当承担侵权责任。而本题中考查的是甲的伤害到底是不是由乙的花盆坠落导致的，对于该争议事实就要由原告甲来证明了，只是对于花盆坠落是否存在过错才由乙来举证。本案中，丙是证人，证人并不承担举证责任，所以答案D错误，本题应选A。

6. C

【解析】依据我国《侵权责任法》第85条的规定，建筑物或者其他设施以及建筑物上的搁置物、悬挂物发生倒塌、脱落、坠落致人损害的侵权诉讼，所有人、管理人或者使用人不能证明自己没有过错的，应当承担侵权责任。本题中，广告牌的所有人、管理人都是大华商场，故应由大华商场直接向侵权受害人承担赔偿责任。《合同法》第262条规定：承揽人交付的工作成果不符合质量要求的，定作人可以要求承揽人承担修理、重作、减少报酬、赔偿损失等违约责任。大华、飞达的合同属于承揽合同，飞达交付的工作成果不符合质量要求，因此给大华造成损害的，大华商场有权在向郑某承担损害赔偿责任后向飞达公司主张损害赔偿。本题的难点，就在于要认定广告牌被吹落砸伤过路人郑某的行为，属于物件（构筑物）致损侵权，而不属于地面施工侵权，所以不需要飞达公司直接向郑某承担侵权赔偿责任。

7. A

【解析】根据我国《侵权责任法》第91条第1款规定："在公共场所或者道

第八章 物件致人损害的侵权责任

路上挖坑、修缮安装地下设施等,没有设置明显标志和采取安全措施造成他人损害的,施工人应当承担侵权责任。"可见,地面施工侵权的归责原则为过错推定责任。本题中,施工人已经设置了明显标志并采取了安全措施,因此,不对丁的损害承担责任。丙对丁损害的发生没有过错,丙的行为属于紧急避险行为,可以作为免责事由而免责,险情是由乙引起的,所以应该由乙来承担,依据是《侵权责任法》第31条的规定,因紧急避险造成损害的,由引起险情发生的人承担责任。如果危险是由自然原因引起的,紧急避险人不承担责任或者给予适当补偿。紧急避险采取措施不当或者超过必要的限度,造成不应有的损害的紧急避险人承担适当的责任。因此A项正确。

8. A

【解析】本题直接考《产品质量法》的规定。依《产品质量法》第41~43条以及第46条的规定可以排除B、C、D项,故选A项。

9. D

【解析】我国《侵权责任法》第81条规定:"动物园的动物造成他人损害的,动物园应当承担侵权责任,但能够证明尽到管理职责的,不承担责任。"由此可见,法律明确规定了动物园动物致人损害时,应当由动物园承担责任。动物园虽然采取了防护措施,将狮子用固定的锁链锁在围栏上,但狮子挣脱了锁链,表明动物园的防护措施是不力的,不能起到有效防护危险动物致人损害的风险,应当认定没有尽到管理职责,须承担对甲的侵权责任。故A、B项错误,D项正确。C项中,甲抚摸狮子头部全毛,属于合影行为的常见表现,对此甲并不存在故意或者过失,故不能作为动物园免责的事由。故C项错误。

10. A

【解析】我国《侵权责任法》第41条规定:"因产品存在缺陷造成他人损害的,生产者应当承担侵权责任。"第43条规定:"因产品存在缺陷造成损害的,被侵权人可以向产品的生产者请求赔偿,也可以向产品的销售者请求赔偿。产品缺陷由生产者造成的,销售者赔偿后,有权向生产者追偿。因销售者的过错使产品存在缺陷的,生产者赔偿后,有权向销售者追偿。"《民法通则》第122条也有类似的规定。因此,本题中,无论甲还是乙、丙,都可以要求销售者或者生产者承担侵权责任。故A项为正确答案。另外,从题目来看,无法认定乙、丙的过错,所以乙、丙不构成侵权,无须对甲承担责任,故B项说法错误。乙、丙与销售者没有合同关系,故C项说法错误。甲对乙、丙的伤害承担责任的前提必须符合一般侵权行为的构成要件,而在本题中,甲并没有任何过错,所以不承担责任。由此D项说法错误。

二、多项选择题

1. AD

【解析】我国《侵权责任法》第85条规定："建筑物、构筑物或者其他设施及其搁置物、悬挂物发生脱落、坠落造成他人损害，所有人、管理人或者使用人不能证明自己没有过错的，应当承担侵权责任。所有人、管理人或者使用人赔偿后，有其他责任人的，有权向其他责任人追偿。"发包人和承包人中，承包人属于事实上的建筑物的管理人，故由承包人承担责任。故D项正确，C项错误。因王某于2002年6月10日找到建设项目的发包人和承包人要求赔偿，两单位相互推诿。故本案诉讼时效期间于2003年6月10日届满，A项正确。王某于2003年6月13日前往法院起诉，突遭台风袭击，中途返回，未提起诉讼，所以王某6月13日的行为不会引起诉讼时效中断，故B项错误。

2. ABCD

【解析】产品责任属于侵权责任。产品质量瑕疵担保属于违约责任，所以产生了选项中的各项区别。

3. BD

【解析】《侵权责任法》第87条规定："从建筑物中抛掷物品或者从建筑物上坠落的物品造成他人损害，难以确定具体侵权人的，除能够证明自己不是侵权人的外，由可能加害的建筑物使用人给予补偿。"本题A选项，李某证明自己不在现场，则不可能是加害人，所以不承担责任，A项正确。B选项，喜欢饮酒的居民不见得就全部是可能的加害人，而且是补偿而不是赔偿，故B项错误。C选项说法符合法律规定，正确。D选项，高空抛物责任属于补充责任而不是侵权责任，所以不适用任何一种侵权法的归责原则，D项错误。因此，B、D两项属于错误项当选。

4. AC

【解析】我国《侵权责任法》第78条规定："饲养的动物造成他人损害的，动物饲养人或者管理人应当承担侵权责任，但能够证明损害是因被侵权人故意或者重大过失造成的，可以不承担或者减轻责任。"《侵权责任法》第83条规定："因第三人的过错致使动物造成他人损害的，被侵权人可以向动物饲养人或者管理人请求赔偿，也可以向第三人请求赔偿。动物饲养人或者管理人赔偿后，有权向第三人追偿。"本题中，第三人没有过错，所以动物饲养人或者管理人应当承担民事责任，由此A项正确。我国《侵权责任法》第31条规定："因紧急避险造成损害的，由引起险情发生的人承担责任。如果危险是由自然原因引起的，紧

第八章 物件致人损害的侵权责任

急避险人不承担责任或者给予适当补偿。紧急避险采取措施不当或者超过必要的限度，造成不应有的损害的，紧急避险人应当承担适当的责任。"《民通意见》第 156 条也有类似规定。本题中，张某的行为属于紧急避险，根据上述规定，C 项也正确。综上所述，本题 AC 当选。

5. AB

【解析】因当事人一方的违约行为，侵害对方人身、财产权益的，受损害方有权选择要求其承担违约责任或者承担侵权责任。由此 AB 项正确。孙女士和商场的合同不存在可撤销的原因，所以 D 项错误。孙女士与商场的合同已经成立并生效，故 C 项错误。

6. ABD

【解析】我国《产品质量法》第 26 条规定："生产者应当对其生产的产品质量负责。产品质量应当符合下列要求：（一）不存在危及人身、财产安全的不合理的危险，有保障人体健康和人身、财产安全的国家标准、行业标准的，应当符合该标准；（二）具备产品应当具备的使用性能，但是，对产品存在使用性能的瑕疵作出说明的除外；（三）符合在产品或者其包装上注明采用的产品标准，符合以产品说明、实物样品等方式表明的质量状况。"根据这一规定，本题中该花瓶存在危及人身安全的不合理的危险，属于产品质量问题，生产者应承担责任。我国《侵权责任法》第 43 条规定："因产品存在缺陷造成损害的，被侵权人可以向产品的生产者请求赔偿，也可以向产品的销售者请求赔偿。产品缺陷由生产者造成的，销售者赔偿后，有权向生产者追偿。因销售者的过错使产品存在缺陷的，生产者赔偿后，有权向销售者追偿。"所以本题正确答案是 ABD 项，C 项错误。

7. AB

【解析】我国《侵权责任法》第 83 条规定："因第三人的过错致使动物遭成他人损害的，被侵权人可以向动物饲养人或者管理人请求赔偿，也可以向第三人请求赔偿。动物饲养人或者管理人赔偿后，有权向第三人追偿。"本题中，损害是由甲捡起石块击丙的狗引起，故受害人乙可以向动物饲养人丙请求赔偿，也可以向第三人甲请求赔偿，但丙和第三人不是承担连带责任，而且乙自行承担损失没有法律根据。所以，A、B 为正确选项。

8. AB

【解析】我国《侵权责任法》第 43 条规定："因产品存在缺陷造成损害的，被侵权人可以向产品的生产者请求赔偿，也可以向产品的销售者请求赔偿。产品缺陷由生产者造成的，销售者赔偿后，有权向生产者追偿。因销售者的过错使产品存在缺陷的，生产者赔偿后，有权向销售者追偿。"第44条还规定："因运输者、仓储者等第三人的过错使产品存在缺陷，造成他人损害的，产品的生产者、销售者赔偿后，有权向第三人追偿。"根据上述规定，应该选A、B项。

9. AD

【解析】我国《侵权责任法》第41条规定："因产品存在缺陷造成他人损害的，生产者应当承担侵权责任。"《民法通则》第122条也有类似规定。由此可知，A项正确。缺陷产品造成他人人身、财产损害的，要求该产品的销售者和生产者承担连带责任没有法律依据。我国《产品质量法》第45条规定："因产品存在缺陷造成损害请求赔偿的诉讼时效期间为二年，自当事人知道或者应当知道其权益受到损害时起计算。因产品存在缺陷造成损害要求赔偿的请求权，在造成损害的缺陷产品交付最初消费者满十年丧失；但是，尚未超过明示的安全使用期的除外。"由此可知C项错误。我国《侵权责任法》第42条规定："因销售者的过错使产品存在缺陷，造成他人损害的，销售者应当承担侵权责任。销售者不能指明缺陷产品的生产者也不能指明缺陷产品的供货者的，销售者应当承担侵权责任。"由此可知，D项正确。

三、判断题

1. ×

【解析】明知产品存在缺陷仍然生产、销售，造成他人死亡或者健康严重损害的，被侵权人有权请求相应的惩罚性赔偿。

2. √

【解析】缺陷产品的生产者应对因该产品造成的他人人身、财产损害承担无过错责任。

3. ×

【解析】因第三人的过错致使动物造成他人损害的，被侵权人可以向动物饲养人或者管理人请求赔偿，也可以向第三人请求赔偿。动物饲养人或者管理人赔偿后，有权向第三人追偿。

4. √

【解析】动物园的动物造成他人损害的，动物园应当承担侵权责任，但能够证明尽到管理职责的，不承担责任。

5. ×

【解析】我国《侵权责任法》第85条规定："建筑物、构筑物或者其他设施倒塌造成他人损害的，由建筑单位与施工单位承担侵权责任。建设单位、施工单位赔偿后，有其他责任人的，有权向其他责任人追偿。"

6. ×

【解析】一日大风，某饭店楼上所挂的广告招牌，被风吹倒压伤一行人。应赔偿该行人损失的是饭店。因为我国《侵权责任法》第85条规定："建筑物、构筑物或者其他设施及其搁置物、悬挂物发生脱落、坠落造成他人损害，所有人、管理人或者使用人不能证明自己没有过错的，应当承担侵权责任。所有人、管理人或者使用人赔偿后，有其他责任人的，有权向其他责任人追偿。"本案中，饭店既是所有人、管理人，也是使用人，故应承担侵权责任。因此，应赔偿该行人损失的是饭店，而不是饭店大楼的承建人。

四、案例题

1. 【解析】应认定酒店有过错，依过错责任应由酒店承担所有的赔偿责任。

物件致人损害的赔偿一般实行过错推定责任，以物件的所有人或管理人没有过错为免责事由。本案中，酒店应承担全部的民事责任。因为在广告牌被大风刮倒后，酒店并没有采取稳妥的防范措施，其服务员仅仅将广告牌靠墙放置，主观上有过失。故应认定酒店有过错，依过错责任应由酒店承担所有的赔偿责任。

2. 【解析】根据我国《侵权责任法》第85条规定："建筑物、构筑物或者其他设施倒塌造成他人损害的，由建筑单位与施工单位承担侵权责任。建设单位、施工单位赔偿后，有其他责任人的，有权向其他责任人追偿。"而且我国《侵权责任法》第87条规定："从建筑物中抛掷物品或者从建筑物上坠落的物品造成他人伤害的，难以确定具体侵权人的，除能够证明自己不是侵权人的外，由可能加害的建筑物使用人予以补偿。"对于本案，公安机关经过现场侦查，排除了一楼和二楼住户往下扔烟灰缸的可能性，但仍然不能确定具体是谁家扔下的烟灰缸。因此，根据我国《侵权责任法》的规定，三楼以上的住户均是可能加害的建筑物使用人，应由三楼以上的住户对老李的损失予以赔偿。但是三楼以上的住户能够证明自己不是加害人，则可以不承担补偿责任。

3. 【解析】应完全由乙家承担。本案的关键是认定受害人一方是否对损害的发生具有过错。本题中，甲家夫妇将两岁的孩子锁在自家大院里，如果放在城市生活场景考查，可能令人不可思议；放在我国广大农村的生活劳作场景考查，可能是很普通、很正常的生活情景。甲家夫妇显然生活在农村，他们已经尽到了监护人适当的注意义务。在农村，从观念上讲，自家的院子应该是人们自力控制的范围以内，所以甲家夫妇已经尽到了适当的监护义务。即使认定甲

侵权责任法理论与实训

家夫妇在监护上有过错，这一既不是故意，也不是重大过失，充其量构成一般过失。按照我国《侵权责任法》第78条规定，只有受害人故意或者重大过失才能减轻或者免除动物饲养人的责任，本题中动物饲养人显然不能免责，故应完全由乙家承担。

第九章 其他侵权责任

【本章导读】

　　高度危险责任，是指因从事对周围环境具有高度危险性的作业活动致人损害，依法应当承担的民事责任。高度危险责任是我国侵权责任法上明确列举的特定类型的危险责任，其成立不以行为人的过错为要件，适用无过错责任归责原则。环境污染责任，是指实施污染环境的行为造成他人财产、人身损害时，依法应当承担的民事责任。环境污染责任也采用无过错责任归责原则，只要实施污染环境的行为造成他人财产、人身损害的，都应当依法承担责任。机动车交通事故责任，是指因在道路上驾驶机动车，过错或者意外造成人身伤亡或者财产损失而应当承担的侵权责任。医疗损害责任，即患者在诊断、治疗、护理等诊疗活动中受到损害，医疗机构及其医务人员有过错的，由医疗机构承担赔偿责任。

【导引案例】

　　案情介绍：

　　由于某化工厂长期排污，该厂周边方圆一公里内的庄稼蔬菜生长不良、有害物质含量超标，河塘鱼类无法繁衍，该地域内三个村庄几年来多人患有罕见的严重疾病。受害的三个村的村委会和受害村民多次找化工厂交涉无果，遂决定提起民事诉讼。**问题：**

　　（1）本案属于哪一类型的侵权责任？

　　（2）行为与损害结果之间的因果关系应该由谁来证明？

　　分析提示：

　　（1）本案为环境污染致人损害的侵权责任，属于特殊侵权责任。

　　（2）行为与损害结果之间的因果关系应该由化工厂来证明。我国立法对环境污染责任的因果关系证明采取了举证责任倒置的模式。《侵权责任法》第66条规定："因污染环境发生纠纷，污染者应当就法律规定的不承担责任或者减轻责任的情形及其行为与损害之间不存在因果关系承担举证责任。"

第一节 高度危险责任

一、高度危险责任的概念

高度危险责任，是指因从事对周围环境具有高度危险性的作业活动致人损害，依法应当承担的民事责任。高度危险作业，是指利用现代科学技术手段和设施从事对周围环境有高度危险性的业务活动。

《侵权责任法》第九章专章规定了高度危险责任，相比于《民法通则》第123 条的规定具有如下特点：第一，它列举了高度危险责任的四种具体类型，即民用核设施致害责任、民用航空器致害责任、高度危险物致害责任与高度危险活动致害责任。第二，区分不同类型的高度危险责任，设置了更为细致的规则，设置了区别化的免责事由。第三，明确认可了高度危险责任的赔偿限额。[①]《侵权责任法》第 77 条规定："承担高度危险责任，法律规定赔偿限额的，依照其规定。"

二、高度危险责任的构成要件

高度危险作业致人损害的责任承担适用无过错责任归责原则。在现有科学技术条件下，从事对周围环境有高度危险性作业的人员即使尽到高度谨慎义务，仍不能避免致人损害的事故发生，所以各国立法都将高度危险责任确定为无过错责任。我国立法也采用这一归责原则。根据无过错责任的要求，在高度危险作业致人损害的案件中，受害人请求赔偿，无须举证证明加害人主观方面的过错，加害人也不得通过证明自己没有过错而主张免除责任。高度危险责任需满足以下三个构成要件：

1. 行为人从事的是高度危险作业。这是高度危险责任承担的前提。
2. 高度危险作业造成了他人的损害。"他人"指作业人以外的人。
3. 高度危险作业与他人的损害之间有因果关系。即应当证明损害由该危险

[①] 王利明、周友军、高圣平：《中国侵权责任法教程》，人民法院出版社 2010 年版，第 699～670 页。

第九章 其他侵权责任

作业引起。

三、高度危险责任的具体责任承担主体与抗辩事由

1. 《侵权责任法》第 70 条规定："民用核设施发生核事故造成他人损害的，民用核设施的经营者应当承担侵权责任，但能够证明损害是因战争等情形或者受害人故意造成的，不承担责任。"此条规定，民用核设施事故侵权的，承担责任的主体是该设施的经营者。民用核设施事故侵权的免责事由仅限定于：不可抗力中的战争因素和受害人故意。受害人重大过失不能构成其免责事由。

2. 《侵权责任法》第 71 条规定："民用航空器造成他人损害的，民用航空器的经营者应当承担侵权责任，但能够证明损害是因受害人故意造成的，不承担责任。"此条规定，民用航空器侵权的，其责任承担主体为该航空器的经营者。免责事由仅为受害人故意，这里注意受害人重大过失和战争因素都不能成为其免责事由。

3. 《侵权责任法》第 72 条规定："占有或者使用易燃、易爆、剧毒、放射性等高度危险物造成他人损害的，占有人或者使用人应当承担侵权责任，但能够证明损害是因受害人故意或者不可抗力造成的，不承担责任。被侵权人对损害的发生有重大过失的，可以减轻占有人或者使用人的责任。"易燃、易爆、剧毒、放射性等高度危险物引起侵权的，其责任承担主体为占有或者使用者，而非所有权人，受害人故意或者不可抗力为其免责事由。但这里应注意的是，被侵权人有重大过失的，可以作为侵权人的减责事由，至于减轻幅度和比例应根据个案情况而定。

4. 《侵权责任法》第 73 条规定："从事高空、高压、地下挖掘活动或者使用高速轨道运输工具造成他人损害的，经营者应当承担侵权责任，但能够证明损害是因受害人故意或者不可抗力造成的，不承担责任。被侵权人对损害的发生有过失的，可以减轻经营者的责任。"高空、高压、地下挖掘活动或者使用高速轨道运输工具而引起侵权的，其责任承担主体为经营者，受害人故意或不可抗力为其免责事由。但只要被侵权人存在过失，这里既包括重大过失也包括一般过失，都可以减轻经营者的责任。

5. 《侵权责任法》第 74 条规定："遗失、抛弃高度危险物造成他人损害的，由所有人承担侵权责任。所有人将高度危险物交由他人管理的，由管理人承担侵权责任；所有人有过错的，与管理人承担连带责任。"遗失、抛弃高度危险物而引起侵权的，其责任承担主体为所有权人或者管理人。按本条表述，所有人仅在

有过错时才与管理人承担连带责任。

6.《侵权责任法》第75条规定："非法占有高度危险物造成他人损害的，由非法占有人承担侵权责任。所有人、管理人不能证明对防止他人非法占有尽到高度注意义务的，与非法占有人承担连带责任。"非法占有高度危险物而引起侵权的，事实上可以理解为对于所有人和管理人而言的第三人过错，因此所有人和管理人免责，此时的承担责任的主体应为非法占有人。但由于高度危险物本身的特殊属性要求其所有人和管理人应有高度注意义务，因此，不能证明其尽到了此义务的所有人和管理人应与非法占有人承担连带责任。且证明尽到该义务的举证责任在所有人、管理人一方。

7.《侵权责任法》第76条规定："未经许可进入高度危险活动区域或者高度危险物存放区域受到损害，管理人已经采取安全措施并尽到警示义务的，可以减轻或者不承担责任。"未经许可进入高度危险活动区域或者高度危险物存放区域而引起的侵权中，其管理人本应承担无过错侵权责任。但在管理人举证证明其采取了安全措施并尽到警示义务时，可以推知受害人存在重大过失或者故意，因此按照受害人过错的程度，管理人可以相应减轻或者免除赔偿责任。

第二节　环境污染责任

一、环境污染责任的概念

环境污染，是指人类直接或间接地向环境排放超过其自净能力的物质或能量，从而使环境的质量降低，对人类的生存与发展、生态系统和财产造成不利影响的现象。环境污染责任，是指实施污染环境的行为造成他人财产、人身损害时，依法应当承担的民事责任。

环境污染致人损害纠纷，可以根据当事人的请求，由环境保护行政主管部门或者其他依照《环境保护法》的规定行使环境监督管理权的部门处理；当事人对处理决定不服的，可以向人民法院起诉。当事人也可以直接向人民法院起诉。《环境保护法》第42条规定：因环境污染损害赔偿提起诉讼的时效期间为3年，从当事人知道或者应当知道受到污染损害时起计算。

二、环境污染责任的构成要件

世界各国都普遍对环境污染责任采用无过错责任归责原则。在环境污染造成损害时，免除受害人举证证明污染物排放者过错的责任，污染者不能证明自己无责或免责时，就应当承担侵权责任。这是由环境污染本身的特殊性以及污染行为人与受害人所处地位决定的。污染行为往往是在合法生产的旗号下进行的，对于向周围环境排放有害物质等行为的危害性，行为人应具有高度的注意义务。如果对于污染行为造成他人的损害适用过错责任，则很容易造成行为人逃脱法律责任，并使受害人独自承受损害后果的不公平局面，所以绝大多数国家在污染环境致人损害问题上均适用无过错责任原则。我国立法也采用这一归责原则。环境污染责任需满足以下三个构成要件：

1. 须有污染环境的行为。污染环境的行为是环境污染责任的首要构成要件。《民法通则》第 124 条规定："违反国家保护环境防止污染的规定，污染环境造成他人损害的，应当依法承担民事责任。"《侵权责任法》第 65 条规定："因污染环境造成损害的，污染者应当承担侵权责任。"可见，污染环境的行为不以"违反国家保护环境防止污染的规定"这一限定为要件，无论有无违反国家相关规定，只要因污染环境造成损害的，污染者都应承担侵权责任。

2. 须有污染环境致人损害的事实。污染环境的行为只有造成他人损害时，才能使行为人承担侵权责任。该损害多表现为人身伤害，也有直接表现为财产损害的。

3. 污染环境的行为与损害结果之间具有因果关系。鉴于环境污染的损害后果具有潜伏性、隐蔽性、复杂性、持续性和广泛性等特点，为了充分保障受害人获得救济的权利，我国立法对环境污染责任的因果关系证明采取了举证责任倒置的模式。[①]《民事证据规定》第 4 条第 3 项规定："因环境污染引起的损害赔偿诉讼，由加害人就法律规定的免责事由及其行为与损害结果之间不存在因果关系承担举证责任"。《侵权责任法》第 66 条规定："因污染环境发生纠纷，污染者应当就法律规定的不承担责任或者减轻责任的情形及其行为与损害之间不存在因果关系承担举证责任。"当然，举证责任倒置并非将按照一般原则分配给当事人的举证责任全部加以倒置，对于立法没有明确列举的法律要件事实，则要由受害人

[①] 王利明、周友军、高圣平：《中国侵权责任法教程》，人民法院出版社 2010 年版，第 651~652 页。

承担举证责任,受害人需要对化工厂有排污行为及排污行为造成自己损失的具体数额承担举证责任。

三、环境污染责任的承担

环境污染责任由污染者承担。污染者为两人以上时,其对受害人负连带责任,对内可按污染物的种类、排放量等分担责任。《侵权责任法》第 67 条规定:"两个以上污染者污染环境,污染者承担责任的大小,根据污染物的种类、排放量等因素确定。"共同侵权人间的责任大小比例划分原则,并不影响被侵权人要求其中任意一方承担完全的赔偿责任,只不过承担了完全责任的一方可以按本条划分的赔付比例,对其承担限额以外的部分向另一方行使追偿权。

四、环境污染责任的抗辩事由

在环境污染侵权中法定的不承担责任事由即免责事由,按照我国法律的规定,由于下列原因造成污染损害的,可以免除污染者的责任:

1. 不可抗拒的自然灾害。《环境保护法》第 41 条第 3 款规定:"完全由于不可抗拒的自然灾害,并经及时采取合理措施,仍不能避免造成环境污染损害的,免予承担责任。"

2. 受害人的过错。我国《水污染防治法》第 85 条第 3 款将受害人过错作为免责条件予以规定,即"水污染损害是由受害人故意造成的,排污方不承担赔偿责任。水污染损害是由受害人重大过失造成的,可以减轻排污方的赔偿责任"。受害人的过错作为免责条件,适用于有关水污染致人损害的案件,加害人应当对受害人的过错进行举证。

3. 第三人的过错。《侵权责任法》第 68 条规定:"因第三人的过错污染环境造成损害的,被侵权人可以向污染者请求赔偿,也可以向第三人请求赔偿。污染者赔偿后,有权向第三人追偿。"但是,根据《海洋环境保护法》第 90 条第 1 款,如果海洋环境污染损害完全是由第三人的故意或者过失造成的,由第三人承担赔偿责任。

4. 海洋环境污染损害完全由于战争行为造成的,造成污染损害的有关责任者免予承担责任。

第三节　机动车交通事故责任

一、机动车交通事故责任的概念

机动车交通事故责任，是指因在道路上驾驶机动车，过错或者意外造成人身伤亡或者财产损失而应当承担的侵权责任。

现在发达国家对于机动车交通事故大多有专门性的法律规范。我国在相关方面的立法大致经历了三个阶段：（1）1987 年实施的《民法通则》第 123 条就高速运输工具对周围环境具有高度危险的作业造成他人损害进行的规定，被认为包括机动车在道路上发生的事故责任规定。（2）国务院 1991 年 9 月 22 日颁布的《道路交通事故处理办法》。（3）从 2004 年 5 月 1 日起生效的《道路交通安全法》。该法是我国第一部就道路交通事故进行规定的专门性法律。该法的生效也使《道路交通事故处理办法》就此失效。《侵权责任法》第六章专章规定了机动车交通事故责任，第 48 条规定："机动车发生交通事故造成损害的，依照道路交通安全法的有关规定承担赔偿责任。"

二、机动车交通事故责任的构成要件

1. 机动车交通事故致人损害行为的违法性。只要机动车交通事故致害人实施了侵犯他人人身、财产权益的行为就认为该行为有违法性，就要承担民事侵权责任。

2. 机动车交通事故致人损害事实。损害是侵权行为损害赔偿法律关系赖以发生的根据，机动车交通事故损害赔偿也必须遵循"无损害无赔偿"的准则，必须以损害事实的存在为基础。具体说，机动车交通事故损害赔偿首先必须以发生交通事故为条件，如未发生交通事故，即使机动车驾驶员有违章驾驶的事实或有发生交通事故的危险，可能承担其他法律责任，但不会承担交通事故的赔偿责任。

3. 交通事故与受害人损害之间有因果关系。在机动车交通侵权领域，由于机动车交通事故的复杂性，因果关系的认定比一般侵权损害因果关系的认定更加困难和复杂。为适应社会的发展变化，同时也为减轻机动车受害人的举证负担，

更迅速地救济受害人，各国通过制定特别法对机动车事故中的人身损害赔偿实行无过失责任原则，并实行因果关系推定原则，因果关系推定规则的关键在于举证责任的倒置。

三、机动车交通事故责任的承担

1. 一般情况下机动车所有人为机动车交通事故责任的责任人。

2. 《侵权责任法》第49条规定："因租赁、借用等情形机动车所有人与使用人不是同一人时，发生交通事故后属于该机动车一方责任的，由保险公司在机动车强制保险责任限额范围内予以赔偿。不足部分，由机动车使用人承担赔偿责任；机动车所有人对损害的发生有过错的，承担相应的赔偿责任。"根据该条规定，在租赁、借用等情况下，机动车所有人对侵权行为并无过错时，应由机动车的实际使用人承担侵权责任。但如果机动车所有人有故意隐瞒机动车存在事故隐患等过错时，对侵权结果的产生，该机动车的所有人实际上存在一定过错，此时其应承担相应的赔偿责任。

3. 《侵权责任法》第50条规定："当事人之间已经以买卖等方式转让并交付机动车但未办理所有权转移登记，发生交通事故后属于该机动车一方责任的，由保险公司在机动车强制保险责任限额范围内予以赔偿。不足部分，由受让人承担赔偿责任。"机动车属于特殊的动产，其所有权转移的应以交付为标志，其办理转移登记仅是对所有权转移的确认。因此，在机动车已转让并交付但未办理所有权转移登记时，机动车的所有权应已转移至受让人，而此时产生的交通事故侵权责任应由受让人承担。

《侵权责任法》第51条规定："以买卖等方式转让拼装或者已达到报废标准的机动车，发生交通事故造成损害的，由转让人和受让人承担连带责任。"根据《道路交通安全法》第14条、第16条之规定，拼装机动车、驾驶已达报废标准的机动车上路行驶的均属违法行为。买卖上述车辆更为法律所禁止，转让人、受让人均应承担违法责任。而由此类车辆造成交通事故侵权的，转让人和受让人应属共同过错，应承担连带责任。

4. 《侵权责任法》第52条规定："盗窃、抢劫或者抢夺的机动车发生交通事故造成损害的，由盗窃人、抢劫人或者抢夺人承担赔偿责任。保险公司在机动车强制保险责任限额范围内垫付抢救费用的，有权向交通事故责任人追偿。"根据《机动车交通事故责任强制保险条例》第22条的规定，驾驶人未取得驾驶资格或者醉酒的、被保险机动车被盗抢期间肇事的、被保险人故意制造道路交通事

第九章 其他侵权责任

故的保险公司在垫付抢救费用的情况下，保险公司均有权向事故责任人追偿。

5.《侵权责任法》第53条规定："机动车驾驶人发生交通事故后逃逸，该机动车参加强制保险的，由保险公司在机动车强制保险责任限额范围内予以赔偿；机动车不明或者该机动车未参加强制保险，需要支付被侵权人人身伤亡的抢救、丧葬等费用的，由道路交通事故社会救助基金垫付。道路交通事故社会救助基金垫付后，其管理机构有权向交通事故责任人追偿。"本条所指的是两种情况。一是交通事故发生后能够确认肇事车辆，但无法核实或找到肇事人，且该车辆投了交强险时，由保险公司在责任限额内承担赔偿责任。二是交通事故发生后无法确认肇事车辆或者该车辆未投交强险时，由救助基金垫付相应费用，而后由救助基金管理机构向肇事人追偿。

四、机动车交通事故责任的归责原则与抗辩事由

（一）归责原则

根据《道路交通安全法》第76条的规定，可以得出这样的结论：

1. 机动车发生交通事故造成人身伤亡、财产损失的，首先由保险公司在机动车第三者责任强制保险责任限额范围内予以赔偿。在严格意义上讲，保险公司承担的是基于保险合同中规定的责任，而不属于侵权法规定的侵权责任，只有"超过责任限额"部分的责任划分才属于侵权法规范的内容。

2. 超过责任限额的责任确定，实行的是过错责任和无过错责任相结合的二元归责原则体系。①（1）机动车之间发生交通事故的，由有过错的一方承担责任；双方都有过错的，按照各自过错的比例分担责任。即这种情形适用过错责任原则。（2）机动车与非机动车驾驶人、行人之间发生交通事故适用无过错责任原则，具体而言：非机动车驾驶人、行人没有过错的，由机动车一方承担责任。有证据证明非机动车驾驶人、行人有过错的情况下，根据过错程度适当减轻机动车一方的赔偿责任；机动车一方没有过错的，承担不超过10%的赔偿责任。

（二）抗辩事由

依据《道路交通安全法》第76条第2款的规定，"交通事故的损失是由非机动车驾驶人、行人故意造成的，机动车一方不承担责任"，即机动车一方可以

---

① 王利明、周友军、高圣平：《中国侵权责任法教程》，人民法院出版社2010年版，第556页。

据此作为免责事由。这与《民法通则》第123条的规定是一致的。除了受害人的故意可以免责外，在受害人存在过失的情况下，也可以减轻肇事者的责任。在机动车与非机动车驾驶人、行人之间发生交通事故的，有证据证明非机动车驾驶人、行人违反道路交通安全法律、法规，机动车驾驶人已经采取必要处置措施的，减轻机动车一方的责任。

第四节　医疗损害责任

一、医疗损害责任的概念

医疗损害责任，是指患者在诊断、治疗、护理等诊疗活动中受到损害，医疗机构及其医务人员有过错的，由医疗机构承担赔偿责任。在《侵权责任法》出台之前，医疗损害责任的称谓实行双轨制，一是医疗事故责任，二是医疗过错责任。两种医疗损害责任并存，导致医疗纠纷案件在实际处理过程中存在着法律适用二元化的现象，前者依照《医疗事故处理条例》，后者依照《民法通则》。

《侵权责任法》用医疗损害责任这一概念，能够概括所有的医疗侵权行为，从而终止医疗侵权概念和法律适用上的不统一局面。同时该提法比较直观、中性，容易被社会各界所接受，并具有较强的包容性，能够包含所有的医疗侵权行为。[①]

需要指出的是，医疗损害责任实行雇主赔偿原则，即医疗损害侵权中，无论是医疗机构还是医务人员有过错，其赔偿责任均由该医疗机构承担。

二、医疗损害责任的构成要件

1. 医疗机构和医务人员的诊疗行为。
2. 患者的损害。医疗损害责任必须具备损害事实要件。
3. 诊疗行为和损害后果之间的因果关系。即因医疗机构及其医务人员的行为造成了患者或其近亲属人身或财产的损害，有时也会产生精神损害。
4. 医疗机构和医务人员的过错。医疗损害侵权中适用过错责任原则，这就

---

① 杨立新：《医疗损害责任概念研究》，载《政治与法律》2009年第3期。

意味着如受害人主张医疗机构对其在诊疗活动中遭受的损害承担侵权责任,应就医务人员或医疗机构在这一活动中存在过错负担举证责任。《侵权责任法》第54条规定:"患者在诊疗活动中受到损害,医疗机构及其医务人员有过错的,由医疗机构承担赔偿责任。"

《侵权责任法》第58条规定:"患者有损害,因下列情形之一的,推定医疗机构有过错:(一)违反法律、行政法规、规章以及其他有关诊疗规范的规定;(二)隐匿或者拒绝提供与纠纷有关的病历资料;(三)伪造、篡改或者销毁病历资料。"

三、医疗损害责任的承担

1. 《侵权责任法》第55条规定:"医务人员在诊疗活动中应当向患者说明病情和医疗措施。需要实施手术、特殊检查、特殊治疗的,医务人员应当及时向患者说明医疗风险、替代医疗方案等情况,并取得其书面同意;不宜向患者说明的,应当向患者的近亲属说明,并取得其书面同意。医务人员未尽到前款义务,造成患者损害的,医疗机构应当承担赔偿责任。"本条为我国立法中对患者知情权的首次规定,规定了尊重患者知情权为医务人员的义务,未尽到该义务视为医务人员有过错,造成患者损害的医疗机构应予以赔偿。

第56条规定:"因抢救生命垂危的患者等紧急情况,不能取得患者或者其近亲属意见的,经医疗机构负责人或者授权的负责人批准,可以立即实施相应的医疗措施。"此条可以视为上一条的但书,即在紧急情况下,医疗机构可以在患者知情权与患者生命权、重大健康权之间做出符合患者利益的选择。但此条应仅限于高于患者知情权的生命权或重大健康权受到紧迫危险时方可适用。

2. 《侵权责任法》第57条规定:"医务人员在诊疗活动中未尽到与当时的医疗水平相应的诊疗义务,造成患者损害的,医疗机构应当承担赔偿责任。"

3. 《侵权责任法》第59条规定:"因药品、消毒药剂、医疗器械的缺陷,或者输入不合格的血液造成患者损害的,患者可以向生产者或者血液提供机构请求赔偿,也可以向医疗机构请求赔偿。患者向医疗机构请求赔偿的,医疗机构赔偿后,有权向负有责任的生产者或者血液提供机构追偿。"此条规定,对于因药品、消毒药剂、医疗器械的缺陷,或者输入不合格的血液造成患者损害的,生产者、血液提供者与医疗机构一起对患者承担事实上的连带责任。医疗机构是否明知器械缺陷、血液不合格的情况,并不影响其对患者承担赔偿责任。

4.《侵权责任法》第62条规定:"医疗机构及其医务人员应当对患者的隐私保密。泄露患者隐私或者未经患者同意公开其病历资料,造成患者损害的,应当承担侵权责任。"此条是涉及隐私权保护的条款,规定了泄露患者隐私或未经同意公开其病历资料均属于侵犯患者隐私权的侵权行为。

四、医疗损害责任的抗辩事由

《侵权责任法》第60条规定:"患者有损害,因下列情形之一的,医疗机构不承担赔偿责任:(一)患者或者其近亲属不配合医疗机构进行符合诊疗规范的诊疗;(二)医务人员在抢救生命垂危的患者等紧急情况下已经尽到合理诊疗义务;(三)限于当时的医疗水平难以诊疗。前款第一项情形中,医疗机构及其医务人员也有过错的,应当承担相应的赔偿责任。"

该条是关于医疗机构免责事由的规定。其一,患者或其近亲属不配合时,医疗机构及其人员无过错的不承担赔偿责任,有过错的按过错承担相应责任,此规定体现了公平原则。同时注意,这里指的不配合是指不配合符合诊疗规范的行为,而对于是否符合诊疗规范的证明责任应归于医疗机构。其二,在抢救生命垂危患者过程中,由于医疗行为以外的不可控制的因素造成患者损害的,医务人员因尽到了诊疗义务而无过错,此事应属于意外事件。其三,此项中的"当时医疗水平"应综合考虑各种因素来确定。

五、医疗损害责任中的几个特殊问题

1. 病历资料的制作、保管及查阅复制。《侵权责任法》第61条规定:医疗机构及其医务人员应当按照规定填写并妥善保管住院志、医嘱单、检验报告、手术及麻醉记录、病理资料、护理记录、医疗费用等病历资料。患者要求查阅、复制前款规定的病历资料的,医疗机构应当提供。这是对患者知情权的事后保护。在《医疗事故处理条例》第10条中对患者的查阅、复制权就早有规定,且规定此服务不是免费的。但是遗憾的是,无论本法还是《医疗事故处理条例》对于医疗机构应患者要求提供复制服务的时间均未作规定,这样既给了部分医疗机构拖延的合理借口,又给了他们造假的时间。

2. 过度检查行为的禁止。《侵权责任法》第63条规定:"医疗机构及其医务人员不得违反诊疗规范实施不必要的检查。"

3. 医疗机构和医务人员合法权益的保护。《侵权责任法》第64条规定："医疗机构及其医务人员的合法权益受法律保护。干扰医疗秩序，妨害医务人员工作、生活的，应当依法承担法律责任。"

此条体现了对合法履行自己职责的医疗机构及其医务人员的保护，主要针对的是实践中出现的"专业医闹"。至于具体承担何种法律责任，应区分其行为的性质分别按照刑法或者治安管理处罚法的规定给予相应处罚。

实训测试

一、单项选择题

1. 某研究所在装运存有放射性物质的铅箱时，一只箱子从车上掉下来，吴明（8岁）看见后，即取出箱中的放射性物质玩耍，结果因过量吸收放射性物质而得病。问：吴明的治疗费和其他费用应由谁承担？（   ）（1999年律师考试卷二第1题）

　　A. 吴明的监护人

　　B. 某研究所

　　C. 主要由某研究所承担，吴明的监护人适当分担

　　D. 主要由吴明的监护人承担，某研究所适当分担

2. 王某承包了20亩鱼塘。某日，王某发现鱼塘里的鱼大量死亡，王某认为鱼的死亡是因为附近的腾达化工厂排污引起，遂起诉腾达化工厂请求赔偿。腾达化工厂辩称，根本没有向王某的鱼塘进行排污。关于化工厂是否向鱼塘排污的事实举证责任，下列哪一选项是正确的？（   ）（2008年司法考试卷三第33题）

　　A. 根据"谁主张、谁举证"的原则，应当由主张存在污染事实的王某负举证责任

　　B. 根据"谁主张、谁举证"的原则，应当由主张自己没有排污行为的腾达化工厂负举证责任

　　C. 根据"举证责任倒置"的规则，应当由腾达化工厂负举证责任

　　D. 根据本证与反证的分类，应当由腾达化工厂负举证责任

3. 甲以正常速度驾驶汽车（已投保）途中，突遇行人乙在非人行道处横穿公路，甲紧急刹车，但仍将其撞伤。保险公司在机动车第三者责任强制保险责任限额内对乙支付保险金后，乙尚有一部分损害未获赔偿。对于这部分损害赔

偿费用的承担问题，下列哪一种说法是正确的？（　　）（2005年司法考试卷三第21题）

A. 由保险公司承担赔偿责任　　　B. 由乙自行承担

C. 由甲承担部分赔偿责任　　　　D. 由甲承担全部赔偿责任

4. 下例哪一项不属于环境污染致人损害民事责任的构成要件？（　　）

A. 存在污染环境的行为

B. 有损害事实

C. 行为人主观上有过错

D. 污染环境的行为与损害事实之间具有因果关系

二、多项选择题

1. 甲村某地架设有高压线，且具有明显的警示标志，多年没有发生事故。高压线下有一个鱼塘，属于乙所有，乙的鱼塘开在高压线架设之后，且经过了村委会和建设规划部门的同意。一日丙闲来无事，就偷偷跑到乙的鱼塘钓鱼，其甩出的鱼竿不小心碰到上方的高压线，导致触电。对于本案，下列说法正确的有：（　　）

A. 高压线的架设者需要承担责任

B. 鱼塘主人乙需要承担责任

C. 丙自己应该承担部分损失

D. 甲村村委会和建设规划部门需要承担责任

2. 某化工厂排放的废水流入某湖后，发生大量鱼类死亡事件。在是否承担赔偿责任问题上，该化工厂的哪些抗辩理由即使有证据支持也不能成立？（　　）（2006年司法考试卷三第65题）

A. 其排放的废水完全符合规定的排放标准

B. 另一工厂排放的废水足以导致湖中鱼类死亡

C. 该化工厂主观上没有任何过错

D. 原告的赔偿请求已经超过2年的诉讼时效

3. 连日暴雨，李某鱼塘附近的甲、乙、丙三家化工厂的污水流入李某鱼塘，李某连夜挖引污渠，仍然没能幸免于难，鱼塘里的鱼大量死亡，李某要求三家化工厂赔偿损失，三家化工厂都提出了自己的抗辩理由，拒绝赔偿，因此李某诉至法院。关于本案，以下说法错误的有：（　　）

A. 李某应当在2年内提起诉讼，否则诉讼时效届满，丧失胜诉权

B. 甲工厂说："我们的污水是经过处理的，不可能造成鱼死亡，不应当承担

责任"。甲工厂如果能够提出污水经过处理的证据，即可以不承担责任

C. 乙工厂说："暴雨是天灾，属于不可抗力，应当免责。"

D. 丙工厂说："三家化工厂都排污水，怎么知道就是我们工厂的污水造成的损失，况且是否是因为污水造成鱼死亡还不知道。所以我们不应当承担责任。"

4. 李某给自己的越野车投保了10万元责任险。李某让其子小李（年16岁）学习开车，某日小李独自开车时不慎撞坏叶某的轿车，叶某为此花去修车费2万元。下列哪些选项是正确的？（　　）（2007年司法考试卷三第77题）

A. 应当由李某对叶某承担侵权赔偿责任

B. 应当由小李对叶某承担侵权赔偿责任

C. 因李某疏于管理保险财产，保险公司有权单方通知李某解除保险合同

D. 保险公司支付保险赔款后不能对小李行使代位追偿权

5. 齐某被宏大公司的汽车撞伤，诉至法院要求赔偿损失。下列关于本案举证责任的哪些说法是正确的？（　　）（2006年司法考试卷三第83题）

A. 原告齐某应当举证证明是被宏大公司的汽车所撞受伤

B. 原告齐某应当对自己受到的损失承担举证责任

C. 被告宏大公司应当对其主张的自己没有过错承担举证责任

D. 被告宏大公司应当对其主张的原告齐某有主观故意承担举证责任

6. 关于医疗损害责任的下列说法正确的是：（　　）

A. 患者在医疗活动中受到损害的，除非医疗机构能够证明其没有过错，否则应承担赔偿责任

B. 为尊重患者自主决定权，无论何种情况下，医院在对患者实施医疗措施前都要取得患者或其近亲属的同意

C. 因输入血液不合格造成患者损害的，患者可以向医院请求赔偿

D. 患者拒不配合医院的治疗，因此而造成损害的医疗机构不承担赔偿责任

三、判断题

1. 在高度危险作业致人损害的侵权行为中，如果受害人能够证明自己的损害不是自己故意引起的，则可以要求侵权人承担责任。（　　）

2. 环境污染民事责任的归责原则实行公平责任原则。（　　）

3. 污染损失由受害者自身责任引起，排污单位也要承担责任。（　　）

4. 交通事故的损失是由非机动车驾驶人、行人故意造成的，机动车一方可以据此作为免责事由。（　　）

5. 在诊疗活动中，患者享有知情同意权。但因抢救生命垂危的患者等紧急情况，不能取得患者或者其近亲属意见的，经医疗机构负责人或者授权的负责人批准，可以立即实施相应的医疗措施。（　　）

6. 因医疗行为引起的侵权诉讼，由医疗机构就医疗行为与损害结果之间不存在因果关系及不存在医疗过错承担举证责任。（　　）

四、案例题

1. 被告鲁某驾驶轿车沿一乡村公路由南向北行驶时，因急转车掉头未防范与后面赶来的由原告左某驾驶的两轮摩托车相撞，造成原告左某受伤住院治疗，后经鉴定构成十级伤残。此事故经公安局交警大队认定：违章掉头是此事故主要原因，应负此事故的主要责任。原告左某因未依法取得机动车驾驶证应负此事故的次要责任。

问：在原、被告皆有过错的情况下，如何确定责任？是否适用过失相抵？

2. 甲工厂的生产污水流入李某承包的鱼塘，致使鱼虾死亡，损失2万元。李某起诉，请求甲工厂赔偿。

问：环境污染责任的归责原则是什么？甲工厂的排污行为与李某鱼虾死亡的损害结果之间的因果关系应该由谁来证明？

3. 2003年1月6日，肖某被某医院初步诊断为胃内基底肌瘤，无其他病症。医院于3日后对肖某实施胃底肌瘤切除手术。手术结束后，医生告知肖某的家属：患者的脾脏已被切除。家属询问原因，主刀医师告知是因为胃底肌瘤与脾脏紧密粘连一起，分离手术十分困难，强行分离可能损伤脾门处的动脉、静脉血管；切除脾脏比可能发生大出血且危及患者生命的后果要轻得多，为了达到手术目的而不得已采取了切除措施。肖某及其家属认为，医院在没有告知和征得他们同意的情况下，擅自摘除了脾脏，导致肖某失去部分胃体和脾脏，并且手术后肖某身体免疫力明显降低，频发感冒、头痛，丧失了劳动能力。故向法院提起民事诉讼请求赔偿。

问：本案中医院的做法有无不合法之处？

4. 研究员甲在从事放射性元素研究的过程中，由于忘记锁好实验室的门，致使好奇者乙入内，双眼严重损伤。

问：本案属于哪一类型的侵权行为？乙的损害应该由谁来承担责任？如果甲能证明乙的损害是由乙自己故意引起的，其能否免责？

第九章 其他侵权责任

实训测试参考答案及解析

一、单项选择题

1. B

【解析】《侵权责任法》第72条规定:"占有或者使用易燃、易爆、剧毒、放射性等高度危险物造成他人损害的,占有人或者使用人应当承担侵权责任,但能够证明损害是因受害人故意或者不可抗力造成的,不承担责任。被侵权人对损害的发生有重大过失的,可以减轻占有人或者使用人的责任。"本题中,致损物为放射性物质的铅箱,因此只有在受害人故意或者不可抗力造成的才可以免责,被侵权人对损害的发生有重大过失的,可以减轻占有人或者使用人的责任。不能认定本题中被侵权人有故意或者重大过失,也没有发生不可抗力,所以,正确选项只有B。

2. A

【解析】《侵权责任法》第66条规定:"因污染环境发生纠纷,污染者应当就法律规定的不承担责任或者减轻责任的情形及其行为与损害之间不存在因果关系承担举证责任。"其余举证责任即排污的事实和受损的事实仍应遵循民事诉讼的一般举证规则,由受害人承担举证责任。据此,A项说法正确。

3. C

【解析】《道路交通安全法》第76条规定:"机动车发生交通事故造成人身伤亡、财产损失的,由保险公司在机动车第三者责任强制保险责任限额范围内予以赔偿。不足的部分,按照下列规定承担赔偿责任:(一)机动车之间发生交通事故的,由有过错的一方承担责任;双方都有过错的,按照各自过错的比例分担责任。(二)机动车与非机动车驾驶人、行人之间发生交通事故,非机动车驾驶人、行人没有过错的,由机动车一方承担责任;有证据证明非机动车驾驶人、行人有过错的,根据过错程度适当减轻机动车一方的赔偿责任;机动车一方没有过错的,承担不超过百分之十的赔偿责任。交通事故的损失是由非机动车驾驶人、行人故意碰撞机动车造成的,机动车一方不承担责任。"由此,如果有证据证明行人违反道路交通安全法律、法规(比如本题中的在非人行道处横穿公路),机动车驾驶人已经采取必要处置措施但还是发生交通事故的,只是减轻机动车一方的责任,而不是不承担责任、不予赔偿。C项正确,其他三项不符合法律规定,应予排除。

4. C

【解析】环境污染责任采用无过错责任归责原则。因此，环境污染责任需满足以下三个构成要件：(1) 须有污染环境的行为。(2) 须有污染环境致人损害的事实。(3) 污染环境的行为与损害之间具有因果关系。所以，选项C当选。

二、多项选择题

1. AC

【解析】《侵权责任法》第73条规定："从事高空、高压、地下挖掘活动或者使用高速轨道运输工具造成他人损害的，经营者应当承担侵权责任，但能够证明损害是因受害人故意或者不可抗力造成的，不承担责任。被侵权人对损害的发生有过失的，可以减轻经营者的责任。"架设高压线的行为属于典型的"高压"危险行为，虽然具有明显的警示标志，但高压线架设者可以据以免除责任的事由只有"受害人故意或者不可抗力造成"。本题中，丙在钓鱼时，"甩出的鱼竿不小心碰到上方的高压线"不属于"受害人故意或者不可抗力造成"，所以不能免除高压线的架设者的责任。故A项正确。本题中，鱼塘的所有人乙没有任何过错，也没有实施侵权行为，其与高压线架设者不构成共同侵权，不应该承担责任。故B项错误。本题中，丙存在过失，所以，可以减轻高压线架设者的责任，由丙自己承担部分损失。故C项正确。丙遭受的侵权损害是高压线高度危险作业所致，虽然鱼塘设置在高压线下具有一定的不合理性，但与丙的民事侵权没有直接关系，所以村委会和建设规划部门也不应当承担责任。故D项错误。

2. ABCD

【解析】(1) 本题中，属于水污染导致他人财产受到损害的侵权案件。根据相关规定，对于化工厂应当采用无过错责任原则，他的抗辩理由只有两个：一是水污染损失由第三者故意或者过失所引起的；二是不可抗力，且及时采取合理措施的。选项A中化工厂是以其排放的废水完全符合规定的排放标准为抗辩理由，不在上述的抗辩理由范围之内，所以选项A的抗辩不能成立。(2) B项中即使化工厂证明了另一加工厂排放的废水足以导致湖中鱼类死亡，也不能排除其自己排放的废水造成湖中鱼类死亡的可能，即不能排除其排污行为与鱼类死亡损害结果之间的因果关系。所以，化工厂仅以选项B的理由进行抗辩也是不成立的。(3) 选项C是错误的。因为承担水污染损害赔偿责任适用的是无过错的归责原则。不需要侵权人有故意或过失。(4) 选项D涉及环境污染损害赔偿的诉讼时效期间。《环境保护法》第42条规定，因环境污染损害赔偿提起诉讼的时效期间为3年。因此，选项D错误。

第九章　其他侵权责任

3. ABCD

【解析】(1)《环境保护法》第42条:"因环境污染损害赔偿提起诉讼的时效期间为三年,从当事人知道或者应当知道受到污染损害时起计算。"因此A项错误。(2)《侵权责任法》第65条:"因污染环境造成损害的,污染者应当承担侵权责任。"由此可知,环境污染责任适用无过错归责原则,所以B项错误。(3)《环境保护法》第41条第3款规定:"完全由于不可抗拒的自然灾害,并经及时采取合理措施,仍不能避免造成环境污染损害的,免予承担责任。"可见,即使发生不可抗力,也不绝对免责。故C项错误。(4)《侵权责任法》第66条规定:"因污染环境发生纠纷,污染者应当就法律规定的不承担责任或者减轻责任的情形及其行为与损害之间不存在因果关系承担举证责任。"故D项错误。

4. AD

【解析】(1)小李独自开车时不慎撞坏叶某的轿车,小李的行为已经侵犯了叶某的财产权。本题中小李16岁,未给出其以自己劳动收入为主要生活来源,是限制行为能力人。根据《民法通则》第133条,其侵权赔偿责任应由其监护人李某承担。故A项正确,B项错误。(2)根据《保险法》第37条规定,保险人解除合同的前提是"保险标的危险程度增加",而本题C项中只是认为"李某疏于管理保险财产",而该疏于管理保险财产的行为并不一定导致保险标的危险程度增加,因此C项表述不够严密,不应入选。(3)《保险法》第47条规定:"除被保险人的家庭成员或者其组成人员故意造成本法第四十五条第一款规定的保险事故以外,保险人不得对被保险人的家庭成员或者其组成人员行使代位请求赔偿的权利。"小李开车不慎,撞坏他人轿车,属于过失造成保险事故,因此,保险公司支付保险赔款后不能对小李行使代位追偿权。所以,D项正确。

5. ABD

【解析】(1)根据《民事证据规定》第2条的规定,原告齐某对自己所提出诉讼请求所依据的事实承担举证责任,即齐某承担证明自己被宏大公司汽车撞伤、自己实际受到的损失承担举证责任。因此,选项AB正确。(2)根据《道路交通安全法》第76条,机动车与非机动车驾驶人、行人之间发生交通事故适用无过错责任原则,C项被告宏大公司证明自己主观上没有过错并不能免除其法律责任,因此,被告宏大公司无须对自己主观没有过错承担举证责任,选项C错误。(3)依据《道路交通安全法》第76条第2款的规定,"交通事故的损失是由非机动车驾驶人、行人故意造成的,机动车一方不承担责任",即机动车一方可以据此作为免责事由。本题中,只有在被告宏大公司完成了对原告齐某主观故意的举证之后,才能免除其自身的法律责任,因此,被告宏大公司对于原告齐某

197

故意造成交通事故承担举证责任,选项D是正确的。

6. CD

【解析】(1)根据《侵权责任法》第54条规定:"患者在诊疗活动中受到损害,医疗机构及其医务人员有过错的,由医疗机构承担赔偿责任",可见,医疗损害的归责原则是过错责任,仅在几种少数情况下,才实行过错推定,因此,医院的过错应由患者来证明,A项错误。(2)《侵权责任法》第55条是对医生告知义务的规定,而第56条规定了例外情形:"因抢救生命垂危的患者等紧急情况,不能取得患者或者其近亲属意见的,经医疗机构负责人或者授权的负责人批准,可以立即实施相应的医疗措施",因此,B项的说法过于绝对,错误。(3)《侵权责任法》第59条规定:"因药品、消毒药剂、医疗器械的缺陷,或者输入不合格的血液造成患者损害的,患者可以向生产者或者血液提供机构请求赔偿,也可以向医疗机构请求赔偿。患者向医疗机构请求赔偿的,医疗机构赔偿后,有权向负有责任的生产者或者血液提供机构追偿",因此医疗产品责任中,医院承担的是不真正连带责任,患者可以向医院或生产者等索赔,C项正确。(4)《侵权责任法》第60条规定:"患者有损害,因下列情形之一的,医疗机构不承担赔偿责任:(一)患者或者其近亲属不配合医疗机构进行符合诊疗规范的诊疗;(二)医务人员在抢救生命垂危的患者等紧急情况下已经尽到合理诊疗义务;(三)限于当时的医疗水平难以诊疗。前款第一项情形中,医疗机构及其医务人员也有过错的,应当承担相应的赔偿责任。"D项关于医院免责的表述正确。

三、判断题

1. ×

【解析】在高度危险作业致人损害的侵权行为纠纷中由侵权方对"受害人是否故意造成损害"承担举证责任。只要侵权方不能证明受害人是故意的,则要承担责任。

2. ×

【解析】环境污染民事责任的归责原则实行无过错责任原则。

3. ×

【解析】水污染损害是由受害人故意造成的,排污单位可以主张免责。

4. √

【解析】《道路交通安全法》第76条第2款规定:"交通事故的损失是由非机动车驾驶人、行人故意造成的,机动车一方不承担责任",即机动车一方可以据此作为免责事由。

第九章 其他侵权责任

5. √

【解析】根据《侵权责任法》第 55 条、第 56 条规定，患者享有知情同意权。但因抢救生命垂危的患者等紧急情况，不能取得患者或者其近亲属意见的，经医疗机构负责人或者授权的负责人批准，可以立即实施相应的医疗措施。

6. ×

【解析】"因医疗行为引起的侵权诉讼，由医疗机构就医疗行为与损害结果之间不存在因果关系及不存在医疗过错承担举证责任。"这是《民事证据规定》第 4 条第 8 项的规定。《侵权责任法》第 54 条规定："患者在诊疗活动中受到损害，医疗机构及其医务人员有过错的，由医疗机构承担赔偿责任。"这一规定导致《民事证据规定》第 4 条第 8 项的规定不再适用。医疗损害侵权中适用过错责任原则，受害人应就医务人员或医疗机构在诊疗活动中存在过错负担举证责任。

四、案例题

1.【解析】根据《道路交通安全法》第 76 条，机动车之间发生交通事故的适用过错责任原则，由有过错的一方承担责任；双方都有过错的，按照各自过错的比例分担责任。本题中，原被告机动车相撞，属于机动车之间的交通事故责任情形，应当适用过错责任原则。原告无证驾驶，被告掉头未确保安全，导致双方在驾驶机动车行驶过程中发生交通事故，双方皆有过错，应适用过错相抵，按照双方的过错比例分担责任。

2.【解析】环境污染责任的归责原则是无过错责任原则。甲工厂的排污行为与李某鱼虾死亡的损害结果之间的因果关系应该由甲工厂来证明。我国立法对环境污染责任的因果关系证明采取了举证责任倒置的模式。《侵权责任法》第 66 条规定："因污染环境发生纠纷，污染者应当就法律规定的不承担责任或者减轻责任的情形及其行为与损害之间不存在因果关系承担举证责任。"因此，甲工厂应该对鱼虾死亡的原因是否为甲工厂污水所致及是否具有免责事由承担举证责任。需要注意的是，举证责任倒置并非将按照一般原则分配给当事人的举证责任全部加以倒置，而是根据具体情况对某些事实的举证责任予以倒置。本题中，关于甲工厂的生产污水是否流入李某承包的鱼塘以及李某承包的鱼塘鱼虾死亡造成损失的具体数额属于对损害事实的证明，应由李某承担举证责任。

3.【解析】本案是一起未尊重患者知情权所引发的医患纠纷。在诊疗活动中，患者享有知情同意权。《侵权责任法》第 55 条规定："医务人员在诊疗活动中应当向患者说明病情和医疗措施。需要实施手术、特殊检查、特殊治疗的，医

侵权责任法理论与实训

务人员应当及时向患者说明医疗风险、替代医疗方案等情况,并取得其书面同意;不宜向患者说明的,应当向患者的近亲属说明,并取得其书面同意。医务人员未尽到前款义务,造成患者损害的,医疗机构应当承担赔偿责任。"被告医院为避免患者的生命危险而不得已切除其无病变的脾脏,未履行告知义务和对患者的知情权予以充分尊重,从而剥夺了患者的手术方案选择权,依法存在过错,应当承担损害赔偿责任。

4.【解析】本案属于高度危险作业致人损害的侵权行为。《侵权责任法》第72条规定:"占有或者使用易燃、易爆、剧毒、放射性等高度危险物造成他人损害的,占有人或者使用人应当承担侵权责任,但能够证明损害是因受害人故意或者不可抗力造成的,不承担责任。被侵权人对损害的发生有重大过失的,可以减轻占有人或者使用人的责任。"据此,乙的损害应该由研究员甲来承担责任。如果甲能证明乙的损害是由乙自己故意引起的,则其可以免责。

第十章　侵权民事责任的承担

【本章导读】

　　侵权责任法是民事权利的救济法，救济的途径就是使侵权人承担侵权民事责任。侵权民事责任，是指违反法定义务侵害他人合法权益应当承担的民事法律后果。《侵权责任法》规定的侵权责任形式主要有停止侵害、排除妨碍、消除危险、返还财产、恢复原状、赔偿损失、赔礼道歉、消除影响和恢复名誉。其中，赔偿损失是运用最广泛的最重要的一种责任形式，它是指行为人因侵权而造成他人财产、人身和精神的损害，依法应承担的以给付金钱或实物为内容的民事责任方式。包括财产损害赔偿、人身损害赔偿和精神损害赔偿。在侵权民事责任的承担中，民事责任竞合是常常出现的现象，是指行为人实施某一违反民事义务的行为符合多种民事责任的构成要件，从而在民法上导致多种责任形式相互冲突的现象。主要表现为：侵权责任与违约责任竞合、侵权责任与返还不当得利责任竞合两种形式。我国立法在处理责任竞合问题上采取的方法是：承认竞合和选择请求权，即当事人可以在违约请求权和侵权请求权中择一行使，或在侵权请求与返还不当得利请求权中择一行使。

【导引案例】

　　案情介绍：

　　2007年5月26日下午，中国一拖集团公司第一装配厂30岁女工符红霞骑自行车上班，途经洛阳市涧西区郑州路与建设路交叉口时，突然而来的暴风雨将一棵粗大的椿树连根拔起，将符红霞砸在树底下，当即昏迷不醒。虽经河南科技大学附属医院抢救脱险，但已造成符红霞左肱骨粉碎性骨折，胸椎骨折并截瘫，生活依赖护理。经司法鉴定为二级伤残，终身残废。突如其来的不幸，不仅使符红霞的身体受到极大伤害，经济遭受重大损失，精神也几近崩溃，全家生活陷入困境。绝望之下，符红霞将砸伤致她终身残废的椿树管理人洛阳市绿化工程管理处告上法庭。法院认为：被告洛阳市绿化工程管理处对肇事的大树管理疏忽，致使原告致残，应承担80%责任；原告符红霞在发生暴风雨期间，未尽注意义务应承担20%责任。即作出判决：被告洛阳市绿化工程管理处赔偿该原告医疗费、护理费、残疾赔偿金、抚养费、赡养费、精神抚慰金等各项费用共

81.13万余元。① 问题：

(1) 被告应否承担赔偿责任？
(2) 赔偿范围包括哪些？
(3) 原告为何还要承担20%的赔偿责任

分析提示：

(1) 被告应该承担赔偿责任。《侵权责任法》第90条规定："因林木折断造成他人损害，林木的所有人或者管理人不能证明自己没有过错的，应当承担侵权责任。"本案中，洛阳市绿化工程管理处是椿树的管理人，其对肇事的大树疏于管理，未尽到合理的管理义务，致使其被风刮倒导致原告残疾，主观上存在过错，应当承担损害赔偿责任。

(2) 根据《侵权责任法》第16条规定："侵害他人造成人身损害的，应当赔偿医疗费、护理费、交通费等为治疗和康复支出的合理费用，以及因误工减少的收入。造成残疾的，还应当赔偿残疾生活辅助具费和残疾赔偿金。造成死亡的，还应当赔偿丧葬费和死亡赔偿金。"本案被告应当赔偿原告医疗费、护理费、交通费等为治疗和康复支出的合理费用，以及误工费、残疾生活辅助具费和残疾赔偿金，还可以要求精神抚慰金等各项费用。

(3) 由于原告有对周围环境安全的注意义务，尤其是在发生暴风雨期间。而原告由于未尽注意义务而导致过错，其应当承担一定的责任。相对于被告的过错程度而言，原告的过错程度明显为轻，法院根据双方当事人的过错程度，判决原告承担次要的民事责任则体现出了侵权责任中的过失相抵原则。

第一节 侵权民事责任概述

一、侵权民事责任的概念和特征

侵权民事责任，是指违反法定义务侵害他人合法权益应当承担的民事法律后果。侵权责任具有如下特点：

1. 侵权责任是违反侵权责任法所应承担的民事法律责任。民事责任不同于

---

① 张广南、干迎春：《暴风刮倒大树砸残女子，洛阳绿化管理部门赔偿81万》，中国法院网，http://www.chinacourt.org/html/article/200709/14/264789。

刑事责任和行政责任。刑事责任是违反刑事法律规范的法律责任，行政责任是违反行政法律规范的法律责任。

2. 侵权责任是违反民事义务依法应承担的法律后果。这是民事责任的本质特征。我国《民法通则》第106条规定："公民、法人违反合同或者不履行其他义务的，应当承担民事责任。公民、法人由于过错侵害国家的、集体的财产，侵害他人财产、人身的，应当承担民事责任。"该规定说明，民事义务是承担民事责任的前提，无民事义务的存在绝无民事责任。民事责任是违反民事义务的后果，是对违反民事义务行为的一种民事法律制裁。

3. 侵权责任主要是一种财产责任。民法的调整对象主要是财产关系，因此，民事责任的主要目的就是补偿受害人所受的财产损失。《侵权责任法》第15条规定的八种承担侵权责任的方式主要有：停止侵害；排除妨碍；消除危险；返还财产；恢复原状；赔偿损失；赔礼道歉；消除影响、恢复名誉。前6种都属于财产责任。

4. 侵权责任可以由当事人协商确定和解决。侵权责任是加害人向受害人承担的责任，而不是向国家承担的责任，因此，原则上当事人可以通过协商限制或者免除加害人的责任。只要协议是在平等的条件下达成的，没有欺诈、胁迫和重大误解，双方都有行为能力，就应当受到法律的保护。当然，以约定限制和免除侵权责任，不能违反法律的禁止性规定和公序良俗。当事人协商不成时，可由人民法院或仲裁机构裁决。

二、侵权责任的形式及适用

根据《侵权责任法》第15条的规定，侵权责任形式主要有以下8种：

（一）停止侵害

停止侵害是指要求侵权人停止正在进行的侵权行为的责任形式。这种责任形式可以有效防止损害的扩大，是除损害赔偿外最重要的一种责任形式。停止侵害可以适用于侵害人身权、物权、知识产权和占有的侵权行为。特别在侵害知识产权和人身权的纠纷中，停止侵害责任的适用具有十分重要的意义。

（二）排除妨害

排除妨害是指当行为人的行为给他人权利的行使和实现造成妨害时，令行为人排除妨害，使他人的权益得以正常行使和实现的责任方式。这种责任方式主要用于对物权尤其是相邻权侵害的场合。

(三）消除危险

当行为人的行为或其所管理之物件或动物，确实存在给他人造成损害的危险时，受其危险威胁的人有权要求其采取措施，消除危险。如污染环境、从事高度危险作业都可能对周围环境造成损害，周围的人有权要求其采取安全措施，消除危险。再如房屋等建筑物年久失修，有坍塌的危险，给周围的人造成危险，相关人有权要求所有人或者管理人进行修缮，消除危险。

（四）返还财产

当财产被他人非法占有时，权利人可以要求非法占有人返还财产。所有人和占有人都有要求非法占有人返还财产的权利，这种责任形式广泛适用于财产被他人非法占有的场合。例如，盗窃公私财物的，应当将该财物返还给原所有人；非法扣押、查封、没收他人财产的，应当恢复他人对自己财产的正常占有。

返还财产时是否应当返还孳息，要根据占有的规定确定。其原则是，善意的占有人对占有物有使用收益权，因此，在返还原物时不需要返还孳息；恶意占有人对占有物无使用收益权，因此，在返还原物时应当连同孳息一并返还。善意占有人如果按占有的名义对占有物无使用收益权，在返还原物时也应当返还孳息。

（五）恢复原状

恢复原状，是指将被损坏了的财产，通过修理等方式恢复到原有的状态。这种责任方式主要适用于对财产损害程度较轻的情况，即财产的主要部分没有损坏，基本功能没有受到大的影响，经过修理可以发挥原有的功能。另外，一般应由侵害人负责修理。如果由受害人自行修理，可令侵害人承担修理费用。

（六）损害赔偿

损害赔偿，是指使侵权人赔偿受害人因合法权益被侵害所受到的损失的责任形式。损害赔偿包括财产损害赔偿和精神损害赔偿，是运用最广泛的最重要的一种责任形式。（后面专门论述）

（七）赔礼道歉

实施侵害行为的人用口头或者书面的形式公开向被侵权人澄清事实真相、承认错误并表达歉意。主要适用于侵害他人人格权的情形，应注意的是赔礼道歉的内容须经法院审查。

(八) 消除影响、恢复名誉

消除影响,是指侵权人应当在其行为所造成的不良影响范围内通过澄清事实等方式来消除对被侵权人的不利后果。恢复名誉,则是指侵权人应当在其侵权行为所造成损害的范围内采用公告、登报等方式使被侵权人的名誉得以恢复到未受损害前的状态。这是侵害民事主体人身权所承担的责任形式。一般来说,在什么范围内造成损害,就在什么范围内消除影响、恢复名誉。

上述承担侵权责任的方式既可单独适用,也可以几项同时适用于同一责任主体。

第二节 侵权损害赔偿

一、侵权损害赔偿的概念和特征

侵权损害赔偿,是指行为人因侵权而造成的他人财产、人身和精神的损害,依法应承担的以给付金钱或实物为内容的民事责任方式。侵权损害赔偿是一种适用最为普遍的民事责任方式。其主要特征如下:

1. 侵权损害赔偿的前提是侵权人实施了侵害他人财产或人身的侵权行为。
2. 侵权损害赔偿的根本目的是补偿损失,目的是为了保护受害人,同时制裁加害人。
3. 侵权损害赔偿必须有现实的损害,包括财产损害赔偿和人身损害赔偿。
4. 侵权损害赔偿属于财产责任。侵权损害赔偿完全是以财产的方式救济受害人。在损害的三种形式,即财产损害、人身损害和精神损害当中,对财产损失,必须以财产来赔偿;对人身损害和精神损害,也必须以财产的形式赔偿受害人的人身或精神损害,不可能用其他方式赔偿。

二、侵权损害赔偿的原则

(一) 全面赔偿原则

全面赔偿也叫全部赔偿或完全赔偿,是指侵权行为加害人承担赔偿责任的大小，应当以侵权行为所造成的实际损失的大小为依据，对受害人予以全部赔偿。适用全部赔偿原则应注意以下问题：

1. 确定损害赔偿数额即赔偿责任的大小，只以实际损害作为标准，全部予以赔偿。在一般情况下，要特别注意不能以加害人过错程度的轻重作为损害赔偿数额的依据，也不能根据行为的社会危险性的大小作为依据，只能以财产的实际损失作为赔偿责任大小的标准。

然而，对于确定精神损害赔偿责任的大小，加害人的主观过错程度却起重要的作用，加害人故意或者重大过失，是承担较重赔偿责任的根据。

2. 全部赔偿包括直接损失和间接损失。全部赔偿要求损害赔偿不仅要赔偿直接损失，而且对确定的间接损失也要予以赔偿。间接损失只要是当事人已经预见或者能够预见的利益，并且可以期待、必然得到的，就应当予以赔偿。

3. 全部赔偿应当包括对受害人为恢复权利、减少损害而支出的必要费用损失的赔偿。受害人因权利受侵害，为恢复权利、减少损害而支出的费用，这是侵权行为所造成的损害，是应当予以赔偿的。

4. 全部赔偿所赔偿的只能是合理的损失，不合理的损失不应予以赔偿。对于受害人借故增加开支，扩大赔偿范围的做法，是应当予以谴责，不应当予以赔偿。如购买豪华骨灰盒、丧葬中铺张浪费等。

（二）损益相抵原则

损益相抵，是指受害人在遭受损失的同时也得到利益的，应将其所得到的利益从应得的赔偿金额中扣除。受害人得到的利益仅限于经济利益或者可以用金钱计算的财产性质的利益，不包括感情、精神利益。损益相抵原则的构成要件：（1）须有侵权损害赔偿之债成立。损益相抵原则是在侵权损害赔偿之债中计算实际损失大小时适用的一个原则，若侵权赔偿之债不存在，则自无适用的余地，所以损益相抵原则以侵权责任成立为前提。（2）须受害人受有利益。该利益既包括积极利益，也包括消极利益。积极利益为受害人现有财产的增加，消极利益则为受害人应当减少的利益没有减少。（3）须损害事实与所得利益之间存在因果关系。通说认为，虽然损益相抵原则不以相当因果关系为绝对标准，但是受益和损害事实之间必须具有某种因果上的关联。适用损益相抵原则应注意以下问题：

1. 在适用范围上，损益相抵原则是适用于一切损害赔偿场合的原则。不仅侵权导致的损害赔偿里可以适用损益相抵原则，违约导致的损害赔偿也可以适用。

2. 在功能上，损益相抵原则是确定侵权损害赔偿责任范围大小及如何承担的原则。它不是解决损害赔偿责任应否承担的规则，而是在损害赔偿责任已经确定应由加害人承担的前提下，确定加害人应当怎样承担民事责任，究竟应当承担多少赔偿责任的规则。

3. 在具体内容上，损益相抵原则所确定的赔偿标的是损害额内扣除因同一原因而产生的利益额之差。

4. 在适用程序上，损益相抵原则应当由法官依职权主动适用。

（三）过失相抵原则

过失相抵，是指受害人对损害的发生或扩大也有过失时，可以适当减轻或者免除加害人的赔偿责任的法律原则。《民法通则》第 131 条规定："受害人对损害的发生也有过错的，可以减轻侵害人的民事责任。"《侵权责任法》第 27 条、第 28 条也有相应的规定。过失相抵的理由是，加害人只应对因自己过错造成的损害负赔偿责任，而不能要求其对他人的过错造成的损害负责。过失相抵应当具备以下条件：

1. 对于损害的发生或者扩大，受害人有过错。所谓过错，是指受害人应当认识到自己的行为可能导致损害的发生或者使损害扩大，而没有采取有效措施避免损害的发生或者扩大。

2. 受害人的过错是损害发生或者扩大的部分原因而非全部原因。

适用损益相抵原则应当根据加害人和受害人各自的过失行为对损害发生的原因力的大小，认定双方过失的比例，进而确定应减少加害人责任的比例。

（四）衡平原则

衡平原则，是指在确定侵权损害赔偿范围时，必须考虑当事人的经济状况等诸因素，使赔偿责任的确定更公正。例如，如果加害人的经济状况不好，全部赔偿以后将使其本人及其家属的生活陷于极度困难时，可依据具体情况适当减少其赔偿数额。适用衡平原则应当注意以下问题：

1. 适用衡平原则的前提，必须是已经确定了赔偿责任，在此基础上，确定赔偿责任大小时，适用这一原则。

2. 衡平原则适用的顺序，应当在适用全部赔偿、损益相抵和过失相抵等规则之后，最后才能考虑的原则。

3. 适用衡平原则既要考虑加害人的情况，也要考虑受害人的情况，应综合考虑各种因素。考虑最多的，是当事人的经济情况。主要应考察当事人的经济收人，必要的经济支出，以及家庭的富裕程度。除此之外，还应当考虑其他因素，如社会风俗、习惯、舆论、当事人身份、特殊需求等综合判断，考虑是否可以减轻赔偿责任。

4. 适用衡平原则，应当为加害人及其家属留下必要的生活费用。适用衡平原则的结果，是减轻赔偿责任，降低加害人的负担，本身就对加害人有利。其承担责任的极限，在于承担责任以后还必须保留加害人及其家属的必要生活费用，而不能让其因负担赔偿责任而使生活陷入极度贫困。必要生活费用的标准，应当根据当地实际情况而定，但又不能像确定生活救济标准那样准确，原则上是让加害人在承担责任之后还能够正常生活。其家属范围，应以有扶养关系的近亲属为限。

三、侵权损害赔偿的种类

（一）财产损害赔偿

1. 财产损害赔偿的概念。

财产损害，是指侵权行为侵害他人财产、使财产权的客体遭到破坏，其使用价值和价值贬损、减少或者完全丧失，或者破坏了财产权人对于财产权客体的支配关系，使财产权人的财产利益受到损失，导致权利人拥有的财产价值减少和可得财产利益丧失。侵害他人财产权造成他人财产损失的，应当赔偿损失。

2. 财产损害赔偿的范围。

（1）现有财产损失的赔偿。现有财产损失，是指现实存在的财产的减少，如财产被彻底毁坏、财产被部分损坏所支付的修复费用，都是现有财产的减少。现有财产的减少因果关系比较清楚，也较容易计算。

（2）可得利益损失的赔偿。可得利益的损失是未来利益的损失，只有在损害发生时已经具备实现的现实条件，只是由于损害的发生才使其丧失的利益，才能作为可得利益请求赔偿。可得利益损失的主要表现形式有：

①营业利润损失。又有两种情况：一种是由于损害的发生致使营业停止，如汽车被损坏而停止营运。另一种是由于损害的发生致使营业利润下降，如由于假冒商标大量发生，商标注册人的市场被挤占，利润大大下降。在前一种情形，赔偿范围限于经营者在现有的营业条件下从事正常经营所能够获得的利润，计算方法有两种，一是以该营业者在损害发生前一段合理的时间内的平均利润计算，另一种是以损害发生时与该经营者条件相当的经营者的经营利润作为参数来计算。

由于损害的发生致使利润下降，主要发生在侵害知识产权以及其他不正当竞争行为侵权的案件中，损失的计算比较困难。按照现行商标法、专利法、著作权法的有关规定，商标权、专利权、著作权被侵害的赔偿额，可以按被侵权人因侵权所减少的利润计算，也可以按侵权人侵权的违法所得计算，如果以上两种方法都难以计算时，可以参照许可使用费的倍数合理确定，赔偿额可以包括权利人为制止侵权行为所支付的合理开支。

②孳息损失。侵占、毁损他人财产，不仅会造成他人被侵占、毁损财产本身的损失，而且会造成基于该财产所产生的孳息的损失。如侵占他人资金造成利息损失，盗窃他人奶牛造成他人牛奶销售收入的减少。

（二）人身损害赔偿

1. 人身损害赔偿概念。

人身损害赔偿，是指民事主体的生命权、健康权、身体权受到不法侵害，造成致伤、致残、致死的后果以及其他损害，要求侵权人以财产赔偿等方法进行救济和保护的侵权法律制度。

2. 人身损害赔偿范围。

《侵权责任法》第16条规定："侵害他人造成人身损害的，应当赔偿医疗费、护理费、交通费等为治疗和康复支出的合理费用，以及因误工减少的收入。造成残疾的，还应当赔偿残疾生活辅助具费和残疾赔偿金。造成死亡的，还应当赔偿丧葬费和死亡赔偿金。"根据此规定及司法实践经验，人身损害的赔偿范围和标准按以下几种情况确定：

（1）致人伤害的赔偿范围。被侵权人人身受到伤害，但并未出现残疾或者死亡后果时，侵权人则应当赔偿如下费用：

①医疗费。医疗费是被侵权人为了治疗损伤或者损伤所引起的疾病而花费的费用。包括挂号费、医药费、检查费、治疗费、住院费、继续治疗费、康复费等内容。具体医疗费用应当根据医疗机构出具的医药费、住院费等收款凭证，结合病历和诊断证明等相关证据确定。

②护理费。护理费，是指被侵权人因损害而导致自身行动能力以及自理能力降低，需要家人或其他亲友的照顾和护理由此产生的相关费用。护理费的计算一般依据护理人员的收入状况和护理人数、护理期限等加以确定。其中，应当注意的是实务中护理人数一般由医院根据被侵权人的具体损伤情况来具体确定。

③交通费。交通费，是指被侵权人为了治疗损伤及其护理人员为了陪同照顾被侵权人而往返于医院所产生的交通费用。

④康复费。康复费，是指被侵权人的损伤治疗完成后，为了让身体功能恢复到良好状态而为此支出的费用。如皮肤烧伤情形，伤口愈合后，被侵权人进行进一步植皮修复手术所需支付的费用，就属于康复费。

⑤因误工减少的收入。因误工减少的收入，是指被侵权人从遭受伤害到完全治愈期间，因无法从事正常工作而实际减少的收入。一般而言，误工费应当根据被侵权人的误工时间长短、收入情况等因素计算。被侵权人有固定收入的，按照固定收入计算；若被侵权人没有固定收入，则可以参考被侵权人最近3年的平均收入，或者被侵权人所在地相同或者类似行业上1年度职工的平均工资计算。应当注意的是，医疗费、护理费、交通费等必须是被侵权人治疗损伤所必要的、合理的支出。这也体现了平衡侵权人与被侵权人权益的原则。

（2）致人残疾的财产赔偿范围。因侵权致人残疾，侵权人应赔偿的费用除了上述医疗费、护理费、交通费以及误工费等之外，应当承担以下费用：

①被侵权人残疾生活辅助具费。被侵权人残疾生活辅助具费，是指被侵权人因侵权行为而造成身体机能部分或者全部丧失，因此需要配置相关辅助器具来弥补和提高其活动能力而产生的费用。如侵权人的行为导致被侵权人失去双腿，那么被侵权人伤愈之后，为了能够正常生活，需要安装假肢等器具而产生的相关费用；因侵权行为而失聪的人需要配置的助听器等。

②残疾赔偿金。残疾赔偿金，是指被侵权人因人身遭受损害致残失去全部或者部分劳动能力时，侵权人对被侵权人应当给予的经济补偿。因此残疾赔偿金的功能重在弥补被侵权人劳动能力丧失而造成的损害，在具体计算残疾赔偿金时，实务中一般是根据被侵权人丧失劳动能力的程度以及伤残等级，参考侵权行为诉讼法院所在地的上一年度城镇居民人均可支配收入或者农村居民人均纯收入作为标准，再乘以法律规定的固定赔偿期限。但在计算残疾赔偿金时，不能简单一刀切处理，还要考虑侵权行为是否对被侵权人造成职业妨碍，其劳动就业是否受到严重影响等因素进行综合认定。

（3）致人死亡的财产赔偿范围。侵权人除赔偿治疗费、与抢救治疗有关的交通费外，还应当赔偿被侵权人的丧葬费和死亡赔偿金。

①丧葬费。丧葬费，是指被侵权人死亡后，其近亲属为办理丧葬事宜而支出的费用，一般包括运尸费、火化费、骨灰盒的购买及存放费用、以及雇请丧葬人员所花费的人工费等。

②死亡赔偿金，死亡赔偿金，是指侵权人的侵害行为造成被侵权人死亡时应当向被侵权人近亲属承担的一种特别的经济赔偿责任。这是对死亡后果本身的赔偿，不包括为救治被侵权人所花费的医疗费用、护理费用和其他相关费用，也不

包括丧葬费。关于死亡赔偿金的计算方法，一般是按照被侵权人生前的实际收入或者被侵权人所在地的城镇或者农村的平均收入，以及被侵权人死亡时的年龄和当年国家预期寿命进行计算。

（三）精神损害赔偿

1. 精神损害赔偿的概念和特征。

精神损害赔偿，是指受害人就其精神损害所获得的金钱赔偿。《侵权责任法》第22条规定："侵害他人人身权益，造成他人严重精神损害的，被侵权人可以请求精神损害赔偿。"该条确立了精神损害赔偿，它具有如下特点：

（1）它以精神损害的救济为目的。精神损害，也称为非财产损害，是指财产损害之外的一切不利益，包括精神痛苦和肉体痛苦等，如悲伤、绝望、疼痛与恶心。精神损害赔偿就是以弥补受害人的精神损害为目的的。

（2）它是金钱赔偿。精神损害赔偿就是通过金钱赔偿的方式，使受害人得到安慰，从而达到救济受害人的目的。

（3）它是公平的赔偿。精神损害是无法以金钱衡量的损害，因此，精神损害赔偿只能是公平的赔偿。

（4）其价值认定上的主观性和不确定性。精神损害赔偿的请求并非在任何人身权益的侵权案件中都能够获得支持。是否赔偿精神损害，主要决定于侵权行为对被侵权人所带来精神损害的严重程度。

2. 精神损害赔偿的适用范围。

根据最高人民法院的司法解释，我国精神损害赔偿适用于下列侵权行为：

（1）侵害人格权的行为，包括对生命权、健康权、身体权、姓名权、肖像权、名誉权、荣誉权以及人身自由权的侵害；

（2）侵害他人隐私以及其他利益的行为；

（3）侵害监护或其他亲属关系的行为；

（4）侵害死者的名誉、隐私、姓名、肖像、遗体、遗骨等的行为；

（5）侵害他人具有人格象征意义的特定纪念物品致其永久性灭失或毁损的行为。

3. 精神损害赔偿的数额确定。

精神损害具有一定的主观性和不确定性。因此，在具体认定精神损害赔偿数额时，应当结合个案进行具体认定。我国司法实务一般将下列因素纳入考虑范围：

（1）侵权人的过错程度，若侵权人的主观恶性较大，那么法院一般倾向于判令其承担数额较大的精神损害赔偿金，以体现精神损害赔偿对于侵权行为的惩罚功能；

(2) 侵权人实施侵权的方式、手段、场合等具体情节；

(3) 对被侵权人所造成损害结果的严重程度；

(4) 侵权人的获利情况；

(5) 侵权人的承担责任的经济能力；

(6) 受诉法院所在地居民的平均生活水平。

4. 精神损害赔偿的功能。

精神损害赔偿着眼于对主体精神或肉体所承受痛苦的赔偿，因此其具有以下功能：

(1) 精神抚慰的功能，虽然精神痛苦无法用金钱衡量，但通过特定金钱给付在一定程度上还是可以让被侵权人的内心获得慰藉；

(2) 补偿功能，通过精神损害赔偿让被侵权人有可能减轻侵权行为所带来的生活压力和负担；

(3) 惩戒功能，一般情形下确定精神损害赔偿的数额大小与侵权人的主观过错程度大小、侵权行为方式是否恶劣等因素成正比关系。

第三节 民事责任竞合及其相关问题

一、民事责任竞合的概念和特征

民事责任竞合，是指行为人实施某一违反民事义务的行为符合多种民事责任的构成要件，从而在民法上导致多种责任形式相互冲突的现象。其特征：

1. 责任竞合因某一个违反民事义务的行为而引起。众所周知，有义务才有责任，责任乃是违反义务的结果。责任竞合的产生是由一个违反义务的行为所致。一个不法行为产生数个法律责任，是责任竞合构成的前提条件。若行为人实施数个不法行为，分别触犯不同的法律规定，并符合不同的责任构成要件，应使行为人承担不同的责任，而不能按责任竞合处理。

2. 某个违反义务的行为符合两个或两个以上的民事责任构成要件。这就是说，行为人虽然仅实施了一种行为，但该行为同时触犯了数个法律规定，并符合法律关于数个责任构成要件的规定。

3. 一个行为产生的数个责任之间相互冲突。此处所说的相互冲突，一方面是指行为人承担不同的法律责任，在后果上是不同的；另一方面，相互冲突意味着数个责任既不能相互吸收，也不应相互并存。所谓相互吸收，是指一种责任可以包容另一种责任，例如，在某些情况下，适用赔偿损失责任可以替代继续履行。所谓同时并存，是指行为人依法应承担数种责任，如违约金和赔偿损失责任可以并用。如果数种责任是可以相互包容或同时并存的，则行为人所应承担的责任已经确定，不发生责任竞合的问题。

二、民事责任竞合的表现形式

由于民事关系的复杂性和民事违法行为性质的多样性，现实生活中经常发生责任竞合现象，按照我国现有民事法律的规定主要表现为：侵权责任与违约责任竞合、侵权责任与不当得利返还责任竞合。

（一）侵权责任与违约责任的竞合

1. 侵权责任与违约责任竞合的概念和原因。

侵权责任与违约责任竞合，是指同一个行为既符合侵权行为的构成要件，也符合违约行为的构成要件，因此产生了侵权民事责任与违约民事责任冲突的现象。其产生原因有：

（1）合同当事人的违约行为同时侵犯了法律规定的强行性义务。如出售有瑕疵的产品致人损害，如果受害人与生产者或销售者之间事先存在合同关系，则该生产者的行为既构成违约行为，又构成侵权行为。

（2）侵权性违约行为或违约性侵权行为。"侵权性违约行为"是指在某些情况下，侵权行为直接构成违约的原因，如保管人依保管合同占有对方的财产以后，非法使用对方的财产，造成财产毁损灭失；"违约性侵权行为"是指违约行为造成了侵权后果。如供电部门因违约中止供电，致对方当事人的财产或人身遭受损害。

2. 侵权责任与违约责任竞合的构成要件。

（1）加害人与受害人之间存在合同关系。合同关系是违约责任发生的前提，侵权责任与违约责任的竞合当然离不开合同关系的存在。

（2）加害人实施了不法行为。不法行为是民事责任的构成要件之一，能够导致侵权责任与违约责任竞合的不法行为包括违约行为和侵权行为。

（3）加害人的行为同时违反侵权法和合同法的规定，并符合侵权责任和违约责任的构成要件。

3. 侵权责任与违约责任的区别。

在侵权责任与违约责任发生竞合的情况下，究竟选择侵权损害赔偿请求权还是选择违约赔偿请求权，对当事人影响很大。当事人在选择时，应注意掌握两者的区别。

（1）归责原则不同。侵权责任以过错责任原则为一般归责原则，以过错推定原则、公平责任、无过错责任原则为补充；违约责任以过错推定原则为一般原则，以过错责任为补充。归责原则的差异直接决定了当事人的举证责任的不同。

（2）举证责任不同。侵权责任中过错责任实行"谁主张，谁举证"，即受害人对其加害人应当承担侵权责任的主张负举证责任，但法律规定的特殊侵权行为除外；违约责任中过错推定原则实行举证责任倒置，即由违约人证明其违约行为存在免责事由。

（3）前提条件不同。侵权责任不需要当事人间存在合同关系；违约责任以当事人间存在合同关系为前提。

（4）违反义务不同。侵权行为违反的是不得侵害他人财产或者人身的法定义务；违约行为违反的是合同当事人之间的约定义务。

（5）诉讼时效不同。因侵权行为产生的损害赔偿请求权一般适用2年的诉讼时效，但因身体受伤害而产生的损害赔偿请求权的诉讼时效为1年；因违约行为产生的损害赔偿请求权的时效一般为2年；延付或者拒付租金争议、寄存财物被丢失或者损毁争议适用1年的诉讼时效。国际货物买卖合同和技术进出口合同争议的诉讼时效为4年。

（6）构成要件不同。侵权责任以损害事实为构成要件，无损害即无责任；违约责任不以实际损害为条件，如支付违约金就不必有实际损害。

（7）免责事由不同。侵权责任的免责事由具有法定性，即由法律明文规定；违约责任具有任意性，即可以通过当事人之间的免责条款予以减轻或者免除。

（8）责任方式不同。侵权责任以赔偿损失为主，以其他多种责任方式为辅。违约责任以支付违约金为主，在适用损害赔偿时，当事人可以约定损害赔偿额的计算方法。

（9）责任范围不同。侵权责任的范围包括财产损失、人身伤害和精神损害；违约责任仅以财产损失为限，且适用可预见规则以限定赔偿范围。

（10）第三人的责任不同。侵权责任"对自己行为负责"决定了行为人仅对自己实施的侵权行为负责。合同相对性规则决定了债务人对第三人行为引起的违约承担违约责任，然后向第三人追偿。

（11）诉讼管辖不同。因侵权行为提起的诉讼，由侵权行为实施地、侵权结果发生地或者被告住所地人民法院管辖。因合同纠纷提起的诉讼,由被告住所地或者合同履行地人民法院管辖;合同当事人可以在书面合同中协议选择被告住所地、合同履行地、合同签订地、原告住所地、标的物所在地人民法院管辖。

4. 违约责任与侵权责任竞合的法律后果。

《合同法》第 122 条规定:因当事人一方违约行为,侵害对方人身财产权益的,受损害方有权选择依照合同法要求其承担违约责任或者依照其他法律要求其承担侵权责任。

我国立法在处理违约责任和侵权责任竞合的问题上采取的方法是承认竞合和选择请求权。即当事人的违约行为同时又侵犯了债权人的人身、财产权益的,我国法律允许债权人在违约责任和侵权责任的请求权中作出选择。

需要注意的是,在违约责任和侵权责任竞合的情况下,债权人虽然享有两项请求权,但债权人不能同时行使两项请求权,而只能在两项请求权之间选择一项行使,或提起违约之诉或提起侵权之诉。债权人在实现了一项请求权之后,就不能再行使另一项请求权,但如果债权人选择的某项请求权已因诉讼时效届满而失效,则允许债权人行使另一项请求权。

(二)侵权责任与不当得利返还责任竞合

1. 侵权责任与不当得利返还责任竞合的概念及产生原因。

侵权责任与不当得利返还责任的竞合,是指加害人因侵权行为取得利益同时符合侵权责任和不当得利返还责任的构成要件而产生的责任竞合现象。其产生的原因有:

(1)非法使用他人财物并获得收益。如非法使用他人的房屋,或租赁期限届满而对租赁物继续使用和收益等,均构成对他人财物的侵害,行为人应负侵权责任;同时,由于行为人从财物之上获得利益无法律上的根据,亦应负不当得利返还责任。

(2)非法出租他人财产并获得利益。无租赁权或未经他人同意而出租他人财产,或在租赁关系消灭以后拒不返还租赁物而将租赁物出租给他人,从而获得租金。非法出租他人财产,构成了对他人财产的侵害,行为人应负侵权责任,由此获得的租金无法律上的根据,因而构成不当得利,应负不当得利返还责任。

(3)非法处分他人财产并获得利益。非法处分他人财产,是指未经权利人同意的情况下,无处分权的人擅自处分他人标的物的行为。如无处分权人将他人财产出卖给第三人,而第三人构成善意取得时,受害人可请求无权处分人返还不当得利,并可基于侵权行为请求赔偿损失。

（4）侵害他人知识产权而获得利益。指未经专利权人许可使用其专利而获得利益的。

（5）侵害他人人格权并获得收益。如擅自使用他人肖像获得收益，既构成侵权责任又构成不当得利责任。

2. 侵权责任与不当得利返还责任竞合的构成要件。

（1）受益人因过错实施侵权行为致人损害。这是侵权责任和不当得利返还责任竞合产生的前提条件。

（2）受益人因实施侵权行为获得利益。即受益人因侵权行为获得利益。获得利益包括财产的增加和应当减少的未减少。

（3）受益人获得利益没有法律上的依据。

3. 侵权责任与不当得利返还责任的区别。

虽然不当得利返还责任与侵权责任在多种场合会发生竞合的情形，但他们毕竟是两种不同性质的民事责任，其差异主要体现在以下几个方面：

（1）基本功能不同。侵权行为责任制度的设立，目的在于填补因不法侵害行为所受的损害；不当得利返还责任最初产生于衡平思想，目的在于恢复因当事人之间利益的不当变动而被破坏了的社会公平。

（2）构成要件不同。一般侵权责任的构成要件为：①行为人主观上有过错；②行为人客观上给他人造成了损害；③行为违法；④行为人违反义务的行为与受害人所受损害之间有因果关系。不当得利返还责任具备两个条件：①当事人须有财产损益的变动，即一方所受财产上的利益必定是他方财产上所发生的损害，两者间有因果关系存在；②财产损益的变动必须是由于无法律上原因导致的。

（3）归责原则不同。侵权责任的归责原则有过错责任原则、无过错责任原则和公平责任原则三项；而不当得利的归责原则仅以无过错责任原则为限。

（4）举证责任方面。一般侵权责任以过错为责任构成要件，所以受害人行使其请求权应当对加害人的故意或过失负举证责任；不当得利返还责任的构成不以受益人主观上是否有过错为要件，所以受损人行使其请求权不须对受益人的故意或过失负举证责任。

（5）责任内容方面。侵权行为之债的内容主要为赔偿损害，具有补偿受害人损失的作用。但因侵权行为包括对受害人人身的侵害，故加害人的责任不以财产性责任为限，还有消除影响、恢复名誉、赔礼道歉等非财产性责任；不当得利之债的内容为返还不当得利，具有纠正当事人之间不当利益变动的作用。原则上受益人应将其所得原物返还受损人，若受益人就该项利益另有所得亦应一并返还。原物不能返还者，应当偿还原物价额。

4. 侵权责任与不当得利返还责任竞合的法律后果。

侵权行为与不当得利的竞合直接产生的后果是受害人拥有了两项请求权，即返还不当得利请求权和侵权行为请求权。从我国司法实践看，该两种请求权是不能同时实现的，因为当事人就某一法律责任的竞合拥有两项不同的请求权并予以实现，不仅容易加重行为人的责任，而且极有可能使受害人获得不当得利，不符合民法原则中公平原则的价值取向，所以，当事人只能就其中一项请求权请求法院予以保护。

三、侵权责任与刑事责任、行政责任的重合

（一）责任重合的概念和特征

责任重合，亦称法律责任重合，是指行为人的同一行为同时违反两个或两个以上不同性质的法律规范，符合两个或两个以上不同性质的法律责任之构成要件，依法应当承担多种不同性质法律责任的制度。我国《民法通则》第110条规定："对承担民事责任的公民、法人需要追究行政责任的，应当追究行政责任；构成犯罪的，对公民、法人的法定代表人应当依法追究刑事责任。"责任重合，是近现代法律制度区分不同法律部门的结果。它具有以下特征：

1. 加害人只实施一个违法行为。与责任竞合一样，加害人只实施了一个违法行为，而不是实施多个违法行为。

2. 加害人的行为具有多重违法性。责任重合是同一行为符合不同性质的数个法律责任的构成要件。

3. 加害人承担多重责任。责任重合不同于责任竞合，加害人不是仅仅承担一种法律责任，而是承担多重责任，如既承担民事责任，也承担行政责任，还可能承担刑事责任。这种加害人承担多重责任的性质，实质上也是广泛意义上的责任聚合。

4. 追究程序的复杂性。由于不同的法律部门有不同的程序法，这就使追究加害人多重责任的程序变得十分复杂。这些程序有的相互依存，有的相对独立，如在刑事诉讼中附带有民事诉讼程序。对某侵权案件的处理须事先经过行政程序，而且对加害人的行政处罚往往对于民事责任之构成以及赔偿数额之确定具有较大影响。

（二）侵权责任与刑事责任重合

侵权责任与刑事责任重合，是指行为人的同一行为既违反侵权法规范，符合侵权责任之构成要件，又违反刑法规范，符合刑事责任之构成要件。依据法律之规定，加害人除应承担侵权的民事责任之外，还应承担相应的刑事责任，这两种法律责任不可相互吸收、抵消或者替代。

我国《刑事诉讼法》第77条规定："被害人由于被告人的犯罪行为而遭受物质损失的，在刑事诉讼过程中，有权提起附带民事诉讼。如果是国家财产、集体财产遭受损失的，人民检察院在提起公诉的时候，可以提起附带民事诉讼。人民法院在必要的时候，可以查封或者扣押被告人的财产。"第78条规定："附带民事诉讼应当同刑事案件一并审判，只有为了防止刑事案件审判的过分迟延，才可以在刑事案件审判后，由同一审判组织继续审理附带民事诉讼。"可见：

1. 既构成犯罪又构成侵权责任的案件，被害人可在刑事诉讼中提起附带民事诉讼，这是被害人的诉讼权利。

2. 如果"被害人"死亡，其近亲属也可以提起附带民事诉讼。

3. 如果是国家财产、集体财产遭受损失的，人民检察院在提起公诉的时候，可以提起附带民事诉讼。

4. 受害人对损害的民事请求权应当得到充分保障，如果因为某种原因受害人一方未能在刑事诉讼进行过程中提出民事赔偿请求，也应依法保护其诉权，允许其在刑事诉讼程序结束后的适当期限内提出民事赔偿请求。

（三）侵权责任与行政责任重合

侵权责任与行政责任重合，是指行为人的同一行为既违反侵权法规范，符合侵权责任的构成要件，又违反行政法律规范，符合行政责任之构成要件。依据法律规定，加害人除应承担侵权的民事责任外，还应承担相应的行政责任，这两种法律责任不可相互吸收、抵消或者替代。

侵权责任与行政责任之重合应当符合责任重合的一般特征：（1）行为人只实施了一个违法行为；（2）这一行为不仅违反侵权行为法，也违反行政法；（3）行为人应当既承担侵权责任，也承担行政责任；（4）较之单纯侵权的民事责任之承担，侵权责任与行政责任重合的案件，其诉讼程序更为复杂。

对于侵权责任与行政责任重合的案件之处理，应分别不同情况进行，大致有四种基本程序：（1）行政诉讼（或行政处罚）程序与民事诉讼程序（或仲裁、调解、和解程序）分别进行，二者不直接相互影响或牵制；（2）行政诉讼附带民事诉讼；(3) 行政处理的结果对加害人过错之认定、损害范围之确定等具有重要意义；(4) 受害人首先必须请求行政处理，只是在不服行政处理时方可向法院提起诉讼。①

(四) 民事赔偿优先的原则

在某些案件中，加害人的可执行财产较少，不足以既赔偿受害人的损失，又支付行政罚款和刑罚罚金或没收财产。此时，应考虑"私权优先"的原则，即优先赔偿受害人的损失：加害人被判决同时承担民事赔偿责任、刑罚罚金或者没收财产、行政罚款的，应当以加害人的可执行财产优先承担民事赔偿责任。适用民事赔偿责任优先规则，是因为获得相应数额的金钱赔偿对于受害人一方是一种财产或人身损害的补偿；但罚款或罚金对于国库收入所起之作用甚微，其体现的是对加害人的惩罚而非对国家损失的填补。有限的资源应当配置到最需要的地方，这也体现了立法、司法为民，构建和谐社会的理念。

实训测试

一、单项选择题

1. 甲、乙各牵一头牛于一桥头相遇。甲见状即对乙叫道："让我先过，我的牛性子暴，牵你的牛躲一躲。"乙说"不怕"，继续牵牛过桥，甲也牵牛上桥。结果二牛在桥上打架，乙的牛跌入桥下摔死。乙的损失应由谁承担？（ ）(2002 年司法考试卷三第 7 题)

  A. 甲应负全部赔偿责任　　　　B. 应由乙自负责任
  C. 双方按各自的过错程度承担责任　D. 双方均无过错，按公平责任处理

2. 甲于 2007 年 2 月死亡。乙因与甲生前素来不和，遂到处散布甲系赌博欠下巨额高利贷无法偿还而自杀身亡，在社会上造成了较恶劣的影响。甲之子欲向法院起诉，要求追究乙的侵权责任。下列哪一选项是正确的？（ ）(2008 年四川司法考试卷三第 16 题)

  A. 甲已经死亡，不再具有民事主体资格，因而乙的行为不构成侵权
  B. 乙的行为侵害了甲的名誉，依法应当承担侵权责任
  C. 只有甲的配偶有权代表甲对乙提起诉讼

---

① 张新宝：《中国侵权行为法》，中国社会科学出版社 1998 年版，第 215~216 页。

D. 只有甲的子女有权对乙提起诉讼

3. 甲被乙打成重伤，支付医药费5万元。甲与乙达成如下协议："乙向甲赔偿医药费5万元，甲不得告发乙"。甲获得5万元赔偿后，向公安机关报案，后乙被判刑。下列哪一选项是正确的？（　　）（2007年司法考试卷三第2题）

  A. 甲、乙之间的协议有效　　　B. 因甲乘人之危，乙有权撤销该协议
  C. 甲、乙之间的协议无效　　　D. 乙无权要求甲返还该5万元赔偿费

4. 飞跃公司开发某杀毒软件，在安装程序中作了"本软件可能存在风险，继续安装视为同意自己承担一切风险"的声明。黄某购买正版软件，安装时同意了该声明。该软件误将操作系统视为病毒而删除，导致黄某电脑瘫痪并丢失其所有的文件。下列哪一选项是正确的？（　　）（2007年司法考试卷三第19题）

  A. 因黄某同意飞跃公司的免责声明，可免除飞跃公司的赔偿责任
  B. 黄某有权要求飞跃公司承担赔偿责任
  C. 黄某有权依据《消费者权益保护法》获得双倍赔偿
  D. 黄某可同时提起侵权之诉和违约之诉

5. 文某在倒车时操作失误，撞上冯某新买的轿车，致其严重受损。冯某因处理该事故而耽误了与女友的约会，并因此争吵分手。文某同意赔偿全部的修车费用，但冯某认为自己的爱车受损并失去了女友，内心十分痛苦，要求文某赔一部新车并赔偿精神损害。下列哪一选项是正确的？（　　）（2007年司法考试卷三第21题）

  A. 文某应当赔偿冯某一部新车
  B. 文某应向冯某支付精神损害抚慰金
  C. 文某应向冯某赔礼道歉
  D. 法院不应当支持冯某的精神损害赔偿请求

6. 肖某买了一台打稻机，为了避免邻人借用，将主轴上的固定键卸下，逢人来借用时就称机器坏了。一日，肖某的好友陈某来借，碍于情面，肖某只好借给他，但忘了将固定键装上，陈某在使用时，滚筒飞出，将其子打伤。对于陈某儿子所受到的损害肖某是否应承担民事责任？（　　）

  A. 肖某不承担责任。因为他与陈某是一种无偿的借用关系
  B. 肖某应当给陈某之子以适当的补偿，否则有失公平
  C. 肖某主观上有过错，应当按其过错程度承担一定赔偿责任
  D. 肖某明知借用物有瑕疵而不加说明，所以承担赔偿责任

7. 甲、乙是同事，因工作争执甲对乙不满，写了一份丑化乙的短文发布在丙网站。乙发现后要求丙删除，丙不予理会，致使乙遭受的损害扩大。关于扩大损害部

分的责任承担,下列哪一说法是正确的?(   )(2010年司法考试卷三第23题)

  A. 甲承担全部责任   B. 丙承担全部责任

  C. 甲和丙承担连带责任 D. 甲和丙承担按份责任

二、多项选择题

1. 某旅行社导游李某带团游览一处地势险峻的景点时,众人争相拍照,李某未提示注意安全,该团游客崔某不慎将唐某撞下陡坡摔伤。下列哪些选项是正确的?(   )(2007年司法考试卷三第65题)

  A. 旅行社对损害结果不承担赔偿责任

  B. 崔某应当对唐某承担赔偿责任

  C. 旅行社应当承担补充赔偿责任

  D. 李某应当对唐某承担侵权责任

2. 周某将拍摄了其结婚仪式的彩色胶卷底片交给某彩扩店冲印,并预交了冲印费。周某于约定日期去取相片,彩扩店告知:因失火,其相片连同底片均被焚毁。周某非常痛苦,诉至法院请求彩扩店赔偿胶卷费、冲印费损失及精神损害。下列哪些选项是正确的?(   )(2007年司法考试卷三第66题)

  A. 彩扩店侵害了周某的财产权和肖像权

  B. 彩扩店的行为构成违约行为和侵权行为

  C. 彩扩店应当赔偿胶卷费并返还冲洗费

  D. 周某的精神损害赔偿请求应当得到支持

3. 王某买票乘坐某运输公司的长途车,开车司机为钱某。长途车行驶中与朱某驾驶的车辆相撞,致王某受伤。经认定,朱某对交通事故负全部责任。下列哪些说法是正确的?(   )(2003年司法考试卷三第33题)

  A. 王某可以向朱某请求侵权损害赔偿

  B. 王某可以向运输公司请求违约损害赔偿

  C. 王某可以向钱某请求侵权损害赔偿

  D. 王某可以向运输公司请求侵权损害赔偿

4. 某广告公司于金某出差时,在金某房屋的院墙上刷写了一条妇女卫生巾广告。金某1个月后回来,受到他人耻笑,遂向广告公司交涉。该案应如何处理?(   )(2003年司法考试卷三第47题)

  A. 广告公司应恢复原状

  B. 广告公司应赔偿其精神损害

  C. 广告公司应向金某支付使用院墙1个月的费用

D. 广告公司应为金某恢复名誉

5. 甲请A搬家公司搬家，A公司派出B、C、D三人前往。在搬家过程中，B发现甲的掌上电脑遗落在一角，便偷偷藏入自己腰包；C与D在搬运甲最珍贵的一盆兰花时不慎将其折断，为此甲与C、D二人争吵起来，争吵之时不知是谁又将甲阳台上的另一盆鲜花碰下，砸伤路人E。B、C、D见事已至此便溜之大吉。请问下面哪些说法是正确的？（   ）（2002年司法考试卷三第45题）

A. 甲可以要求A公司赔偿名贵兰花被折断造成的损失
B. 甲可以要求A公司承担没有履行搬运任务的违约责任
C. 路人E可以要求甲、C以及D承担连带赔偿责任
D. 甲可以就丢失掌上电脑的损失要求A公司承担赔偿责任

6. 甲购买一辆汽车，在开回的路上，因刹车失灵而翻车受伤。在此情形下，他可以请求谁承担何种责任？（   ）（2002年司法考试卷三第52题）

A. 请求商家承担违约责任
B. 请求厂家同时承担违约和侵权责任
C. 请求厂家承担侵权责任
D. 请求厂家承担侵权责任，同时请求商家承担违约责任

7. 张某因病住院，医生手术时误将一肾脏摘除。张某向法院起诉，要求医院赔偿治疗费用和精神损害抚慰金。法院审理期间，张某术后感染医治无效死亡。下列哪些说法是正确的？（   ）（2010年司法考试卷三第69题）

A. 医院侵犯了张某的健康权和生命权
B. 张某继承人有权继承张某的医疗费赔偿请求权
C. 张某继承人有权继承张某的精神损害抚慰金请求权
D. 张某死后其配偶、父母和子女有权另行起诉，请求医院赔偿自己的精神损害

8. 2009年，张三与他人发生合同纠纷，后经法院调解。当法院送达调解书之后，张三拒不履行，对方当事人要求法院强制执行，但张三外出躲避，法院要求张三所在村的村委会协助执行。在村委会的协助下，法院执行人员将属于张三的部分财产查封。张三以查封财产的价值超过债务为由，责怪村委会。2010年7月10日下午，张三酒后闯入村委会办公室，砸扩音器、玻璃、验钞机和电话机等，造成严重社会危害，并给村委会造成经济损失2000元。下列对于张三行为的定性的描述中正确的是：（   ）①

---

① 刘智慧：《2010司法考试侵权责任法深度辅导与命题前瞻》，中国法制出版社2010年版，第124页。

A. 有关机关应该追究张三刑事责任，村委会无权要求张三赔偿经济损失
B. 有关机关应该追究张三的刑事责任，村委会有权要求张三赔偿经济损失
C. 只能由村委会要求张三赔偿经济损失，无须追究张三的刑事责任
D. 如果刑事责任判处张三罚金若干，而张三的财产不足以同时支付罚金和赔偿经济损失，此时应优先承担赔偿经济损失的责任

9. 甲施工单位为修一条道路，与乙公司签订了协议临时占用乙公司的货场，用该货场堆放水泥，并于2010年7月交回使用权。但在使用期间，甲施工单位在该货场内建起了一个简易平房，用于销售日用杂品。直到2010年11月，甲施工单位还没有交回使用权。此时，乙公司可以责令甲施工单位：（　　）
A. 排除妨碍　　B. 恢复原状　　C. 消除影响　　D. 赔偿损失

三、判断题

1. 周某与妻子刘某发生争执，周某一记耳光导致刘某右耳失聪。刘某未提出离婚请求只起诉周某赔偿医药费1000元、精神损害赔偿费2000元，法院应当不予受理。（　　）

2. 甲鸡场和乙养鸡专业户签订了买卖种鸡的合同，甲交付的病鸡得鸡瘟全部死亡，而且导致和同圈养的乙的原有种鸡全部死亡。乙只可以选择违约责任或者侵权责任要求甲承担。（　　）

3. 甲将自己的音响交乙保管，乙将音响出租于善意的丙使用。甲只能以侵权为由向乙主张返还音响。（　　）

4. 侵权人因同一行为应当承担行政责任或者刑事责任的，不影响依法承担侵权责任。（　　）

5. 因同一行为应当承担侵权责任和行政责任、刑事责任，侵权人的财产不足以支付的，先承担刑事责任。（　　）

6. 殡仪馆因工作疏忽，焚错了还没有举行追悼会的死者梁某的遗体，临时以死者张某的遗体冒充，结果被梁某的家属发现。死者的近亲属可向法院起诉请求赔偿精神损害。（　　）

四、案例题

1. 原告赵某平日靠收破烂为生。2010年7月16日下午，赵某在经过刘某家门口时，想询问一下刘某家是否有想卖的破烂，遂想进入刘家问问情况。他不顾院墙上"院内有狗，生人免进"的提示，也不理会当时正在刘某家中修缮房屋的工人的劝阻，硬是往刘某家中乱闯乱找，结果被拴在院中的两条狼狗扑倒在

地,肩部和左小腿不同程度受伤。而后,赵某认为自己在刘家被狗咬伤,受到的损失2000元应由刘家赔偿为由将刘某告上了法庭。

问:原告的赔偿请求能否得到法院的支持?

2. 2009年12月,某网站三次在其经营管理的同城分类网"交友征婚"登载了王女士的相关征婚帖子,上述帖子的信息均由一个用户名为mali(马女士)的人发布,并在网上公布了王女士的联系电话。此后,王女士收到无数陌生男人不怀好意的电话和发来的短信,通话和短信内容大都极其淫秽下流。王女士多年一直使用此电话号码对外联系业务,但现在只要电话开机便被陌生电话充斥,往来的客户根本难以打入,从而使自己的生意受到了极大的影响。而且发布者马女士还向王女士大量发短信及打电话进行攻击。一怒之下,王女士将信息发布者马女士和发布网站诉至法院,请求判令二被告在网站上赔礼道歉,并赔偿精神损失5万元。

庭审中,网站辩称,该网站管理的同城分类网"交友征婚"是会员在网站上发布生活方面信息的平台,只要免费注册成会员后,就可以免费登载信息。三个帖子都是马女士2009年12月27日发布的,公司于同年12月29日将帖子删除,在合理的时间内公司已尽到了义务。不同意王女士的诉讼请求。

问:马女士和该网站是否应该承担责任?承担什么责任?

3. 2009年9月,王某驾驶一辆摩托车由东向西行驶,途径某市内公路时,为避让对面开来的一辆大货车,未能控制住车速而重重地撞击到堆放在公路路面上的一堆有机肥堆上,造成摩托车侧翻,王某头部着地,遭受重伤,后经医院抢救无效死亡。

在公路上堆放有机肥的是村民李某,当时他堆放在公路边的有机肥占道达2.2米,影响了道路交通。死者子女将某市交通局和村民李某诉至人民法院,要求两被告赔偿死者的死亡赔偿金、丧葬费、误工费、生活费等。

问:谁应该对王某的死亡承担责任?为什么?

实训测试参考答案及解析

一、单项选择题

1. C

【解析】《侵权责任法》第78条规定:"饲养的动物造成他人损害的,动物饲养人或者管理人应当承担侵权责任,但能够证明损害是因被侵权人故意或者重大过失造成的,可以不承担或者减轻责任。"本题中乙之牛的死亡是甲之牛造成

第十章 侵权民事责任的承担

的，甲见乙牵牛继续上桥，也牵牛上桥。故甲有过错应承担责任，但甲事先告知了乙其牛性子暴，要求乙躲一躲，但乙没有理会，继续牵牛过桥，结果二牛在桥上打架，乙的牛跌入桥下摔死，乙对损害的发生也有重大过错，可以减轻侵害人的民事责任。故C项正确。

2. B

【解析】《民法通则》第9条规定："公民从出生时起到死亡时止，具有民事权利能力，依法享有民事权利，承担民事义务。"自然人死亡后，其民事权利能力随之消灭，不再具有民事主体资格，但这并不意味着可以随意诋毁死者，基于对死者亲属感情的尊重和对良好社会风尚的维护，自然人死亡后，其姓名、肖像、名誉、荣誉和隐私仍受法律保护，这是一种对人格利益的保护。本题中，乙故意毁损甲的名誉，构成侵权，应依法承担侵权责任，故A项错误，B项正确。《精神损害赔偿解释》第3条规定，死者名誉遭受侵害的，死者的近亲属有权提起侵权之诉。《精神损害赔偿解释》第7条规定，自然人因侵权行为致死，或者自然人死亡后其人格或者遗体遭受侵害，死者的配偶、父母和子女向人民法院起诉请求赔偿精神损害的；没有配偶、父母和子女的，可以由其他近亲属提起诉讼。故选项C项、D项说法错误。

3. D

【解析】乙将甲打成重伤，乙的行为在构成犯罪行为的同时，也是一种侵权行为。打成重伤，该案件不属于告诉才处理的刑事案件，甲乙双方就乙的刑事责任不得"私了"，甲乙关于"甲不得告发乙"的约定因违反了法律的强制性规定而归于无效；而在乙将甲打成重伤这一侵权行为中，乙应承担侵权损害赔偿责任，甲乙关于双方之间赔偿问题的约定是民事主体对自己权利的处分，并未违反法律的强制性规定，也不存在乘人之危的问题，应认定为有效。因此，甲乙之间的协议属于部分有效（乙向甲赔偿医疗费5万元），部分无效（甲不得告发乙）。故D项正确，ABC项错误。

4. B

【解析】飞跃公司在安装程序中作出的"本软件可能存在风险，继续安装视为同意自己承担一切风险"的声明属于格式条款，根据《合同法》第40条规定，格式条款具有本法第52条和第53条规定情形的，或者提供格式条款一方免除其责任、加重对方责任、排除对方主要权利的，该条款无效。可知，飞跃公司的声明无效，黄某不受其约束，因此A是错误的，B是正确的。《合同法》第113条第2款规定，经营者对消费者提供商品或者服务有欺诈行为的，依照《消费者权益保护法》的规定承担损害赔偿责任。由此我们知道，消费者获得双倍赔偿的前提是经营者存在欺诈行为，而本题中飞跃公司并无欺诈行为，黄某无权获得双倍赔偿，所以C项错误。该软件质量存在瑕疵，黄某有权提起违约之诉；该软件运行中误将操作系统视为病毒而删除，导致黄某电脑瘫痪并丢失其所有的文件，构成对黄某财产权的侵害，黄某有权提起侵权之诉。但是根据《合同法》第122条规定："因当事人一方的违约行为，侵害对方人身、财产权益的，受损害方有权选择依照本法要求其承担违约责任或者依照其他法律请求其承担侵权责任。"也就是说，黄某只能在违约和侵权之诉中选择一个，而不能同时提起，所以D项错误。

5. D

【解析】《精神损害赔偿解释》第4条规定："具有人格象征意义的特定纪念物品，因侵权行为而永久性灭失或者毁损，物品所有人以侵权为由，向人民法院起诉请求赔偿精神损害的，人民法院应当依法予以受理。"本题中，冯某的车不是具有人格象征意义的特定纪念物品，而且也并非永久性灭失或者毁损，他要求文某赔偿精神损失，法院不会支持，故BC项错误，D项正确；冯某的车被文某撞坏，可以要求文某承担全部的修车费用，赔偿一辆新车没有必要，所以本题A项错误。

6. C

【解析】本题中，肖某与陈某是无偿的借用关系。但肖某由于重大过失，没有将固定键装上，导致陈某之子受伤，应承担相应的侵权责任。

7. C

【解析】《侵权责任法》第36条规定："网络用户利用网络服务实施侵权行为的，被侵权人有权通知网络服务提供者采取删除、屏蔽、断开链接等必要措施。网络服务提供者接到通知后未及时采取必要措施的，对损害的扩大部分与该网络用户承担连带责任。"本题中，甲在网络上发布丑化乙的短文，乙有权通知网络服务提供者丙采取删除、屏蔽、断开链接等必要措施。但是，丙接到乙的通知后，不予理会，致使损失扩大，故丙对于损失扩大的部分与甲承担连带责任。故C项正确。

二、多项选择题

1. BC

【解析】根据《人身损害赔偿解释》第6条和《侵权责任法》第37条的规定："宾馆、商场、银行、车站、娱乐场所等公共场所的管理人或者群众性活动的组织者，未尽到安全保障义务，造成他人损害的，应当承担侵权责任。"因第

第十章 侵权民事责任的承担

三人的行为造成他人损害的,由第三人承担侵权责任;管理人或者组织者未尽到安全保障义务的,承担相应的补充责任。本题中,崔某不慎将唐某撞下摔伤,属于第三人侵权,应该由崔某本人承担赔偿责任,B项正确。旅行社的李某未尽到安全提示义务,也是有过错的,其应当在能够防止或者制止损害的范围内承担相应的补充赔偿责任,由于李某是旅行社的员工,其在履行职务行为时发生侵权事故,应该由旅行社承担侵权责任,而不是李某本人直接向受害人承担侵权责任,所以C项正确,A、D项错误。故本题正确答案是BC。

2. BCD

【解析】《民法通则》第100条规定:"公民享有肖像权,未经本人同意,不得以营利为目的使用公民的肖像。"本题中彩扩店并未以营利为目的使用周某的肖像,因此并未侵害周某的肖像权,故A项错误。周某将彩色胶卷底片交给某彩扩店冲印,意味着双方缔结了一个承揽合同,彩扩店应冲印相片并将相片交付给周某,但是因为此时相片连同底片均被焚毁,彩扩店无法履行自己的合同义务,构成违约。另外,周某对彩色胶卷底片享有所有权,如今底片被焚毁,可以认定彩扩店侵害了周某的所有权,因此B、C项说法正确。《精神损害赔偿解释》第4条规定,具有人格象征意义的特定纪念物品,因侵权行为而永久性灭失或者毁损,物品所有人以侵权为由,向人民法院起诉请求赔偿精神损害的,人民法院应当依法予以受理。故D项说法也正确。因此本题正确答案是BCD。

3. ABD

【解析】根据《民法通则》第106条和《侵权责任法》第6条规定,行为人因过错侵害他人民事权益,应当承担侵权责任。本题中,朱某对交通事故负全部责任,A项正确。《合同法》第302条规定:"承运人应当对运输过程中旅客的伤亡承担损害赔偿责任,但伤亡是旅客自身健康原因造成的或者承运人证明伤亡是旅客故意、重大过失造成的除外。"本题中,王某受伤不是其自身的健康原因造成的,也不是故意、重大过失造成的,所以依法承运人即运输公司应当承担违约责任。B项正确。《合同法》第122条规定:"因当事人一方的违约行为,侵害对方人身、财产权益的,受损害方有权选择依照本法要求其承担违约责任或者依照其他法律要求其承担侵权责任。"运输公司的违约对于王某造成了损害,故王某可以请求其承担侵权责任。D项正确。而钱某对王某的损害没有过错,并且作为运输公司的雇员,其不是客运合同的当事人,不承担侵权责任,C项错误。故正确答案ABD。

4. AC

【解析】《侵权责任法》第15条规定:"承担侵权责任的方式主要有:停止侵害、排除妨碍、消除危险、返还财产、恢复原状、赔偿损失、赔礼道歉、消除影响和恢复名誉八种。"本题情形适用于恢复原状、赔偿损失,本题情形并未使金某的人身权受到不法侵害,因此不适用属于精神损害赔偿和恢复名誉。故选A、C项。

5. ABC

【解析】《合同法》第122条规定:"因当事人一方的违约行为,侵害对方人身、财产权益的,受损害方有权选择依照本法要求其承担违约责任或者依照其他法律要求其承担侵权责任。"《民法通则》第43条规定:"企业法人对它的法定代表人和其他工作人员的经营活动,承担民事责任。"《侵权责任法》第34条规定:"用人单位的工作人员因执行工作任务造成他人损害的,由用人单位承担侵权责任。"A项正确。《合同法》第107条规定:"当事人一方不履行合同义务或者履行合同义务不符合约定的,应当承担继续履行、采取补救措施或者赔偿损失等违约责任。"B项正确。《侵权责任法》第85条、《民法通则》第126条的规定,建筑物或者其他设施以及建筑物上的搁置物、悬挂物发生倒塌、脱落、坠落造成他人损害的,它的所有人或者管理人应当承担民事责任,但能够证明自己没有过错的除外。《侵权责任法》第8条和《民法通则》第130条规定:"二人以上共同侵权造成他人损害的,应当承担连带责任。"C项正确。盗窃行为是B的个人行为与经营活动无关,应由盗窃人自己承担责任。D项错误。故正确答案ABC。

6. AC

【解析】《合同法》第155条规定:"出卖人交付的标的物不符合质量要求的,买受人可以依照本法第111条规定要求承担违约责任。"商家售出的汽车质量不合格,违反了产品质量瑕疵担保义务,商家应负违约责任。《产品质量法》第40条也有类似规定。A项正确。厂家非合同当事人,故无须对甲承担违约责任。B项错误。《产品质量法》第41条第1款规定:"因产品存在缺陷造成人身、缺陷产品以外的其他财产损害的,生产者应当承担赔偿责任。"C项正确。《合同法》第122条规定:"因当事人一方的违约行为,侵害对方人身、财产权益的,受损害方有权选择依照本法要求其承担违约责任或者依照其他法律要求其承担侵权责任。"可知违约责任与侵权责任的请求权只能择一行使。D项错误。故正确答案AC。

7. ABCD

第十章 侵权民事责任的承担

【解析】《侵权责任法》第2条规定，公民享有生命权、健康权。健康权是自然人享有保持生理机能正常及其健康状况不受侵犯的权利。生命权是人身不受伤害和杀害的权利或得到保护以免遭伤害和杀害的权利。本题中，医院医生手术时误将张某一肾脏摘除，侵犯了张某的健康权，后来张某由于感染医治无效死亡，即医院侵犯了其生命权。故A项正确。根据《民事诉讼法》第136条规定，在张某死亡的情况下，法院应当中止诉讼，等待继承人表明是否参加诉讼。本题中，张某的继承人有权继续参加诉讼，即继承了张某在诉讼中的权利，也就继承了张某的医疗费赔偿请求权。因此，B项正确。根据《人身损害赔偿解释》第18条规定，精神损害抚慰金的请求权，不得让与或者继承。但赔偿义务人已经以书面方式承诺给予金钱赔偿，或者赔偿权利人已经向人民法院起诉的除外。本题中，张某已经就医院赔偿精神损害赔偿金提起了诉讼，因此，张某继承人有权继承张某的精神损害抚慰金请求权。故C项正确。根据《精神损害赔偿解释》第7条规定，自然人因侵权行为致死，或者自然人死亡后其人格或者遗体遭受侵害，死者的配偶、父母和子女向人民法院起诉请求赔偿精神损害的，列其配偶、父母和子女为原告；没有配偶、父母和子女的，可以由其他近亲属提起诉讼，列其他近亲属为原告。故D项正确。

8. BD

【解析】《侵权责任法》第4条第1款规定："侵权人因同一行为应当承担行政责任或者刑事责任的，不影响依法承担侵权责任。"本案中，张三的行为主观恶性较大，具有严重的社会危害性，触犯了《刑法》的规定，构成故意毁坏财物罪，因此张三的行为为犯罪行为，应由有关机关追究张三刑事责任；同时，张三的过错行为给村委会造成了经济损失，属于侵权行为，村委会有权要求张三承担赔偿责任。因此选B项。《侵权责任法》第4条第2款规定：因同一行为应当承担侵权责任和行政责任、刑事责任，侵权人的财产不足以支付的，先承担侵权责任。故D项正确。

9. ABD

【解析】《侵权责任法》第15条规定，承担侵权责任的方式主要有：(1) 停止侵害；(2) 排除妨碍；(3) 消除危险；(4) 返还财产；(5) 恢复原状；(6) 赔偿损失；(7) 赔礼道歉；(8) 消除影响、恢复名誉。以上承担侵权责任的方式，可以单独适用，也可以合并适用。本题中，排除妨碍、恢复原状、赔偿损失都可以适用。故ABD项正确。消除影响往往是针对人格权受侵害时的责任承担方式，对于财产损害通常不能采用这种方式。故C项错误。

三、判断题

1. √

【解析】《婚姻法》第46条规定:"有下列情形之一,导致离婚的,无过错方有权请求损害赔偿:(一)重婚的;(二)有配偶者与他人同居的;(三)实施家庭暴力的;(四)虐待、遗弃家庭成员的。"《婚姻法解释(一)》第29条第3款规定:"在婚姻关系存续期间,当事人不起诉离婚而单独依据该条规定提起损害赔偿请求的,人民法院不予受理。"

2. √

【解析】《合同法》第122条规定:"因当事人一方违约行为,侵害对方人身财产权益的,受损害方有权选择依照合同法要求其承担违约责任或者依照其他法律要求其承担侵权责任。"

3. ×

【解析】甲乙存在保管合同,故甲可以基于违约也可以基于侵权提起诉讼。

4. √

【解析】《侵权责任法》第4条第1款规定:"侵权人因同一行为应当承担行政责任或者刑事责任的,不影响依法承担侵权责任。"

5. ×

【解析】《侵权责任法》第4条第2款规定:"因同一行为应当承担侵权责任和行政责任、刑事责任,侵权人的财产不足以支付的,先承担侵权责任。"

6. √

【解析】《精神损害赔偿解释》第3条规定,自然人死亡后,非法利用、损害遗体、遗骨,或者以违反社会公共利益、社会公德的其他方式侵害遗体、遗骨,其近亲属因此遭受精神痛苦,向人民法院起诉请求赔偿精神损害的,人民法院应当依法予以受理。

四、案例题

1.【解析】原告的赔偿请求得不到法院的支持。《侵权责任法》第78条规定:"饲养的动物造成他人损害的,动物饲养人或者管理人应当承担侵权责任,但能够证明损害是因被侵权人故意或者重大过失造成的,可以不承担或者减轻责任。"本案中,动物的管理人刘某已经在其门前和墙上作出明显警示,且三个证人均证明对原告已告知险情,应视为被告已采取一定的管束措施,应当认为是没有过错的。赵某在经提示劝阻后,仍然闯入刘家结果被狗咬伤,未尽注意义务,

第十章 侵权民事责任的承担

其行为完全是由于自己的过错造成的,应当认为受害人是有重大过失的,因此,对于原告的伤害,被告不应当承担赔偿责任。

2.【解析】马女士应该承担责任。王女士并未授权他人登载交友、征婚信息的情况下,马女士在网上为王女士登载交友、征婚信息,并公布王女士手机号,导致王女士个人信息泄露,影响了王女士的正常生活、工作,给王女士造成了一定的精神压力。另外,马女士向王女士发送的带有侮辱内容的短信侵害了王女士的人格尊严,造成了其精神损害。因此,马女士侵害了王女士的一般人格权,应承担精神损害赔偿责任。由于对王女士造成了一定的精神压力,以及社会负面影响,除了赔偿损失之外,还应当向王女士承担赔礼道歉、消除影响、恢复名誉的责任,以取得王女士的谅解和消除社会不良影响。

该网站不应该承担责任。《侵权责任法》第36条规定:"网络用户、网络服务提供者利用网络侵害他人民事权益的,应当承担侵权责任。网络用户利用网络服务实施侵权行为的,被侵权人有权通知网络服务提供者采取删除、屏蔽、断开链接等必要措施。网络服务提供者接到通知后未及时采取必要措施的,对损害的扩大部分与该网络用户承担连带责任。网络服务提供者知道网络用户利用其网络服务侵害他人民事权益,未采取必要措施的,与该网络用户承担连带责任。"本案中,马女士于2009年12月27日发的,公司于12月29日将帖子删除,在合理的时间内公司删除尽到了审查义务。故网站对王女士受到的损害后果不应该承担侵权责任。

3.【解析】李某和交通局应当对他人损害承担民事赔偿责任。依照《侵权责任法》第89条规定:"在公共道路上堆放、倾倒、遗撒妨碍通行的物品造成他人损害的,有关单位或者个人应当承担侵权责任。"本案中,李某是有机肥料的所有权人,擅自在公共道路上堆放物料,妨碍了道路通行,存在过错,并造成他人死亡。李某应当对他人损害承担民事赔偿责任。此外,按照我国《公路法》的规定,交通局是本行政区域内公路工作的政府主管部门,负有保证辖区内公路安全、畅通的法定义务,公路局应当对擅自在公路上堆放物料的行为及时予以制止。本案中,某市交通局作为道路的修建、养护和管理者,没有采取任何措施对道路堆放行为及时予以制止,存在管理上的过失,对本起事故存在过错,依法也应当承担赔偿责任。因此,本案应当由两被告承担责任,但是应当由被告李某承担主要民事赔偿责任;交通局作为管理单位,也应承担与其过失相应的赔偿责任。

附录 1

综合测试题

（考试时间 120 分钟）

一、单项选择题（每题 1 分，共 10 分）

1. 高某在小区一幢高楼下散步，忽然从上空掉下一个花盆，把高某砸成重伤花去医疗费等费用 8 万元，经查找无法确定具体侵权人。对高某损失的承担说法正确的是：（　　）

　　A. 由高某自己承担损失

　　B. 应当在查清花盆的所有人之后再起诉

　　C. 由该高楼二层以上住户（能够证明自己不是侵权人的除外）给予高某补偿

　　D. 应当由小区的物业服务公司承担责任

2. 精神病患者甲在妻陪伴下外出散步，顽童乙前来挑逗，甲受刺激追赶，甲妻见状，竭力阻拦无效，甲将乙头打破。乙的医药费如何承担？（　　）（1999 年律师考试卷二第 7 题）

　　A. 完全由甲妻承担

　　B. 主要由甲妻承担，但乙的监护人也应适当承担

　　C. 完全由乙的监护人承担

　　D. 主要由乙的监护人承担，甲妻也应适当承担

3. 王某因多年未育前往某医院就医，经医院介绍 A 和 B 两种人工辅助生育技术后，王某选定了 A 技术并缴纳了相应的费用，但医院实际按照 B 技术进行治疗。后治疗失败，王某要求医院返还全部医疗费用。下列哪一选项是正确的？（　　）（2007 年司法考试卷三第 5 题）

　　A. 医院应当返还所收取的全部医疗费

　　B. 医院应当返还所收取的医疗费，但可以扣除 B 技术的收费额

　　C. 王某无权请求医院返还医疗费或赔偿损失

D. 王某无权请求医院返还医疗费，但是有权请求医院赔偿损失

4. 李某外出探亲，临时委托朋友王某照看房屋。王某进入李某的房间，发现卫生间还有湿衣服没晾，于是将湿衣服挂上衣架晾在阳台外面，由于李家住6层，当时风很大，后一阵大风将衣架吹落，恰好砸在楼下3岁女孩小丽的头上，小丽当时流血不止，送到医院花去医疗费及其他费用5000元。该费用应当由谁承担？（   ）

    A. 李某　　　　　　　　　B. 王某

    C. 李某和王某　　　　　　D. 李某、王某和小丽的父母

5. 某工厂向附近的一条小河排放工业废水，已经取得排污许可证，并向环保部门缴纳排污费。一次，由于技术员张某的误操作，导致排出废水中的有害化学物质含量超标，工厂在河边装上围栏并贴出告示。以下判断正确的是：（   ）①

    A. 村民甲因看管不严，自家的牛越过围栏至河边饮水而死，该厂不承担赔偿责任

    B. 数日后该河段水质接近正常，村民乙的一头牛因饮此河水而患病，致使丧失耕作能力，该厂要承担赔偿责任

    C. 该厂超标污染的河水流入附近某村民丙的农田，造成庄稼损失4000元，丙欲起诉，应将该厂和张某列为共同被告

    D. 该厂超标排污致使附近丁村的农作物、牲畜大量死亡，由此只发生民事赔偿责任而不发生刑事赔偿责任

6. 依构成要件和归责原则的不同，可以将侵权行为分为：（   ）

    A. 单独侵权行为与共同侵权行为

    B. 积极侵权行为与消极侵权行为

    C. 一般侵权行为与特殊侵权行为

    D. 侵害财产权的行为与侵害人身权的行为

7. 大学生甲在寝室复习功课，隔壁寝室的学生乙、丙到甲寝室强烈要求甲打开电视观看足球比赛，甲只好照办。由于质量问题，电视机突然爆炸，甲乙丙三人均受重伤。关于三人遭受的损害，下列哪一选项是正确的？（   ）（2010年司法考试卷三第21题）

    A. 甲可要求电视机的销售者承担赔偿责任

---

① 刘智慧：《2010司法考试侵权责任法深度辅导与命题前瞻》，中国法制出版社2010年版，第116～117页。

B. 甲可要求乙、丙承担损害赔偿责任

C. 乙、丙无权要求电视机的销售者承担赔偿责任

D. 乙、丙有权要求甲承担损害赔偿责任

8. 甲晚10点30分酒后驾车回家，车速每小时80公里，该路段限速60公里。为躲避乙逆向行驶的摩托车，将行人丙撞伤，丙因住院治疗花去10万元。关于丙的损害责任承担，下列哪一说法是正确的？（　　）（2010年司法考试卷三第20题）

  A. 甲应承担全部责任　　　　　B. 乙应承担全部责任

  C. 甲、乙应承担按份责任　　　D. 甲、乙应承担连带责任

9. 根据我国《侵权责任法》的规定，下列特殊侵权行为不适用无过错责任原则的是：（　　）

  A. 物件脱落致人损害　　　　　B. 环境污染致人损害

  C. 高度危险物致人损害　　　　D. 产品责任

10. 齐某买票乘坐通达运输公司的长途车，司机为钱某。长途车行驶中与周某驾驶的车辆相撞，致齐某受伤。经认定，周某对交通事故负全部责任。下列说法不正确的是：（　　）

  A. 齐某可向周某请求侵权损害赔偿

  B. 齐某可向通达运输公司请求违约损害赔偿

  C. 齐某可向钱某请求侵权损害赔偿

  D. 齐某可向通达运输公司请求侵权损害赔偿

二、多项选择题（每题2分，共20分）

1. 乙拿起木棍要打丙，甲正好看见上前制止。乙挥起木棍打伤甲。对于甲所受的损害，应由谁承担责任？（　　）

  A. 由乙承担民事责任

  B. 由丙承担民事责任

  C. 如果乙无力承担，由甲自己承担

  D. 如果乙无力承担，由丙给予适当的补偿

2. 甲、乙、丙按不同的比例共有一套房屋，约定轮流使用。在甲居住期间，房屋廊檐脱落砸伤行人丁。下列哪些选项是正确的？（　　）（2009年司法考试卷三第54题）

  A. 甲、乙、丙如不能证明自己没有过错，应对丁承担连带赔偿责任

  B. 丁有权请求甲承担侵权责任

C. 如甲承担了侵权责任，则乙、丙应按各自份额分担损失

D. 本案侵权责任适用过错责任原则

3. 小贝购得一只世界杯指定用球后兴奋不已，一脚踢出，恰好落入邻居老马家门前的水井中，正在井边清洗花瓶的老马受到惊吓，手中花瓶落地摔碎。老马从井中捞出足球后，小贝央求老马归还，老马则要求小贝赔偿花瓶损失。对此，下列哪些选项是正确的？（　　）（2010年司法考试卷三第54题）

A. 小贝对老马享有物权请求权

B. 老马对小贝享有物权请求权

C. 老马对小贝享有债权请求权

D. 如小贝拒绝赔偿，老马可对足球行使留置权

4. 甲在一不具备相关技术和资质的美容店做美容手术，导致甲面部溃烂，留下数处疤痕，导致甲性格抑郁，给生活造成了重大影响，其已订婚的男友也与其分手。对于本案的说法错误的有：（　　）

A. 甲有权选择违约或者侵权作为诉由，请求美容店赔偿精神损害

B. 如甲在起诉前因病死亡，则甲的父母、子女有权作为原告请求精神损害赔偿

C. 如甲在诉讼中没提出精神损害赔偿的诉讼请求，诉讼终结后又基于美容店的行为另行起诉请求赔偿精神损害的，人民法院驳回诉讼请求

D. 如甲在诉讼中没有提出精神损害赔偿的诉讼请求，诉讼终结后又基于美容店的行为另行起诉请求赔偿精神损害的，人民法院不予受理

5. 甲和乙因感情破裂协议离婚，约定孩子由乙抚养，如果一方再婚，则由没有再婚的一方抚养。乙再婚后，甲主张变更抚养关系，遭乙拒绝。甲随后以探望为由把孩子强行带走。一天，孩子与邻居家小孩丙玩耍时将其打伤，花去医药费5000元。以下说法正确的有：（　　）

A. 甲乙之间的纠纷是侵犯监护权的纠纷

B. 甲乙之间的纠纷是抚养子女的纠纷

C. 丙的损失，应当由甲承担赔偿责任

D. 丙的损失，应当由甲乙承担连带赔偿责任

6. 甲工厂的生产污水流入李某承包的鱼塘，致使鱼虾死亡，损失2万元。李某起诉，请求甲工厂赔偿。下列哪些事实应当由甲工厂承担举证责任？（　　）（2005年司法考试卷三第78题）

A. 甲工厂的生产污水是否流入李某承包的鱼塘

B. 李某承包的鱼塘鱼虾死亡造成损失的具体数额

C. 鱼虾死亡的原因是否为甲工厂污水所致

D. 是否具有免责事由

7. 甲市民政局为救助残疾儿童欲向社会征集捐款，于是通过所在市一家通信公司购买赵某及其他共5万余市民的手机号码，从而准确地将征集捐款的信息通过短信发送到赵某等市民手中。赵某等人均表示愿意救助残疾儿童，但不认可这种募捐方式。后双方发生争议，赵某等人诉至法院。对通信公司和甲市民政局的行为，下列表述错误的有：（   ）

A. 通信公司构成侵权，民政局不构成侵权

B. 民政局构成侵权，通信公司不构成侵权

C. 通信公司和民政局均构成侵权

D. 通信公司和民政局均不构成侵权

8. 侵权责任法可以免除或者减轻责任的事由中，下列属于外来原因的是：（   ）

A. 受害人故意   D. 紧急避险   C. 第三人过错   D. 不可抗力

9. 某装潢公司夜晚停工时，其工作人员李某为了完成任务，擅自继续施工。李某在施工时未按要求施工，导致一玻璃脱落并将路人王某砸伤。王某向法院起诉，要求该装潢公司和李某给予赔偿。对于王某的损失，下列说法错误的有：（   ）

A. 该赔偿责任应当由装潢公司单独承担

B. 该赔偿责任应当由李某单独承担

C. 该赔偿责任应当由装潢公司和李某连带承担

D. 如果装潢公司承担了赔偿责任，可以向李某追偿

10. 下列不构成共同侵权的是：（   ）

A. 甲的人身伤害是甲本人与乙的行为共同所致

B. 李某教唆9岁的丙打伤戊，李某与丙构成共同侵权

C. 赵某指使刘某打伤戊，赵某与刘某构成共同侵权

D. 孙某挑开钱某家的蜂箱蜇伤赵某，孙某和钱某构成共同侵权

三、不定项选择题（每题3分，共30分）

1. 某幼儿班聘请某甲担任幼儿班教师。某日上午9时左右，幼儿班课间休息时，某甲离校打电话，几个幼儿在教室里的火炉旁烤火。其中某乙（5岁）和某丙（4岁）因争夺位置而打斗，某乙用石块将某丙头部打破，而某丙则把某乙按在火炉上，某乙被烫伤。为此，某丙花去医药费500元，某乙花去医药费

5000元。请回答下列问题。(2002年司法考试卷三第81~84题)

(1) 某乙的医药费应如何承担？（   ）

A. 由某甲承担

B. 由某丙的监护人承担

C. 主要由某丙的监护人承担，某幼儿园承担适当赔偿责任

D. 主要由幼儿园承担，某丙的监护人承担适当赔偿责任

(2) 关于某丙的医药费承担。下列说法哪些是错误的？（   ）

A. 幼儿园承担

B. 某乙的监护人承担

C. 某乙的监护人承担主要责任，某甲承担适当赔偿责任

D. 幼儿园承担主要责任，某乙的监护人承担适当赔偿责任

(3) 在某乙之父向人民法院提起的诉讼中，下列有关本案当事人的诉讼地位的表述正确的是？（   ）

A. 某乙之父为原告

B. 某乙为原告

C. 某丙、某幼儿园为共同被告

D. 某丙、某丙之父、某幼儿园、某甲为共同被告

(4) 某丙之父行使侵权行为之债的请求权，其诉讼时效期间自其知道侵害事实发生之日起是多长时间？（   ）

A. 1年　　　B. 2年　　　C. 最长不超过20年　　D. 6个月

2. 2009年春季，广州某公园举办宠物展。张某（22周岁）约女友王某（20周岁）去参观，两人进入公园大门时未注意"严禁触摸展览的宠物"的告示。在一展台前，王某对张某说："把那只迷你小狗抱过来。让我看看。"张某随即去抱小狗，由于用力过猛将小狗捏死，张某一害怕，起身时将身后的周某所拿的宠物玩具打碎。现查明：小狗为游某所有，价值1500元；宠物玩具价值200元。请回答下列问题：①

(1) 对于周某的损失，责任应由谁承担？（   ）

A. 张某承担　　　　　　　B. 王某承担

C. 张某、王某分别承担一半　D. 张某、王某承担连带责任

(2) 对于游某的损失，责任应由谁承担？（   ）

---

① 刘智慧：《2010司法考试侵权责任法深度辅导与命题前瞻》，中国法制出版社2010年版，第132~133页。

A. 张某承担　　　　　　　　B. 王某承担
C. 张某、王某分别承担一半　D. 张某、王某承担连带责任

（3）如果游某提起诉讼，应以谁为被告？（　　）
A. 只能以张某为被告　　　　B. 只能以王某为被告
C. 可以张某和王某为共同被告　D. 可以张某或王某中的任何一人为被告

3. 某建筑安装公司为安装下水管道，在马路一侧挖沟，并于夜间在沟边设置了警示灯。一日，因电线老化导致短路，警示灯熄灭，恰有甲夜间骑自行车逆行途经此处，摔入沟内并受伤。在甲向建筑安装公司索赔过程中，该公司被市政总公司兼并。甲遂向市政总公司索赔，但遭到拒绝。请回答下列问题。①

（1）甲受伤害属于（　　）致人损害。
A. 环境　　　B. 产品　　　C. 物件　　　D. 从事高度危险作业

（2）对甲所受的损害，建筑安装公司（　　）
A. 应承担全部赔偿责任，因该公司未能使警示灯处于连续有效状态
B. 不承担赔偿责任，因损害是甲不慎所致
C. 不承担赔偿责任，因安全警示电灯的电线短路属于意外事件
D. 应承担主要赔偿责任，因安装公司对于电线短路有过错。而行人逆向行驶也有过错，应当适当减轻加害人的赔偿责任

（3）在建筑安装公司被兼并后，下列表述正确的是：（　　）
A. 甲应当向市政总公司请求赔偿
B. 甲不应当向市政总公司请求赔偿
C. 甲应当向建筑安装公司的上级主管部门请求赔偿
D. 应当由甲自己负担所受到的损失

四、判断题（每题1分，共10分）

1. 建筑物、构筑物或者其他设施倒塌造成他人损害的，由建设单位与施工单位承担连带责任。（　　）
2. 剧毒商品没有明确标识，使他人误食，造成损害的，适用过错责任原则来确定责任。（　　）
3. 依我国《侵权责任法》的规定，正当防卫超过必要的限度，造成不应有的损害的，行为人应当承担全部民事责任。（　　）

---

① 刘智慧：《2010司法考试侵权责任法深度辅导与命题前瞻》，中国法制出版社2010年版，第133~134页。

4. 甲殴打乙，乙奋力反抗，造成甲受轻伤，乙可以主张不承担侵权责任。（　　）

5. 甲为乙的死敌，在乙死后不久，甲便四处扬言："乙作孽太多，终得老天报应，真是大快人心"等类似言语，导致乙的家人深受困扰，倍感压力。其近亲属因此遭受精神痛苦的，可以向人民法院起诉请求赔偿精神损害。（　　）

6. 无民事行为能力人、限制民事行为能力人造成他人损害，监护人尽了监护责任的，不承担民事责任。（　　）

7. 王某未成年的儿子在学校将他人打伤，王某和学校虽然无过错，但应该承担民事责任。（　　）

8. 不可抗力和正当防卫均为一般侵权民事责任的抗辩事由。（　　）

9. 建筑物上墙皮脱落致使行人受伤的侵权案例中，建筑物所有人应当承担责任的归责原则是无过错责任原则。（　　）

10. 甲购买了一辆新车，在开回的路上因为刹车失灵而翻车造成伤害，可请求商家承担违约责任或侵权责任或者请求厂家承担侵权责任。（　　）

五、简答题（15分）

1. 侵权责任的构成要素包括哪些？（4分）
2. 共同危险行为的概念和特征（4分）
3. 民事责任竞合的概念、特征及表现形式（7分）

六、案例题（每问1分，共15分）

1. 2004年6月15日，四川省成都市某临街小百货店老板魏某准备回家吃午饭，刚迈出店门，突然有一个东西砸在自己头上，疼得他大叫起来，赶紧用手捂住头部，鲜血从手中流了出来。其妻和儿子急忙上前帮扶，发现其头部被砸伤。同时发现，肇事者原来是从楼上掉下来的一只圆盘大小的乌龟。魏某的小百货店在小区的一楼，上面2~7层均是居民住宅，乌龟肯定是住在2~7层的居民在阳台上饲养的，且不知何故掉下来的。魏某儿子拿着乌龟从2楼找到7楼，挨家敲门让住户认领，但其住户均不承认自己饲养乌龟。报警后，魏某表示，希望养龟的住户能够自觉承认，承担责任，如果无人承认，他将向2~7楼居民集体索赔。①

问：（1）该案件属于动物致害责任案件吗？（1分）为什么？（1分）

---

① 杨立新：《杨立新品百案》，中国法制出版社2007年版，第361页。

（2）本案应如何处理？（1分）法律依据是什么？（1分）

2. 胡某21岁和王某19岁，一天下午，在集市上闲逛，发现一头猪，在路边躺着，胡某便对王某说，去逗逗它，王某便拾起一块石头向猪扔过去，猪被砸中，猛往前冲，这时一位60岁的老太太正在街上行走，见猪冲过来，急忙躲闪将路边陶瓷碰倒，价值1400元，老太太被猪撞在地上，摔伤右腿，花医药费住院费共5000元。问题：

（1）老太太推翻瓷器的行为是何种性质的行为？（1分）是否承担民事责任？（1分）

（2）胡某、王某的行为是什么性质的行为？（1分）承担何种责任？（1分）为什么？（1分）

（3）依当地习惯，猪不是放养动物，老太太的医药费应谁承担？（1分）为什么？（1分）

（4）若王某9岁，老太太的医药费和陶瓷瓶的损失应由谁承担？（1分）为什么？（1分）

3. 张元与刘丽自由恋爱决定结婚。由于刘丽是家中独生子，其父坚持要招婿上门，因为张元有兄弟三人，张父及张元本人同意了刘家的要求。将要举办婚礼时，刘父突然又提出，张元入赘后所生子女应姓刘，这样才能成为真正的刘家人。张元坚决不同意，张父说，如不改姓就别想和刘丽结婚，双方关系一下子闹僵，刘丽夹在中间，痛不欲生，一病不起，张元心疼刘丽，违心地同意了刘父的要求。张元、刘丽结婚后，生下一子，刘父为其取名刘家宝，张元在给儿子上户口时，登记的名字却为"张家宝"。不久，户口册被刘父发现，刘父勃然大怒，要张元立即办理变更登记，张元坚决不肯。

问：刘父的做法是否正确？（1分）为什么？（1分）

综合测试题参考答案

一、单项选择题（每题1分，共10分）

1. C

【解析】《侵权责任法》第87条规定："从建筑物中抛掷物品或者从建筑物上坠落的物品造成他人损害，难以确定具体侵权人的，除能够证明自己不是侵权人的外，由可能加害的建筑物使用人给予补偿。"本题中，已经难以确定具体侵权人，所以选C项。

2. B

【解析】《民法通则》第133条第1款规定："无民事行为能力人、限制民事行为能力人造成他人损害的，由监护人承担民事责任。监护人尽了监护责任的，可以适当减轻他的民事责任。"根据上述规定，监护人虽然尽了监护责任，也只能适当减轻他的民事责任，在减轻之后，侵害人的监护人承担的仍将是主要责任。本题中，侵害人的监护人已经尽了监护责任，因此能适当减轻民事责任，但仍应承担主要责任。受害人乙的监护人存在疏于监护的过失，也应承担一定的责任。故B项正确。

3. A

【解析】王某与某医院之间形成医患合同，王某选定了A技术并缴纳了相应的费用，但医院却按照B技术进行治疗，医院的行为属于违约行为，该违约行为，致使王某花费的医疗费没有任何实际价值，即该医疗费属于王某的损失，故医院应予返还所收取的全部医疗费。因此A项正确，BCD项错误。

4. A

【解析】《侵权责任法》第85条规定："建筑物、构筑物或者其他设施及其搁置物、悬挂物发生脱落、坠落造成他人损害，所有人、管理人或者使用人不能证明自己没有过错的，应当承担侵权责任。所有人、管理人或者使用人赔偿后，有其他责任人的，有权向其他责任人追偿。"由于王某属于临时照看，实际上与李某属于委托关系,因此不是真正意义上的管理人,小丽的父母没有任何过错,不应承担责任,故应当由李某承担责任。

5. B

【解析】依照《侵权责任法》第65条规定:"因污染环境造成损害的,污染者应当承担侵权责任。"环境污染致人损害民事责任采取无过错责任原则。因此A项、B项中的行为都应当由工厂承担责任,故A项错误、B项正确。技术员张某的误操作属于职务行为,应当由其所在单位承担责任,故C项错误。环境污染行为后果严重的,会产生刑事责任,故D项错误。

6. C

【解析】依侵权行为的构成要件、归责原则等方面的不同,可将侵权行为分为一般侵权行为与特殊侵权行为,一般侵权行为,是指基于过错作为侵权责任构成要件的行为,一般适用过错责任原则;特殊侵权行为,是指他人的损害确系与行为人有关的行为、事件或者特别原因所致,因而适用民法的特别责任条款或民事特别法的规定应负民事责任的行为,多适用无过错责任原则。积极侵权行为与消极侵权行为是以行为人的侵害方式为标准对侵权行为进行的划分;单独侵权行为与共同侵权行为是以行为人的人数为标准对侵权行为进行的划分;侵害财产权的行为与侵害人身权的行为是以侵害的对象为标准对侵权行为进行的划分。

7. A

【解析】《侵权责任法》第43条规定:"因产品缺陷造成损害的,被侵权人可以向产品的生产者要求赔偿,也可以向产品的销售者请求赔偿。"本题中,由于电视质量问题,电视机突然爆炸,造成了看电视的甲乙丙三人均受重伤。甲乙丙既可以要求电视机的生产者承担赔偿责任,也可以要求电视机的销售者承担责任。故A项正确。损失的造成是由于电视机的质量问题,乙丙的行为与损害的发生并没有因果关系,乙、丙不应该承担损害赔偿责任。故B项错误。根据《侵权责任法》第43条的规定,因缺陷产品造成损害的被侵权人均可以要求生产者或者销售者承担损害赔偿责任,而不限于缺陷产品的所有人。故被侵权人乙丙均有权要求电视机生产者或销售者承担损害赔偿责任,C项错误。损失的造成是由于电视机的质量问题,甲作为电视机的所有人与损害的发生并没有因果关系,故甲不应承担损害赔偿责任,D项错误。

8. D

【解析】《侵权责任法》第11条规定:"两人以上分别实施侵权行为造成同一损害,每个人的侵权行为都足以造成全部损害的,行为人承担连带责任。"本题中,甲违章酒后超速驾驶,乙逆向行驶摩托车,两人分别实施的侵权行为相结合,造成行人丙受伤的结果,并且,甲、乙的侵权行为都足以造成全部损害的,故 D 项正确。

9. A

【解析】《侵权责任法》第 85 条规定:"建筑物、构筑物或者其他设施及其搁置物、悬挂物发生脱落、坠落造成他人损害,所有人、管理人或者使用人不能证明自己没有过错的,应当承担侵权责任。所有人、管理人或者使用人赔偿后,有其他责任人的,有权向其他责任人追偿。"依该规定可知,物件致人损害适用过错推定归责,不适用无过错责任原则。

10. C

【解析】齐某和周某不存在合同关系,但周某的行为构成了侵权,所以齐某可向周某请求侵权损害赔偿。故 A 项正确。齐某和通达运输公司存在运送合同关系,在车辆行驶过程中因碰撞导致齐某受伤,故齐某可以侵权为由向通达运输公司主张损害赔偿,也可以违约为由向其主张损害赔偿。故 B、D 项说法正确。钱某为运输公司的工作人员,运输公司应为钱某的职务行为所致损害承担责任。故 C 项错误。本题要求选择不正确的选项,所以应选 C 项。

二、多项选择题(每题 2 分,共 20 分)

1. AD

【解析】《侵权责任法》第 23 条规定:"因防止、制止他人民事权益被侵害而使自己受到损害的,由侵权人承担责任。侵权人逃逸或者无力承担责任,被侵权人请求补偿的,受益人应当给予适当补偿。"本题中,由于是乙对甲造成了损害,所以应当由乙承担责任。由于甲是在维护丙利益的过程中受伤的,如果乙无力承担,作为受益人,丙应当给予适当补偿。

2. ABCD

【解析】《民法通则》第 126 条规定:"建筑物或者其他设施以及建筑物上的搁置物、悬挂物发生倒塌、脱落、坠落造成他人损害的,它的所有人或者管理人应当承担民事责任,但能够证明自己没有过错的除外。"可知,对于建筑物发生脱落致人损害的,它的所有人或管理人承担过错推定责任。过错推定责任仍以过错作为承担责任的基础,它不是一项独立的归责原则,只是过错责任原则的一种特殊形式,故 D 项正确。《物权法》第 102 条规定:"因共有的不动产或者动产产生的债权债务,在对外关系上,共有人享有连带债权、承担连带债务,但法律另有规定或者第三人知道共有人不具有连带债权债务关系的除外;在共有人内部关系上,除共有人另有约定外,按份共有人按照份额享有债权、承担债务,共同共有人共同享有债权、承担债务。偿还债务超过自己应当承担份额的按份共有人，有权向其他共有人追偿。"可知，按份共有对共有物产生的债务责任上，对外承担连带责任，对内按份分担。本案中，甲乙丙按份共有一套房屋，该房屋对第三人造成的侵权，甲乙丙对外承担连带责任。受害人丁有权选择他们中任何一人承担责任，也有权同时选择他们三者一起承担责任。如果甲承担了侵权责任，则可以依法向乙丙追偿，让他们按照各自的份额分担应有的损失。故 ABC 项也正确。

3. AC

【解析】小贝作为足球的所有人，享有请求老马返还原物的权利，即享有物权请求权，A 项正确。小贝侵犯了老马的物权，因此承担侵权损害赔偿责任，为典型的债权请求权，所以 C 项正确，B 项错误。《物权法》第 231 条规定，债权人留置的动产，应当与债权属于同一法律关系，但企业之间留置的除外。小贝因侵权行为对老马承担赔偿的义务，但是老马对于足球的返还不是基于该义务，所以两者是两个法律关系，老马不能对足球行使留置权，D 项错误。

4. ABC

【解析】(1) 基于违约不得要求精神损害赔偿，故 A 项错误。(2)《精神损害赔偿解释》第 7 条规定："自然人因侵权行为致死，或者自然人死亡后其人格或者遗体遭受侵害，死者的配偶、父母和子女向人民法院起诉请求赔偿精神损害的，列其配偶、父母和子女为原告。"可知，只有在自然人因侵权行为致死或者自然人死亡后其人格或者遗体遭受侵害的，近亲属才可能作为原告要求精神损害赔偿，本题因病死亡显然不属于此，故 B 项错误。(3)《精神损害赔偿解释》第 6 条规定：当事人在侵权诉讼中没有提出赔偿精神损害的诉讼请求，诉讼终结后又基于同一侵权事实另行起诉请求赔偿精神损害的，人民法院不予受理。由此可知，D 项正确而 C 项错误。本题要求选错误选项，故选 ABC。

5. BC

【解析】父母离婚原则上不影响父母对孩子的监护权，本题不存在谁侵犯谁监护权的问题，故 A 项错误，B 项正确。《民通意见》第 158 条规定："夫妻离婚后，未成年子女侵害他人权益的，同该子女共同生活的一方应当承担民事责任；如果独立承担民事责任确有困难的，可以责令未与该子女共同生活的一方共同承担民事责任。"本案中，孩子本来是与乙共同生活的，但甲把孩子强行带走，所以，实际可以履行管教义务的人应该是甲，故应由甲承担赔偿责任，除非甲独立承担民事责任确有困难的，可以责令乙与其共同承担，但不能认为是连带责任。故 D 项错误，C 项正确。

综合测试题参考答案

6. CD

【解析】（1）本题是有关环境污染引起的损害赔偿纠纷。《民事诉讼证据若干规定》第4条第3项即明确规定了该类纠纷的举证责任倒置："因环境污染引起的损害赔偿诉讼，由加害人就法律规定的免责事由及其行为与损害结果之间不存在因果关系承担举证责任。"《侵权责任法》第66条也对此作了肯定。故CD项正确。（2）当然，《民事诉讼证据若干规定》的举证责任倒置并非将按照一般原则分配给当事人的举证责任全部加以倒置，而是根据具体情况对某些事实的举证责任予以倒置。比如，关于损害事实的证明就没有倒置，仍然由受害人加以证明。本题中，AB两项的生产污水是否流入鱼塘以及造成损失的具体数额属于对损害事实的证明，应由李某承担举证责任，故AB两项说法错误。

7. ABD

【解析】电话号码属于自然人的私人信息，通信公司和民政局的行为均已经构成侵权，二者都属于侵害隐私权。故只有C项说法正确。本题要求填写错误选项，所以应选A、B、D项。

8. ACD

【解析】侵权责任法上可以免除或者减轻责任的事由包括正当理由和外来原因。外来原因，是指行为人以外的行为或事由。也就是说，损害并不是由行为人的行为，而是由行为人行为之外的独立原因造成的，如不可抗力、受害人过错、第三人过错等。本题中，A、C、D项均属于外来原因，只有B项属于正当理由。

9. BC

【解析】《侵权责任法》第86条规定："建筑物、构筑物或者其他设施倒塌造成他人损害的，由建设单位与施工单位承担连带责任。建设单位、施工单位赔偿后，有其他责任人的，有权向其他责任人追偿。"本题中，李某为装潢公司的工作人员，其职务行为致人损害应由装潢公司承担，故B、C项说法错误。装潢公司没有按照要求进行施工，应当承担侵权责任，其承担赔偿责任后，可以依内部规定向李某追偿。

10. ABD

【解析】混合过错，是指加害人和受害人均有过错，可以适当减轻加害人责任。故A项属于混合过错，不是共同侵权。共同侵权，是指两人以上共同实施侵权行为。故C项属于共同侵权。根据《民通意见》第148条的规定：教唆、帮助无民事行为能力人实施侵权行为的人，为侵权人，应当承担民事责任。故B项也不构成共同侵权。根据《民法通则》第127条规定：饲养的动物造成他人损害的，动物饲养人或者管理人应当承担民事责任；由于受害人的过错造成损害的，动物饲养人或者管理人不承担民事责任；由于第三人的过错造成损害的，第三人应当承担民事责任。D项也不构成共同侵权。

三、不定项选择题（每问3分，共30分）

1. （1） C

【解析】《侵权责任法》第32条规定：无民事行为能力人、限制民事行为能力人造成他人损害的，由监护人承担民事责任。监护人尽了监护责任的，可以减轻其民事责任。《民通意见》第160条规定："在幼儿园、学校生活、学习的无民事行为能力人或者在精神病院治疗的精神病人，受到伤害或者给他人造成损害，单位有过错的，可以责令这些单位适当给予赔偿。"某甲作为幼儿园的老师，在课间休息时离校打电话，未尽到看护职责，所以应由幼儿园承担适当赔偿责任。故C项正确，A、B、D项错误。

（2） ABCD

【解析】某丙的医药费应由某乙的监护人承担主要责任，幼儿园承担适当责任。所以A、B项没有区分主次责任，都是错误的。C项中应由幼儿园承担适当赔偿责任而不应由教师甲承担。D项也是幼儿园与乙监护人主次责任区分不正确。故ABCD都是错误的。

（3） BC

【解析】《民事诉讼法》第108条规定，原告是与本案有直接利害关系的公民、法人和其他组织。本案中，某乙是受害人，与本案有直接利害关系为原告。故A项错误，B项正确。某丙为侵害人、幼儿园亦需承担责任，应为共同被告。故C项正确，D项错误。所以，正确答案为BC。

（4） A

【解析】《民法通则》第136条规定，下列的诉讼时效期间为1年：（1）身体受到伤害要求赔偿的；（2）出售质量不合格的商品未声明的；（3）延付或者拒付租金的；（4）寄存财物被丢失或者损毁的。第137条规定："诉讼时效期间从知道或者应当知道权利被侵害时起计算。但是，从权利被侵害之日起超过20年的，人民法院不予保护。有特殊情况的，人民法院可以延长诉讼时效期间。"本案属于身体受到伤害要求赔偿的，故A项正确。

2. （1） A

【解析】打碎宠物玩具的行为为张某一人所为，且符合一般侵权行为的构成要件，故应由侵权人张某承担责任。

（2） D

综合测试题参考答案

【解析】《侵权责任法》第9条第1款规定："教唆、帮助他人实施侵权行为的，应当与行为人承担连带责任。"《民通意见》第148条也有类似的规定。本题中，王某的行为属于教唆行为，因此张某和王某应当承担连带责任。

(3) CD

【解析】《侵权责任法》第13条规定："法律规定承担连带责任的，被侵权人有权请求部分或者全部连带责任人承担责任。"在共同侵权中，侵权人应当承担连带责任，根据该条规定，权利人可以要求其中的一个侵权人承担全部民事责任，也可以要求共同承担责任。因此C、D项均是正确答案。

3. (1) C

【解析】《侵权责任法》第91条规定："在公共场所或者道路上挖坑、修缮安装地下设施等，没有设置明显标志和采取安全措施造成他人损害的，施工人应当承担侵权责任。"属于物件致人损害责任。

(2) D

【解析】《侵权责任法》第91条规定："在公共场所或者道路上挖坑、修缮安装地下设施等，没有设置明显标志和采取安全措施造成他人损害的，施工人应当承担侵权责任。"《民法通则》第125条、第131条也有类似规定。由此可知建筑安装公司应该承担赔偿责任。《侵权责任法》第26条规定："被侵权人对损害的发生也有过错的，可以减轻侵权人的责任。"本题中，行人逆向行驶也有过错，故应当适当减轻加害人的赔偿责任。故D项正确。

(3) A

【解析】依据《民法通则》第44条的规定，企业法人分立、合并，它的权利和义务由变更后的法人享有和承担。

四、判断题（每题1分，共10分）

1. √

【解析】《侵权责任法》第86条规定："建筑物、构筑物或者其他设施倒塌造成他人损害的，由建设单位与施工单位承担连带责任。建设单位、施工单位赔偿后，有其他责任人的，有权向其他责任人追偿。"

2. ×

【解析】《侵权责任法》第72条规定："占有或者使用易燃、易爆、剧毒、放射性等高度危险物造成他人损害的，占有人或者使用人应当承担侵权责任，但能够证明损害是因受害人故意或者不可抗力造成的，不承担责任。被侵权人对损害的发生有重大过失的，可以减轻占有人或者使用人的责任。"依该规定可知，剧毒商品致人损害适用无过错责任原则来确定责任。

3. ×

【解析】《侵权责任法》第30条规定:"因正当防卫造成损害的,不承担责任。正当防卫超过必要的限度,造成不应有的损害的,正当防卫人应当承担适当的责任。"

4. √

【解析】《侵权责任法》第30条规定:"因正当防卫造成损害的,不承担责任。正当防卫超过必要的限度,造成不应有的损害的,正当防卫人应当承担适当的责任。"乙的行为属于正当防卫,所以可主张不承担责任。

5. √

【解析】《精神损害赔偿解释》第3条规定,自然人死亡后,他人以侮辱、诽谤、贬损、丑化或者违反社会公共利益、社会公德的其他方式,侵害死者姓名、肖像、名誉、荣誉,其近亲属因此遭受精神痛苦,向人民法院起诉请求赔偿精神损害的,人民法院应当依法予以受理。故乙可以向人民法院起诉请求赔偿精神损失。

6. ×

【解析】《侵权责任法》第32条规定:"无民事行为能力人、限制民事行为能力人造成他人损害的,由监护人承担侵权责任。监护人尽到监护责任的,可以减轻其侵权责任。"

7. ×

【解析】在被监护人造成他人损害的民事责任中,监护人承担的是无过错责任,但学校承担的是过错责任。

8. √

【解析】一般侵权民事责任的抗辩事由分为两类:正当理由和外来原因。正当理由包括依法执行职务、正当防卫、紧急避险、自助行为和受害人同意;外来原因包括不可抗力、意外事件、受害人的过错和第三人的行为。

9. ×

【解析】《侵权责任法》第85条规定:建筑物、构筑物或者其他设施及其搁置物、悬挂物发生脱落、坠落造成他人损害,所有人、管理人或者使用人不能证明自己没有过错的,应当承担侵权责任。可见,建筑物所有人应当承担责任的归责原则是过错推定责任原则。

10. √

【解析】根据《合同法》第122条规定:因当事人一方的违约行为,侵害对方人身、财产权益的，受损害方有权选择依照本法要求其承担违约责任或者依照其他法律要求其承担侵权责任。故在侵权责任和违约责任竞合的情况下，受害人只能选择其一主张，不能并行主张。

五、简答题（15分）

1. 侵权责任的构成要素包括哪些？（4分）

侵权责任的构成要素，是指行为人承担侵权责任的条件。该要素包括以下四方面：

（1）加害行为，即行为人实施的行为违反了法律的禁止性规定或强制性规定。

（2）损害事实，即加害人的行为给受害人造成人身损害或财产损害。

（3）因果关系，即违法行为与损害结果之间的客观联系，特定的损害事实是否是行为人的行为引起的结果。只有当两者间存在因果关系时，行为人才应承担相应的民事责任。

（4）行为人主观过错。过错分为故意与过失。故意，是指行为人预见到自己的行为可能产生的损害结果，希望其发生或放任其发生。过失，是指行为人对其行为结果应预见或能够预见而因疏忽未预见，或虽已预见，但因过于自信，轻信不会发生，以致造成损害后果。

2. 共同危险行为的概念和特征。（4分）

共同危险行为也称"准共同侵权行为"，是指数人共同从事有侵害他人权利之危险性的行为，但不知道其中谁是加害人而令该数人承担连带赔偿责任的情形。共同危险行为的特征：

（1）共同危险行为人均实施了侵害他人权利的危险行为，即他们的行为在客观上都有侵害他人财产和人身的可能。

（2）共同危险行为人的行为已造成了损害后果，但却不能判明是何人所致。

（3）共同危险行为人在主观上存在共同过错。这种过错一般为共同过失，而且是一种推定过错。如果为共同故意，则构成共同加害行为。

3. 民事责任竞合的概念、特征及表现形式。（7分）

民事责任竞合，是指行为人实施某一违反民事义务的行为符合多种民事责任的构成要件，从而在民法上导致多种责任形式相互冲突的现象。其特征：

（1）责任竞合因某一个违反民事义务的行为而引起。

（2）某个违反义务的行为符合两个或两个以上的民事责任构成要件。这就是说，行为人虽然仅实施了一种行为，但该行为同时触犯了数个法律规定，并符合法律关于数个责任构成要件的规定。

（3）一个行为产生的数个责任之间相互冲突。此处所说的相互冲突，一方面是指行为人承担不同的法律责任，在后果上是不同的；另一方面，相互冲突意味着数个责任既不能相互吸收，也不应相互并存。所谓相互吸收，是指一种责任可以包容另一种责任，例如，在某些情况下，适用赔偿损失责任可以替代继续履行。所谓同时并存，是指行为人依法应承担数种责任，如违约金和赔偿损失责任可以并用。如果数种责任是可以相互包容或同时并存的，则行为人所应承担的责任已经确定，不发生责任竞合的问题。

民事责任竞合的表现形式：

由于民事关系的复杂性和民事违法行为性质的多样性，现实生活中经常发生责任竞合现象，按照我国现有民事法律的规定主要表现为：侵权责任与违约责任竞合、侵权责任与不当得利返还责任竞合。

六、案例题（每问1分，共15分）

1.【解析】

（1）该案件不属于动物致害责任案件，应该属于搁置物、悬挂物致人损害。因为本案造成损害的是乌龟，当然是动物。但是，这个乌龟又不是一般的动物致害，而是在楼上坠落下来造成的损害，所以应该适用搁置物、悬挂物致人损害。

（2）魏某的损失应该由2~7层的住户承担。《侵权责任法》第85条规定："建筑物、构筑物或者其他设施及其搁置物、悬挂物发生脱落、坠落造成他人损害，所有人、管理人或者使用人不能证明自己没有过错的，应当承担侵权责任。所有人、管理人或者使用人赔偿后，有其他责任人的，有权向其他责任人追偿。"第87条规定："从建筑物中抛掷物品或者从建筑物上坠落的物品造成他人损害，难以确定具体侵权人的，除能够证明自己不是侵权人的外，由可能加害的建筑物使用人给予补偿。"故不能确定具体侵权人的，由可能加害的建筑物使用人给予补偿。

2.【解析】（1）老太太推翻瓷器的行为是紧急避险。老太太不承担民事责任，因紧急避险造成损害的，由引起险情发生的人承担责任。如果危险是由自然原因引起的，紧急避险人不承担责任或者给予适当补偿。紧急避险采取措施不当或者超过必要的限度，造成不应有的损害的，紧急避险人应当承担适当的责任。

（2）胡某、王某的行为均属于是民事侵权行为，二人承担连带赔偿责任。依据《民通意见》第148条的规定："教唆、帮助他人实施侵权行为的人，为共同侵权人，应当承担连带民事责任。"

（3）胡、王及猪的主人承担。饲养动物应当遵守法律，尊重社会公德，不得妨害他人生活。违反管理规定，未对动物采取安全措施造成他人损害的，动物饲养人或者管理人应当承担侵权责任。因第三人的过错致使动物造成他人损害的，被侵权人可以向动物饲养人或者管理人请求赔偿，也可以向第三人请求赔偿。动物饲养人或者管理人赔偿后，有权向第三人追偿。

（4）胡某及王某的监护人。《侵权责任法》第9条规定："教唆、帮助无民事行为能力人、限制民事行为能力人实施侵权行为的，应当承担侵权责任；该无民事行为能力人、限制民事行为能力人的监护人未尽到监护责任的，应当承担相应的责任。"

3.【解析】刘父的做法是不正确的。因为姓名权是公民的一项基本人身权利，公民有权自主决定、使用或变更自己的姓名，任何人都不得非法干涉，张元与刘丽之子的姓名权主体是该孩子本身，但由于孩子年幼，其权利只能由其法定监护人代为行使，张元作为孩子的法定监护人，有权决定孩子的姓名。刘父是孩子的外祖父，在孩子父母健在的情况下，刘父不能成为孩子的法定监护人。因此，孩子的姓名仍应由张元夫妇来决定，刘父不得强加干涉。

如果张家宝成年以后，还有权决定是否变更自己的名字，如果他自己愿意姓刘，则其父张元也不能随意干涉其姓名的决定权。

附录 2

中华人民共和国侵权责任法

(2009年12月26日第十一届全国人民代表大会常务委员会第十二次会议通过)

目 录

第一章　一般规定
第二章　责任构成和责任方式
第三章　不承担责任和减轻责任的情形
第四章　关于责任主体的特殊规定
第五章　产品责任
第六章　机动车交通事故责任
第七章　医疗损害责任
第八章　环境污染责任
第九章　高度危险责任
第十章　饲养动物损害责任
第十一章　物件损害责任
第十二章　附则

第一章　一般规定

第一条　为保护民事主体的合法权益，明确侵权责任，预防并制裁侵权行为，促进社会和谐稳定，制定本法。

第二条　侵害民事权益，应当依照本法承担侵权责任。

本法所称民事权益，包括生命权、健康权、姓名权、名誉权、荣誉权、肖像权、隐私权、婚姻自主权、监护权、所有权、用益物权、担保物权、著作权、专利权、商标专用权、发现权、股权、继承权等人身、财产权益。

第三条　被侵权人有权请求侵权人承担侵权责任。

第四条　侵权人因同一行为应当承担行政责任或者刑事责任的，不影响依法承担侵权责任。

因同一行为应当承担侵权责任和行政责任、刑事责任，侵权人的财产不足以支付的，先承担侵权责任。

第五条 其他法律对侵权责任另有特别规定的，依照其规定。

第二章 责任构成和责任方式

第六条 行为人因过错侵害他人民事权益，应当承担侵权责任。

根据法律规定推定行为人有过错，行为人不能证明自己没有过错的，应当承担侵权责任。

第七条 行为人损害他人民事权益，不论行为人有无过错，法律规定应当承担侵权责任的，依照其规定。

第八条 二人以上共同实施侵权行为，造成他人损害的，应当承担连带责任。

第九条 教唆、帮助他人实施侵权行为的，应当与行为人承担连带责任。

教唆、帮助无民事行为能力人、限制民事行为能力人实施侵权行为的，应当承担侵权责任；该无民事行为能力人、限制民事行为能力人的监护人未尽到监护责任的，应当承担相应的责任。

第十条 二人以上实施危及他人人身、财产安全的行为，其中一人或者数人的行为造成他人损害，能够确定具体侵权人的，由侵权人承担责任；不能确定具体侵权人的，行为人承担连带责任。

第十一条 二人以上分别实施侵权行为造成同一损害，每个人的侵权行为都足以造成全部损害的，行为人承担连带责任。

第十二条 二人以上分别实施侵权行为造成同一损害，能够确定责任大小的，各自承担相应的责任；难以确定责任大小的，平均承担赔偿责任。

第十三条 法律规定承担连带责任的，被侵权人有权请求部分或者全部连带责任人承担责任。

第十四条 连带责任人根据各自责任大小确定相应的赔偿数额；难以确定责任大小的，平均承担赔偿责任。

支付超出自己赔偿数额的连带责任人，有权向其他连带责任人追偿。

第十五条 承担侵权责任的方式主要有：

（一）停止侵害；

（二）排除妨碍；

（三）消除危险；

（四）返还财产；

（五）恢复原状；

（六）赔偿损失；

（七）赔礼道歉；

（八）消除影响、恢复名誉。

以上承担侵权责任的方式，可以单独适用，也可以合并适用。

第十六条 侵害他人造成人身损害的，应当赔偿医疗费、护理费、交通费等为治疗和康复支出的合理费用，以及因误工减少的收入。造成残疾的，还应当赔偿残疾生活辅助具费和残疾赔偿金。造成死亡的，还应当赔偿丧葬费和死亡赔偿金。

第十七条 因同一侵权行为造成多人死亡的，可以以相同数额确定死亡赔偿金。

第十八条 被侵权人死亡的，其近亲属有权请求侵权人承担侵权责任。被侵权人为单位，该单位分立、合并的，承继权利的单位有权请求侵权人承担侵权责任。

被侵权人死亡的，支付被侵权人医疗费、丧葬费等合理费用的人有权请求侵权人赔偿费用，但侵权人已支付该费用的除外。

第十九条 侵害他人财产的，财产损失按照损失发生时的市场价格或者其他方式计算。

第二十条 侵害他人人身权益造成财产损失的，按照被侵权人因此受到的损失赔偿；被侵权人的损失难以确定，侵权人因此获得利益的，按照其获得的利益赔偿；侵权人因此获得的利益难以确定，被侵权人和侵权人就赔偿数额协商不一致，向人民法院提起诉讼的，由人民法院根据实际情况确定赔偿数额。

第二十一条 侵权行为危及他人人身、财产安全的，被侵权人可以请求侵权人承担停止侵害、排除妨碍、消除危险等侵权责任。

第二十二条 侵害他人人身权益，造成他人严重精神损害的，被侵权人可以请求精神损害赔偿。

第二十三条 因防止、制止他人民事权益被侵害而使自己受到损害的，由侵权人承担责任。侵权人逃逸或者无力承担责任，被侵权人请求补偿的，受益人应当给予适当补偿。

第二十四条 受害人和行为人对损害的发生都没有过错的，可以根据实际情况，由双方分担损失。

第二十五条 损害发生后，当事人可以协商赔偿费用的支付方式。协商不一致的，赔偿费用应当一次性支付；一次性支付确有困难的，可以分期支付，但应当提供相应的担保。

第三章 不承担责任和减轻责任的情形

第二十六条 被侵权人对损害的发生也有过错的，可以减轻侵权人的责任。

第二十七条 损害是因受害人故意造成的，行为人不承担责任。

第二十八条 损害是因第三人造成的，第三人应当承担侵权责任。

第二十九条 因不可抗力造成他人损害的，不承担责任。法律另有规定的，依照其规定。

第三十条 因正当防卫造成损害的，不承担责任。正当防卫超过必要的限度，造成不应有的损害的，正当防卫人应当承担适当的责任。

第三十一条 因紧急避险造成损害的，由引起险情发生的人承担责任。如果危险是由自然原因引起的，紧急避险人不承担责任或者给予适当补偿。紧急避险采取措施不当或者超过必要的限度，造成不应有的损害的，紧急避险人应当承担适当的责任。

第四章 关于责任主体的特殊规定

第三十二条 无民事行为能力人、限制民事行为能力人造成他人损害的，由监护人承担侵权责任。监护人尽到监护责任的，可以减轻其侵权责任。

有财产的无民事行为能力人、限制民事行为能力人造成他人损害的，从本人财产中支付赔偿费用。不足部分，由监护人赔偿。

第三十三条 完全民事行为能力人对自己的行为暂时没有意识或者失去控制造成他人损害有过错的，应当承担侵权责任；没有过错的，根据行为人的经济状况对受害人适当补偿。

完全民事行为能力人因醉酒、滥用麻醉药品或者精神药品对自己的行为暂时没有意识或者失去控制造成他人损害的，应当承担侵权责任。

第三十四条 用人单位的工作人员因执行工作任务造成他人损害的，由用人单位承担侵权责任。

劳务派遣期间，被派遣的工作人员因执行工作任务造成他人损害的，由接受劳务派遣的用工单位承担侵权责任；劳务派遣单位有过错的，承担相应的补充责任。

第三十五条 个人之间形成劳务关系，提供劳务一方因劳务造成他人损害的，由接受劳务一方承担侵权责任。提供劳务一方因劳务自己受到损害的，根据双方各自的过错承担相应的责任。

第三十六条 网络用户、网络服务提供者利用网络侵害他人民事权益的，应当承担侵权责任。

网络用户利用网络服务实施侵权行为的，被侵权人有权通知网络服务提供者采取删除、屏蔽、断开链接等必要措施。网络服务提供者接到通知后未及时采取必要措施的，对损害的扩大部分与该网络用户承担连带责任。

网络服务提供者知道网络用户利用其网络服务侵害他人民事权益，未采取必要措施的，与该网络用户承担连带责任。

第三十七条 宾馆、商场、银行、车站、娱乐场所等公共场所的管理人或者群众性活动的组织者，未尽到安全保障义务，造成他人损害的，应当承担侵权责任。

因第三人的行为造成他人损害的，由第三人承担侵权责任；管理人或者组织者未尽到安全保障义务的，承担相应的补充责任。

第三十八条 无民事行为能力人在幼儿园、学校或者其他教育机构学习、生活期间受到人身损害的，幼儿园、学校或者其他教育机构应当承担责任，但能够证明尽到教育、管理职责的，不承担责任。

第三十九条 限制民事行为能力人在学校或者其他教育机构学习、生活期间受到人身损害，学校或者其他教育机构未尽到教育、管理职责的，应当承担责任。

第四十条 无民事行为能力人或者限制民事行为能力人在幼儿园、学校或者其他教育机构学习、生活期间，受到幼儿园、学校或者其他教育机构以外的人员人身损害的，由侵权人承担侵权责任；幼儿园、学校或者其他教育机构未尽到管理职责的，承担相应的补充责任。

第五章 产品责任

第四十一条 因产品存在缺陷造成他人损害的，生产者应当承担侵权责任。

第四十二条 因销售者的过错使产品存在缺陷，造成他人损害的，销售者应当承担侵权责任。

销售者不能指明缺陷产品的生产者也不能指明缺陷产品的供货者的，销售者应当承担侵权责任。

第四十三条 因产品存在缺陷造成损害的，被侵权人可以向产品的生产者请求赔偿，也可以向产品的销售者请求赔偿。

产品缺陷由生产者造成的，销售者赔偿后，有权向生产者追偿。

因销售者的过错使产品存在缺陷的,生产者赔偿后,有权向销售者追偿。

第四十四条 因运输者、仓储者等第三人的过错使产品存在缺陷,造成他人损害的,产品的生产者、销售者赔偿后,有权向第三人追偿。

第四十五条 因产品缺陷危及他人人身、财产安全的,被侵权人有权请求生产者、销售者承担排除妨碍、消除危险等侵权责任。

第四十六条 产品投入流通后发现存在缺陷的,生产者、销售者应当及时采取警示、召回等补救措施。未及时采取补救措施或者补救措施不力造成损害的,应当承担侵权责任。

第四十七条 明知产品存在缺陷仍然生产、销售,造成他人死亡或者健康严重损害的,被侵权人有权请求相应的惩罚性赔偿。

第六章 机动车交通事故责任

第四十八条 机动车发生交通事故造成损害的,依照道路交通安全法的有关规定承担赔偿责任。

第四十九条 因租赁、借用等情形机动车所有人与使用人不是同一人时,发生交通事故后属于该机动车一方责任的,由保险公司在机动车强制保险责任限额范围内予以赔偿。不足部分,由机动车使用人承担赔偿责任;机动车所有人对损害的发生有过错的,承担相应的赔偿责任。

第五十条 当事人之间已经以买卖等方式转让并交付机动车但未办理所有权转移登记,发生交通事故后属于该机动车一方责任的,由保险公司在机动车强制保险责任限额范围内予以赔偿。不足部分,由受让人承担赔偿责任。

第五十一条 以买卖等方式转让拼装或者已达到报废标准的机动车,发生交通事故造成损害的,由转让人和受让人承担连带责任。

第五十二条 盗窃、抢劫或者抢夺的机动车发生交通事故造成损害的,由盗窃人、抢劫人或者抢夺人承担赔偿责任。保险公司在机动车强制保险责任限额范围内垫付抢救费用的,有权向交通事故责任人追偿。

第五十三条 机动车驾驶人发生交通事故后逃逸,该机动车参加强制保险的,由保险公司在机动车强制保险责任限额范围内予以赔偿;机动车不明或者该机动车未参加强制保险,需要支付被侵权人人身伤亡的抢救、丧葬等费用的,由道路交通事故社会救助基金垫付。道路交通事故社会救助基金垫付后,其管理机构有权向交通事故责任人追偿。

第七章 医疗损害责任

第五十四条 患者在诊疗活动中受到损害，医疗机构及其医务人员有过错的，由医疗机构承担赔偿责任。

第五十五条 医务人员在诊疗活动中应当向患者说明病情和医疗措施。需要实施手术、特殊检查、特殊治疗的，医务人员应当及时向患者说明医疗风险、替代医疗方案等情况，并取得其书面同意；不宜向患者说明的，应当向患者的近亲属说明，并取得其书面同意。

医务人员未尽到前款义务，造成患者损害的，医疗机构应当承担赔偿责任。

第五十六条 因抢救生命垂危的患者等紧急情况，不能取得患者或者其近亲属意见的，经医疗机构负责人或者授权的负责人批准，可以立即实施相应的医疗措施。

第五十七条 医务人员在诊疗活动中未尽到与当时的医疗水平相应的诊疗义务，造成患者损害的，医疗机构应当承担赔偿责任。

第五十八条 患者有损害，因下列情形之一的，推定医疗机构有过错：

（一）违反法律、行政法规、规章以及其他有关诊疗规范的规定；

（二）隐匿或者拒绝提供与纠纷有关的病历资料；

（三）伪造、篡改或者销毁病历资料。

第五十九条 因药品、消毒药剂、医疗器械的缺陷，或者输入不合格的血液造成患者损害的，患者可以向生产者或者血液提供机构请求赔偿，也可以向医疗机构请求赔偿。患者向医疗机构请求赔偿的，医疗机构赔偿后，有权向负有责任的生产者或者血液提供机构追偿。

第六十条 患者有损害，因下列情形之一的，医疗机构不承担赔偿责任：

（一）患者或者其近亲属不配合医疗机构进行符合诊疗规范的诊疗；

（二）医务人员在抢救生命垂危的患者等紧急情况下已经尽到合理诊疗义务；

（三）限于当时的医疗水平难以诊疗。

前款第一项情形中，医疗机构及其医务人员也有过错的，应当承担相应的赔偿责任。

第六十一条 医疗机构及其医务人员应当按照规定填写并妥善保管住院志、医嘱单、检验报告、手术及麻醉记录、病理资料、护理记录、医疗费用等病历资料。

患者要求查阅、复制前款规定的病历资料的，医疗机构应当提供。

第六十二条 医疗机构及其医务人员应当对患者的隐私保密。泄露患者隐私或者未经患者同意公开其病历资料，造成患者损害的，应当承担侵权责任。

第六十三条 医疗机构及其医务人员不得违反诊疗规范实施不必要的检查。

第六十四条 医疗机构及其医务人员的合法权益受法律保护。干扰医疗秩序，妨害医务人员工作、生活的，应当依法承担法律责任。

第八章 环境污染责任

第六十五条 因污染环境造成损害的，污染者应当承担侵权责任。

第六十六条 因污染环境发生纠纷，污染者应当就法律规定的不承担责任或者减轻责任的情形及其行为与损害之间不存在因果关系承担举证责任。

第六十七条 两个以上污染者污染环境，污染者承担责任的大小，根据污染物的种类、排放量等因素确定。

第六十八条 因第三人的过错污染环境造成损害的，被侵权人可以向污染者请求赔偿，也可以向第三人请求赔偿。污染者赔偿后，有权向第三人追偿。

第九章 高度危险责任

第六十九条 从事高度危险作业造成他人损害的，应当承担侵权责任。

第七十条 民用核设施发生核事故造成他人损害的，民用核设施的经营者应当承担侵权责任，但能够证明损害是因战争等情形或者受害人故意造成的，不承担责任。

第七十一条 民用航空器造成他人损害的，民用航空器的经营者应当承担侵权责任，但能够证明损害是因受害人故意造成的，不承担责任。

第七十二条 占有或者使用易燃、易爆、剧毒、放射性等高度危险物造成他人损害的，占有人或者使用人应当承担侵权责任，但能够证明损害是因受害人故意或者不可抗力造成的，不承担责任。被侵权人对损害的发生有重大过失的，可以减轻占有人或者使用人的责任。

第七十三条 从事高空、高压、地下挖掘活动或者使用高速轨道运输工具造成他人损害的，经营者应当承担侵权责任，但能够证明损害是因受害人故意或者不可抗力造成的，不承担责任。被侵权人对损害的发生有过失的，可以减轻经营者的责任。

第七十四条 遗失、抛弃高度危险物造成他人损害的，由所有人承担侵权责任。所有人将高度危险物交由他人管理的，由管理人承担侵权责任；所有人有过错的，与管理人承担连带责任。

第七十五条 非法占有高度危险物造成他人损害的,由非法占有人承担侵权责任。所有人、管理人不能证明对防止他人非法占有尽到高度注意义务的,与非法占有人承担连带责任。

第七十六条 未经许可进入高度危险活动区域或者高度危险物存放区域受到损害,管理人已经采取安全措施并尽到警示义务的,可以减轻或者不承担责任。

第七十七条 承担高度危险责任,法律规定赔偿限额的,依照其规定。

第十章 饲养动物损害责任

第七十八条 饲养的动物造成他人损害的,动物饲养人或者管理人应当承担侵权责任,但能够证明损害是因被侵权人故意或者重大过失造成的,可以不承担或者减轻责任。

第七十九条 违反管理规定,未对动物采取安全措施造成他人损害的,动物饲养人或者管理人应当承担侵权责任。

第八十条 禁止饲养的烈性犬等危险动物造成他人损害的,动物饲养人或者管理人应当承担侵权责任。

第八十一条 动物园的动物造成他人损害的,动物园应当承担侵权责任,但能够证明尽到管理职责的,不承担责任。

第八十二条 遗弃、逃逸的动物在遗弃、逃逸期间造成他人损害的,由原动物饲养人或者管理人承担侵权责任。

第八十三条 因第三人的过错致使动物造成他人损害的,被侵权人可以向动物饲养人或者管理人请求赔偿,也可以向第三人请求赔偿。动物饲养人或者管理人赔偿后,有权向第三人追偿。

第八十四条 饲养动物应当遵守法律,尊重社会公德,不得妨害他人生活。

第十一章 物件损害责任

第八十五条 建筑物、构筑物或者其他设施及其搁置物、悬挂物发生脱落、坠落造成他人损害,所有人、管理人或者使用人不能证明自己没有过错的,应当承担侵权责任。所有人、管理人或者使用人赔偿后,有其他责任人的,有权向其他责任人追偿。

第八十六条 建筑物、构筑物或者其他设施倒塌造成他人损害的,由建设单位与施工单位承担连带责任。建设单位、施工单位赔偿后,有其他责任人的,有权向其他责任人追偿。

因其他责任人的原因,建筑物、构筑物或者其他设施倒塌造成他人损害的,由其他责任人承担侵权责任。

第八十七条 从建筑物中抛掷物品或者从建筑物上坠落的物品造成他人损害，难以确定具体侵权人的，除能够证明自己不是侵权人的外，由可能加害的建筑物使用人给予补偿。

第八十八条 堆放物倒塌造成他人损害，堆放人不能证明自己没有过错的，应当承担侵权责任。

第八十九条 在公共道路上堆放、倾倒、遗撒妨碍通行的物品造成他人损害的，有关单位或者个人应当承担侵权责任。

第九十条 因林木折断造成他人损害，林木的所有人或者管理人不能证明自己没有过错的，应当承担侵权责任。

第九十一条 在公共场所或者道路上挖坑、修缮安装地下设施等，没有设置明显标志和采取安全措施造成他人损害的，施工人应当承担侵权责任。

窨井等地下设施造成他人损害，管理人不能证明尽到管理职责的，应当承担侵权责任。

第十二章 附 则

第九十二条 本法自 2010 年 7 月 1 日起施行。

参 考 文 献

［1］江平、费安玲：《中国侵权责任法教程》，知识产权出版社2010年版。

［2］全国人大常委会法制工作委员会民法室编：《侵权责任法条文说明、立法理由及相关规定》，北京大学出版社2010年版。

［3］王胜明：《中华人民共和国侵权责任法条文解释与立法背景》，人民法院出版社2010年版。

［4］［德］布吕格迈耶尔、朱岩：《中国侵权责任法学者建议及其立法理由》，北京大学出版社2009年版。

［5］王胜明：《〈中华人民共和国侵权责任法〉解读》，中国法制出版社2010年版。

［6］奚晓明：《〈中华人民共和国侵权责任法〉条文理解与适用》，人民法院出版社2010年版。

［7］王利明：《民法典．侵权责任法研究》，人民法院出版社2003年版。

［8］王利明：《侵权行为法归责原则研究》，中国政法大学出版社2000年版。

［9］王利明：《中国民法案例与学理研究（总则篇）》，法律出版社1998年版。

［10］王利明、周友军、高圣平：《中国侵权责任法教程》，人民法院出版社2010年版。

［11］王利明主编：《中华人民共和国侵权责任法释义》，中国法制出版社2010年版。

［12］杨立新、王竹、陈璐：《侵权责任法判例与赔偿系列——产品责任》，中国法制出版社2010年版。

［13］张新宝：《侵权责任法》，中国人民大学出版社2006年版。

［14］张新宝：《侵权行为法》，浙江大学出版社2008年版。

［15］杨立新：《侵权行为法》，复旦大学出版社2005年版。

［16］杨立新：《侵权法论》，吉林人民出版社2000年版。

[17] 杨立新：《侵权法论》，人民法院出版社2004年版。
[18] 杨立新：《简明类型侵权法讲座》，高等教育出版社2003年版。
[19] 张新宝：《侵权责任构成要件研究》，法律出版社2007年版。
[20] 汪渊智：《侵权责任法学》，法律出版社2008年版。
[21] 魏振流：《民法》，北京大学出版社、高等教育出版社2006年版。
[22] 李响：《美国侵权法原理及案例研究》，中国政法大学出版社2004年版。
[23] 程燎原、王人博：《权利及其救济》，山东人民出版社1998年版。
[24] 程啸：《侵权行为法总论》，中国人民大学出版社2008年版。
[25] 陈聪富：《因果关系与损害赔偿》，北京大学出版社2006年版。
[26] 李仁玉、陈敦：《民法教学案例》，法律出版社2004年版。
[27] 吴春岐、辛赤兵：《侵权责任法条文精解与案例评析》，法律出版社2010年版。
[28] 刘智慧：《2010司法考试侵权责任法深度辅导与命题前瞻》，中国法制出版社2010年版。
[29] 尹志强：《侵权行为法论》，中国政法大学出版社2008年版。
[30] 李建伟、马特、丁绍宽、蒋学跃：《侵权责任法司考完全解读》，法律出版社2010年版。
[31] 北京万国学校：《2010年国家司法考试侵权责任法要点解读》，九州出版社2010年版。
[32] 沈幼伦：《侵权责任归责原则三元化之思考》，载《法学》2010年第5期。
[33] 黄丽萍：《论侵权行为法的公平责任原则》，http：//blog. sina. com. cn。
[34] 富雅娉：《论侵权行为之公平责任原则》，http：//www. fl168. com。
[35] 李燕：《论公平责任原则》，载《吉林广播电视大学学报》2008年第2期。
[36] 毛黄丰、余俊：《公平责任原则刍议》，http：//www. iolaw. org. cn。
[37] 曹险峰：《论无过错责任原则之真实意蕴》，http：//www. studa. net。
[38] 王利明：《侵权责任法的归责原则》，http：//www. civillaw. com. cn。
[39] 张新宝：《侵权责任一般条款理解与适用》，http：//www. civillaw. com. cn。
[40] 杨代雄：《一般侵权行为的无过错损失分担责任》，http：//www. civillaw. com. cn。
[41] 葛云松：《侵权责任法保护的民事权益》，http：//www. civillaw. com. cn。

[42] 杨立新：《侵权责任法医疗损害责任改革的成功与不足》，http：//www. civillaw. com. cn。

[43] 张新宝：《我国侵权责任法中的补充责任》，http：//www. civillaw. com. cn。

[44] 崔建远：《论归责原则与侵权责任方式的关系》，http：//www. civillaw. com. cn。

[45] 龚赛红：《关于侵权责任形式的解读》，http：//www. civillaw. com. cn。

[46] 杨立新：《杨立新民商法评论》，http：//www. yanglx. com。